忍者の誕生

吉丸雄哉・山田雄司 編

勉誠出版

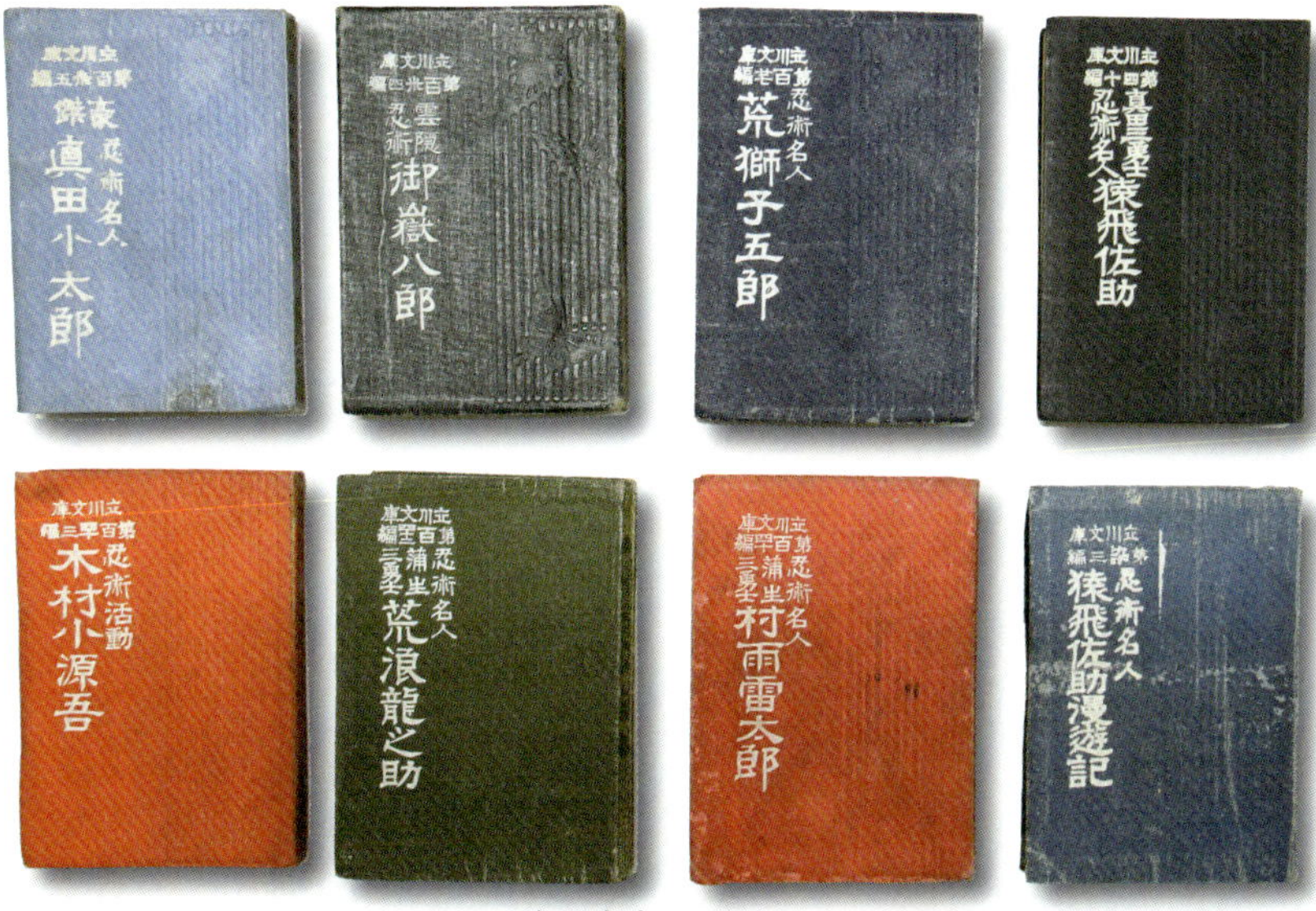

立川文庫いろいろ

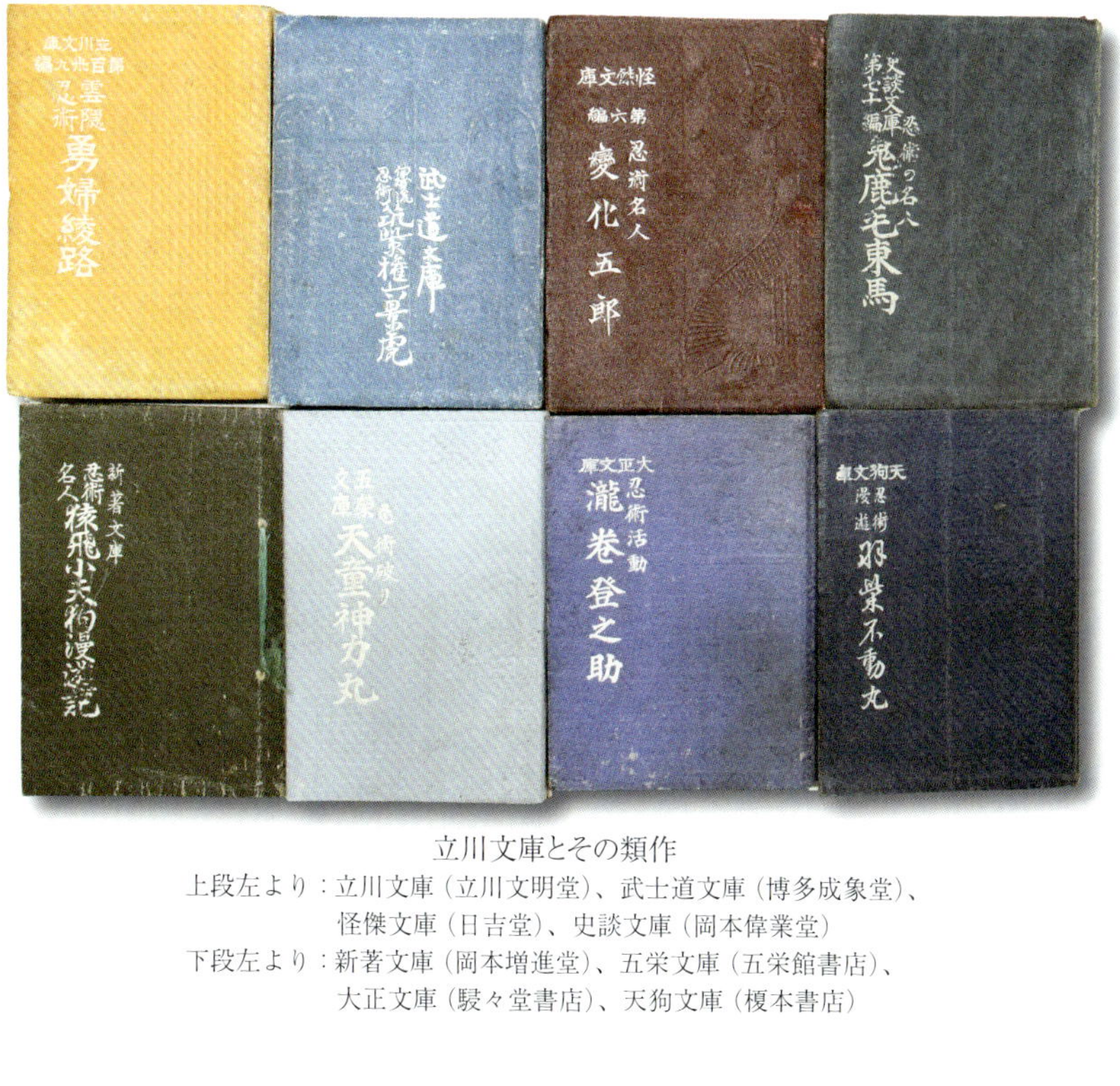

立川文庫とその類作

上段左より：立川文庫（立川文明堂）、武士道文庫（博多成象堂）、
怪傑文庫（日吉堂）、史談文庫（岡本偉業堂）

下段左より：新著文庫（岡本増進堂）、五栄文庫（五栄館書店）、
大正文庫（駸々堂書店）、天狗文庫（榎本書店）

右　「忍術名人　猿飛小天狗漫遊記」（岡本増進堂、大正5）
左　「忍術漫遊　猿飛佐助」（富士屋書房、昭和28）

右上「猿飛佐助　忍術江戸荒し」（春江堂、大正14）
右下「忍術漫游　猿飛小天狗」（春江堂、大正7）
中　「忍術　猿飛佐助」（月書房、刊年不明）
左　「稀代忍術　猿飛小天狗」（大盛堂書店、昭和3）

右上「猿飛佐助　忍術修行」（若草出版社、昭和22）
右下「忍術猿飛佐助　真田十勇士」（榎本法令館、刊年不明）
左「大暴れ猿飛佐助」（少年倶楽部附録、大日本雄弁会講談社、昭和15）

＊以上、いずれも個人蔵。立川文庫とその類作および猿飛佐助作品に関しては
　本書の吉丸雄哉「猿飛佐助と忍者像の変容」を参照のこと。

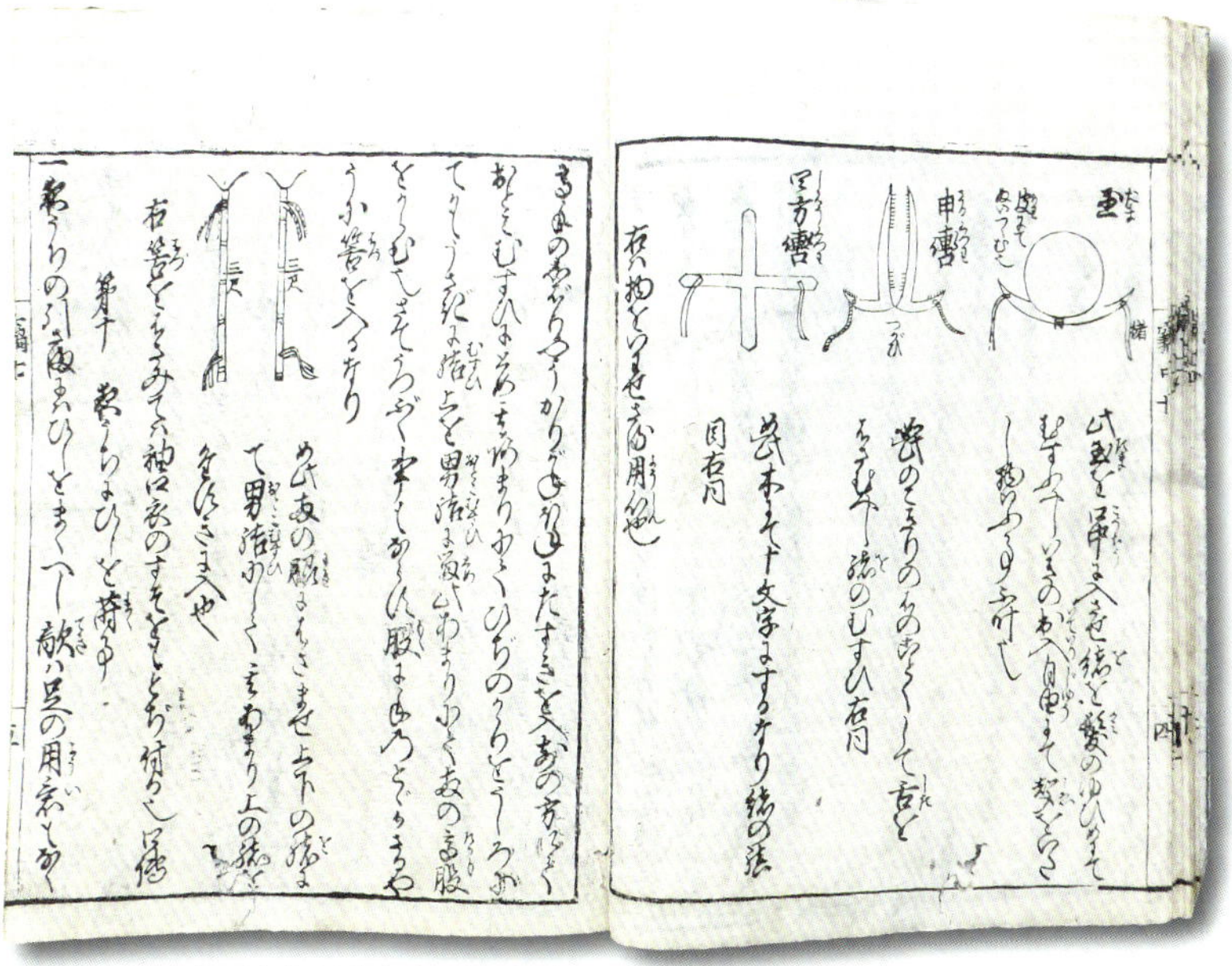

小笠原昨雲『軍法侍用集』（元和4年（1618）成立、承応2年（1653）刊。伊賀流忍者博物館所蔵）

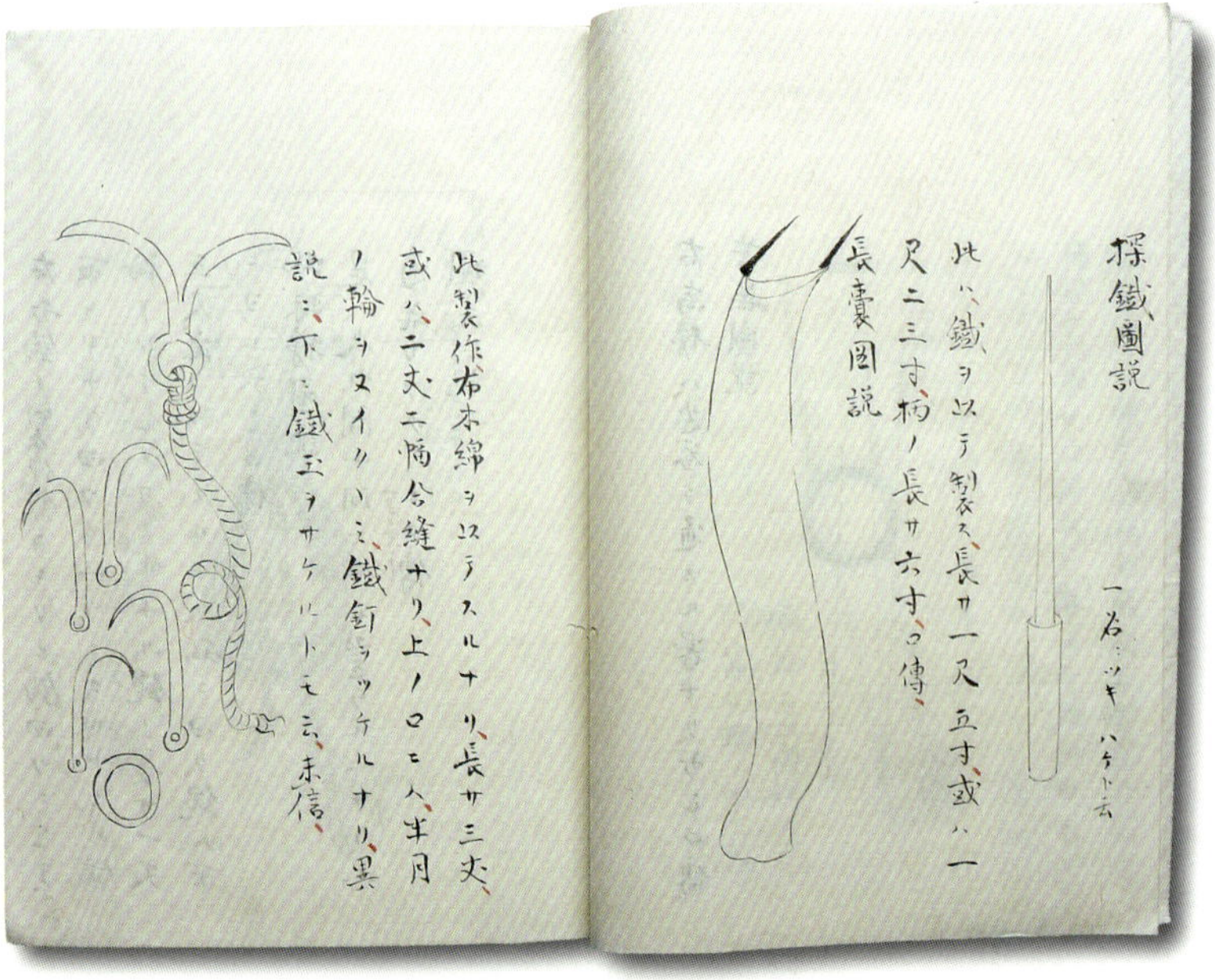

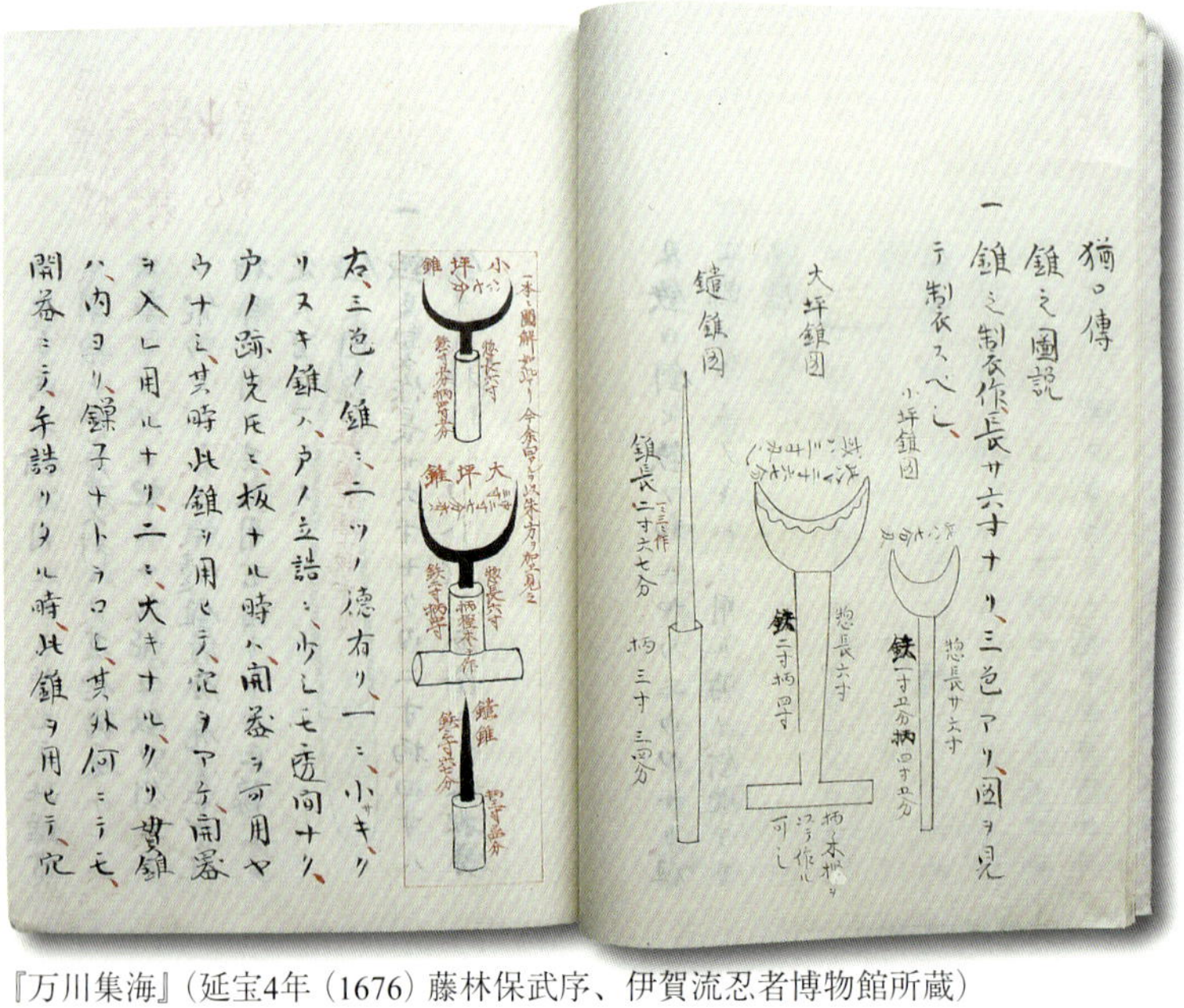

『万川集海』（延宝4年（1676）藤林保武序、伊賀流忍者博物館所蔵）

忍者とは何か

吉丸雄哉

忍者は、日本の歴史や風土から発生した日本独自の存在であり、今や日本文化の典型として世界に知られるようになった。忍者が世界の「Ninja」となった現代にいたっては、「忍者とは何か」という問いに答えを求めるには広くて深い谷を探索せねばならない。忍者研究に携わる者としては、その広大で深遠な淵をのぞいただけで途方にくれるのであるが、まずは歴史の面から整理していくべきだと考える。

南北朝時代の争いのなかで、悪党と呼ばれる土豪らが、情報収集・潜入活動・破壊工作などの技術を洗練させ、「忍び」という職能として成立していったのが忍者の始まりである。忍術書にはより古い例や中国の間諜や兵法書からの影響が記されており、それを信じるならば淵源をよりいにしえに求めることは可能であろうが、実態を考えれば先述のように南北朝時代を起源とするのが適当であろう。

平時の情報収集や隠密活動、戦時での破壊工作などはどの国にもあることだが、その技術を洗練させ、また精神性も含めた修練により、忍術まで高め、職業としてそれを身につける行為は珍しい。忍術は主に忍術書から知ることができる。兵法、武術、本草学など多くの分野を援用してなりたつ総合的かつ実際的な術だったといえよう。

忍者はいったい何者なのか。基本は史書や忍術書という史料から接近すべきであろう。しかし忍者の活動は記録が少なく実際に知ることが難しい。また史実よりも想像によって作られた部分が多い。史実と同様に虚構の忍者を調べ、その成り立ちや現在に至るまでの忍者像の変容を解明することは忍者を知るには必須の行為である。

忍者は、文字通り忍耐力、すなわちその強靱な精神が関心を引く。主人・雇用主に対して忠実さを示す一方で、江戸時代的な道徳に反する行為を厭わず、不思議な術をつかい、ひそかに任務を果たすことから、その反社会的、脱俗的な「闇」の存在とみなされ、興味を持たれているのも確かである。思想、精神でも興味深い面を含む。

職業としての忍びは明治維新で消滅するが、日本の人口のなかで多くなかった武士階級に属し、さらにその一部に過ぎなかった忍びが忍者として日本文化の代表となり、「Ninja」として世界に受け入れられていることは感慨深い。世界での受容については寿司が「Sushi」になっているのと似たものを感じる。

忍者研究では、史実の忍びの実態、忍術書の内容を明らかにして世界に発信していくことが不可欠だが、同時に世界の忍者文化のそれぞれの独自性を許容し、その価値を認めていく態度をとるべきだろう。なぜならば、これが日本の忍者と日本人が考えているような典型的な忍者、たとえば黒装束に手裏剣や忍者刀を帯びるという忍者像がすでに作られたものだからである。想像だからといって否定するのではなく、超人願望が忍者としてどのように反映されているか、その想像力を受け入れ、楽しむべきである。男と同じように働く女の忍びは史実ではいなかったが、女性でも忍術を身につけたくノ一がフィクションの世界で活躍するのは素晴らしい。考えてみて欲しい。時代小説・映画・アニメ・漫画・ゲームなどからまったくくノ一のいない世界を。また現代でもなお男性も女性もそれぞれが必要とする忍術を追究し、服装や身体能力技術で自分たちの考える忍者像を実現していくことも、尊重すべきである。

歴史の面でも文化の面でも忍者の関わる領域は広い。本著の収める論文やコラムも、多領域にわたる。しかしバラバラの研究結果が本著に収められたのではなく、そこに忍者の本質をつなぐ糸筋を見つけることができるはずである。忍者とは何者であったか、そして何者になろうとしているのか、本著はそれを知る重要な手がかりになると確信している。

以下、本著の収める論が、それぞれどのようなことを解明しているのか、簡略ながら解説を行う。

第一部は「「忍び」の成立と交流の歴史」と題して、歴史・思想方面から歴史上の忍者に取り組んだ論文を収める。忍術書を読むと、忍術が非常に多くの分野の知識を援用して体系化されているとわかる。とくに影響の大きい兵法に着目し、忍術が兵法に基づいて江戸時代初期に成立したことを解明したのが山田雄司論文である。忍術書の記す忍術は一種作られた忍術であるが、何が重要とされたのかも明らかにしている。忍術書では『万川集海』が忍術百科事典として大きな位置をしめ、その考察は必要である。片倉望論文と遠山敦論文と髙村武幸コラムは『万川集海』を対象とした論文である。『万川集海』については、二〇一五年五月に中島篤巳による訳注書が国書刊行会より刊行されているが、本著が収める論文は二〇一五年四月に原稿を集めたものである。片倉論文は『万川集海』が『孫子』に拠るところ大きいことを証明しつつ、『万川集海』の独自性をも明らかにした。独自性は「正心」に関わる部分であり、それを掘り下げたのが遠山論文である。「正心」と忍者の自己規定から武士と忍者の違いを思想面から明らかにした。髙村武幸コラムは中国の兵書『武備志』と『万川集海』を比較し、非常に慎重ながらもその影響関係を指摘している。『万川集海』の注解では大きな指摘といえる。

遠山論文が示すように忍者の思想面は忍者を知る重要な手がかりとなる。忍者の精神と日本の心を対象とした川上仁一論文は、日本文化論としてはもとより、忍術継承者である川上が忍者の精神を語ったことにより一次史料として価値を今後持つだろう。根本を知ることは大事であり、趙剛コラムは「忍者」という語への中国人としての違和感から、両国間での「忍」という字の用法と変遷を丁寧に辿っている。なぜ「しのび」が「忍び」なのか、自明のことを検証することの大事さがうかがえる。我々の忍者像が過去の忍者研究の結果をふまえたものである以上、現在に至る過程を検証することは大きな意味をもつ。伊藤銀月を中心に大正時代の忍者研究を見つめ直した山田雄司コラムと、没後六十年が経ちながらも今なお強い影響力をもつ藤田西湖の業績をあらためて記した川上仁一コラムから、忍者の深さを知ることができるだろう。歴史編の第一部において、国際的なアプローチを今までの『孫子』などとは違った面から行っているのが金時徳論文。壬辰戦争（朝鮮の役）で忍者がどのように記されていったのかを振り出しに、忍者の虚構化の過程を明らかにする。『北海異談』での忍者の活躍は今まで知られていなかったもので興味深い。

トークセッションは、時代小説家の荒山徹と日本近世文学・日本文献学に通じる金時徳と同じく日本近世文学の研究者である吉丸雄哉が行ったもの。小説家である荒山徹が史実をどう料理して小説へと昇華させていくのか、その内実が明らかになった。歴史的な忍者を論じる第一部と作られた忍者像を論じる第二部の間に置かれるものとしてこのトークセッションはふさわしい。

第二部は「「忍者」像の形成と現代文化」と題して、作られた忍者像と世界の忍者文化を検証したもの。現代人のもつ忍者イメージは何かの作品によって影響をうけて作られたものであることが多い。江戸時代まで忍者が後ろ暗い闇の存在として描かれてきたのに加えて、正義の味方としての忍者像が猿飛佐助から普及したとみなすのが吉丸雄哉論文「猿飛佐助と忍者像の変容」。実際に存在しなかった女忍者が文芸作品に登場し、よく知られたくノ一像が形成されていく過程を示したのが吉丸論文「くのいちとは何か」。吉丸雄哉コラムは近年広まっている「望月千代女という女忍者がいたという説」が虚妄であり、歴史捏造への注意をうながす。近代以降の忍者作品は膨大であるが、丁寧にひとつずつの作品を読解し、忍者・忍術のもつ意味を確認していくことが大事である。結果として忍者・忍術の表象のみならず、作品を生み出す背景となった時代や文化が明らかになるからである。その点で貴司山治『忍術武勇伝』を対象とした尾西康充論文はひとつの手本となろう。佐藤至子論文は『ＮＡＲＵＴＯ――ナルト』に出てくる動物を手がかりに、世界でも受け入れられたこの作品の〈日本らしさ〉を明らかにしたもの。作品そのものの特徴を明らかにするだけでなく、日本文化の受容様式の考察として興味深い。関立丹論文は司馬遼太郎、王志松論文は村山知義という忍者文芸史上大きな影響をもつ作家をそれぞれ扱っている。関立丹の論証は非常に丁寧で、司馬遼太郎の忍法小説論として価値が高い。王志松は日本文化論の視点から村山知義の代表作『忍びの者　序の巻』を論じたもの。村山の創作意識が解明された。中国人によって当たり前のように忍者文芸研究がなされていることは、研究の国際化を示している。周雲コラムは『機動武闘伝Ｇガンダム』を対象とする。日本ではいわゆるサブカルチャーにあたるガンダムはアカデミズムから遠ざけられている。北京大学大学院生である周雲がこのような考察を残したことは、海外のほうが柔軟に日本文化を研究している証しといえるかもしれない。唐永亮論文は中国における『ＮＡＲＵＴＯ――ナルト』の受容状況を示したもの。おそらく多くの人にとっては驚きの内容だろう。日中両国の文化交流や相互理解のために、忍者漫画のもつ可能性が示されている。劉淑霞コラムは「武侠」文化と「忍者」文化を比較したもの。簡潔ながら両国の違いが明確になり、比較文化論として成功している。金俊倍論文は韓国の義賊「一枝梅」が忍者と同じ姿で表象されるようになった過程を記したもの。世界各国に独自の忍者文化があるが、一枝梅も韓国人の意識はともかく忍者文化の一様式といえるか。比較文化論として考えさせる要素が多い。本廣陽子コラムは忍術書に出てくる忍歌『義盛百首』を対象にする。『義盛百首』は百首歌の伝統を背景に生み出され、また忍者の精神を和歌というわかりやすい形式で伝えるものであることを示した。日本の伝統文化を土壌とした忍者文化の奥深さを伝えている。

以上、十三編の論文、八編のコラム、トークセッション一つを通じて、忍者の歴史や思想、忍者像の形成や忍者作品の特徴、日中韓の忍者文化について、新たな知見を提示することができたと思う。「忍者とは何か」という問いに、以上の論文ですべて答えられたわけではないが、本著が多くの示唆を読者に与えること、また日本のみならず国際的な忍者研究の発展に寄与することを強く願っている。

目次

第一部 「忍び」の成立と交流の歴史

第二部　「忍者」像の形成と現代文化

第一部………

「忍び」の成立と交流の歴史

日本における兵法の変容と忍術の成立

山田雄司

はじめに

忍術の成立にあたって、それを忍術書の記述にのっとって古代に求める考え方もある。しかし、それは史料批判を行わずに忍術書の記述をそのまま信用している結果であるため、忍術書の内容について、時代背景とともに綿密に吟味した上で、その成立時期について考察する必要があろう。

本稿では、忍術の成立について、中国兵法の日本への将来と受容、そして日本独自の兵法の成立と変容という流れの中に位置づけ、忍術は兵法に基づいて江戸時代初期に成立したことを明らかにする。そしてさらに、忍術書に記された内容を検討することにより、忍術が形成される際にどのようなことが重視されたのか、そして忍びの素養として何が必要とされたのかといった点について考察したい[1]。

一、中国兵法の受容

古代中国においては、紀元前五世紀中頃から紀元前四世紀中頃にかけての春秋時代に、孫武によって編纂された『孫子』をはじめとして、唐代に至るまでに、『孫子』『呉子』『尉繚子《うつりょうし》』『六韜《りくとう》』『三略』『司馬法《しばほう》』『李衛公問対《りえいこうもんたい》』の武経《ぶけい》七書《しちしょ》と呼ばれる兵法書が相次いで編纂された。[2] また、これ以外の兵法書も種々編纂されたことが知られており、古代中国では兵法が高度に発達していたと言える。それは、王朝の成立と存続が武力によって担保されていたからであり、異民族の脅威に常にさらされていた歴代王朝の宿命でもあった。

そうした中国兵法書は遅くとも七世紀後半には日本に将来されていたようである。『日本書紀』天智天皇十年（六七一）正月条によれば、百済人兵法者が渡来することにより兵法が日本にもたらされたことがわかる。この兵法はおそらく百済独自のものではなく中国兵法であろうが、これに基づいて北九州の山城も築城されたと考えられる。その後、八世紀中葉には、入唐した吉備真備により『孫子』などが伝えられ、この兵法は藤原仲麻呂による新羅征討計画の際に用いられた。そして真備は太宰府で『孫子』「九地篇」の講義も行っている。

唐よりもたらされた兵法は日本国内での戦闘にも利用され、八世紀後半の桓武天皇による蝦夷征討のときや源義家による後三年の役（一〇八三～八七）の際には『孫子』の兵法が用いられたことが明らかであり、兵法書の中でもとりわけ『孫子』が重視された。また寛平年間（八八九～九七）に編纂された『日本国見在書目録《にほんこくげんざいしょもくろく》』からは、『孫子兵法』『司馬法』『太公六韜』をはじめ、『黄帝蚩尤兵法《こうていしゆうへいほう》』『魏武帝兵書』『雲気兵法』など多様な兵法書が日本に将来されて現存していたことがわかる。

しかし、常に異民族との戦いを意識しなければならなかった中国とは異なり、対外戦争を考慮する必要がほとんどなかった日本では、兵法の受容は一部にとどまり、実戦に用いられることは少なく、また内容については朝廷や幕府の一部で知られているのみで、部分的受容にとどまっていたと言えよう。

二、日本的兵法書の編纂

一方、日本においては、院政期以降日本独自の兵法書が編纂されるようになった。この背景には、源平合戦などの内乱が続いたことが影響していよう。九条兼実の『玉葉』治承五年（一一八一）二月二十三日条には、大外記《だいげき》中原師景により祖父師遠が白河院より下賜されたという『素書』一巻が兼実のところに持参されたことが記されている。『素書』は黄石公《こうせきこう》に仮託される兵法書である。黄石公は秦末の隠士で、張良に兵書を授けたとされているが、『素書』自体は宋代末より見られる書で、院政期に日本にもたらされた書である[3]。兼実は『素書』について、「『張良一巻書』すなはちこれなり」とし、黄石公が張良に伝えた書であるとするが、『張良一巻書』について、ある人は『六韜』のことだとしたり、『三略』のことだとする人もいると述べている。また、この書は大江匡房《おおえのまさふさ》によると、張良の末裔である張修理が日本に渡来し、源資綱《みなもとのすけつな》の家人となって資綱に進呈し、その子家賢が白河院に献上したとする説を伝えている。

『張良一巻書』の書名は十一世紀初頭に成立した『和漢朗詠集』帝王部が初見とされるが、『玉葉』の記事と同様に、「張良が著した一巻の書」といった意味で用いられているようである。それが『張良一巻書』という固有名詞で登場するのは十四世紀初頭のようである。前田育徳会尊経閣文庫本には正和三年（一三一四）の本奥書と文和三年（一三五四）書写した旨の奥書を有する。そしてこの書は、四十二箇条からなり、『兵法秘術一巻書』『兵法霊瑞書』『玉張陰符経』『義経虎之巻』などと称されるさまざまな同類書が編纂されたが、内容は同一ではなくかなり異なっている。(4)

南北朝時代以降になると、太公望呂尚、張良、黄石公などに仮託して、中国から伝来したと称する日本独自の兵法書が流行した。今川了俊の『了俊大草紙』には、「兵法事　今天下に人の用所の兵書は、四十二ヶ条なり。（中略）兵法の事は皆真言にて左右なく行がたき事也」と記されており、その内容は密教的だったとしている。

南北朝期の日本の兵法書には、出陣の際の作法などとともに、「闇夜明眼ノ秘術」「隠身ノ秘術」「飛行自在霧鞭之大事」「兵法九字ノ大事」「敵ノ為メニ火中ニ攻メ籠マレンニ火難ヲ免ル、秘術」「敵ノ為メニ水ニ溺レンニ水難ヲ免ル、秘術」といった、「忍び」が用いるのにふさわしいような修験道的要素を伴っていることが目を引く。これらは中国兵法書とは異なり、個人的な戦い方について記しており、真言が記されたり印が描かれるなど呪術性が強い。同じ呪術性であっても、中国の兵陰陽では陰陽によって戦いの日取りを占ったりするものであり、手法が異なっている。こうした兵法書は当時武力集団をかかえた大寺院において編纂され、強訴の際などに用いられたものがもととなったのだろう。このような兵法書は呪術性の強い中世的世界を反映しており、また武力を有した寺院に伝えられたため、宗教性が強かったとも言える。

例えば、『兵法秘術一巻書』では「隠形の秘術の事」として、以下のように記している。

左の手を胸にあてて仰ておく。右の手を上にうつぶけて中をすこし屈して摩利支天の隠形の秘印明を用者也。呪に曰く、

唵謝摩利伽陀羅ソハカ

是を摩利支天の隠形の三魔地門に入ると云也。

又曰、後代の名匠の口伝に云、印は上に同じ。呪に曰く、

唵魔利支寧諦々阿奈隠陀羅ソハカ

この呪を七反みつべし。かならずかくるる秘伝也。

印を結んで真言を唱えることによって消えることができるというのは、後の「忍術」につながっていくあり方と言えよう。印を結んで呪文を唱えれば消えるという忍者のイメージは、何の根拠もなく創造されたのではなく、これら兵法書に起源を求めることができる。このような作法は現代人の我々からすれば「荒唐無稽」なのかもしれないが、中世においてはある程度信じられて実際に行われていたと思われる。『義経虎巻』によれば、当時でも、真言を称えることによって姿が消えてしまうと思われていたわけではなく、物陰でこうした作法を行うことによって、相手から見つかることを防ぐことができると記述されている。

伊賀流忍者博物館所蔵沖森文庫『張良一巻書』跋文には、「正白山真言院什物」と記されている。正白山真言院とは、津市白山町白山比咩《しらやまひめ》神社の神宮寺である真言院のことで、この寺は伊勢の戦国大名北畠氏の祈願所である修験系寺院だった。そこに写本として伝わったということは、呪術的な兵法書が寺院で作成されて伝授されたことを示していよう。

戦国時代になると、日本の兵法、中国の正統的兵法書である武経七書、さらには陰陽五行の影響を受けた唐李筌《りせん》『太白陰経《たいはくいんけい》』や北宋許洞《きょどう》『虎鈐経《こけんけい》』などの兵陰陽を集積して、『訓閲集《きんえつしゅう》』が成立する。『訓閲集』は享保元年（一七一六）に版行された『本朝武芸小伝』によると、醍醐天皇の時に大江維時《おおえのこれとき》が入唐して六韜・三略・軍勝図四十二条を得て帰

朝して秘していたところを、和字の書を作って『訓閲集』と号したという。その真偽については触れないが、室町時代には弓馬礼法によって幕府に仕えた甲斐源氏の小笠原家に伝えられ、小笠原氏隆から上泉信綱を経、信綱は嫡子の秀胤に新陰流剣術とともに新陰流軍学を相伝した。秀胤は武田信玄に仕えた岡本半介にそれを伝え、半介の弟子で徳川家康の家臣小幡景憲《おばたかげのり》は、『甲陽軍艦』に記される信玄の戦法と『訓閲集』的軍配を合わせて甲州流軍学を大成した。それをもとに北条流や山鹿流などの近世軍学が誕生した(5)。

秀胤伝の『訓閲集』は陰陽五行などの呪術的要素が強いが、信綱から細川藩の剣術師範となった疋田豊五郎に伝えられ、細川藩の新陰流師範家林家に伝えられた『訓閲集』はそれとは内容が異なっており、実戦的側面が強い。この『訓閲集』では巻三が「斥候《ものみ》」となっており、間諜の術・遠候の法・中候の法・斥候の法・物見三段の法・物見秘伝の条々・大物見の事・斥候禁戒・使番の法・水を尋ねるの法・物見の追加についての各項が立てられている。

ここでは、「それ兵家の肝要は斥候にしくはなし。けだし兵法は詭道なり」のように『孫子』を引用しながらも、具体的な斥候の術について述べられている。

およそ間諜とは軍を興すべき二三年も前より、職人・商人、或いは芸能のある遊子の類を敵国へ遣わして、その国の士・町人の風俗、大将・物頭の賢愚、軍法の嗜み、兵粮・水・薪の有無、山川地形の険易、道路の迂直を計り知りて後、軍兵を出すべし。この役人を間諜と云うなり。

この内容は、後の忍術書における「忍び」の役割に通じるものであり、「敵国へ近づく五日先に竊盗（忍び）の者二三人、敵地へ遣わして山川地形の善悪を見すべし」のように、敵国に忍び込んでその地の風俗や地形、政情などについて知るべしという「忍び」の内容についても記されており、戦国時代の戦闘において「忍び」的要素が重要視されていたことがわかる。

三、兵法書から忍術書へ

こうした兵法書が、元和四年（一六一八）に成立した小笠原昨雲『軍法侍用集』になると、内容が整理されてより詳細に記述されている。小笠原昨雲は氏隆のあとを承けた軍学者で、他に『当流軍法巧者書《とうりゅうぐんぽうこうしゃのしょ》』『諸家評定《しょけのひょうじょう》』などを著している。

『軍法侍用集』は源頼朝以来の実戦軍法を十二巻にまとめたものとされており、ここで記されている軍法は、太平の世になって唱えられるようになる後の観念的な軍学とは違って、まさに実戦に即して語られた戦闘者として心得るべき具体的な事柄の総体であると評価されている(6)。その構成は、武勇問答の次第・備へ勝負の巻・道具軍礼の巻・竊盗の巻・日取り方角文段の巻・気の巻から成っている。巻九以降は呪術的側面が強いが、この場合の呪術は陰陽に基づくもので、密教色の強い日本中世の兵法書よりも、中国の兵陰陽の影響を強く受けていると言える。

「忍び」に関しては、巻六・七・八にまとまって記されている。巻六「竊盗《しのび》の巻上」では、「諸家中に伊賀甲賀の者あるべきの事」として、「大名の下には、竊盗の者なくては、かなはざる儀なり」と、大名は「忍び」を抱えていなくては成り立たないといったように、「忍び」の役割について強調し、その中でも伊賀衆・甲賀衆が秀でていることを記していることは注目される。伊賀衆・甲賀衆は日本各地の忍びの中でも、優れた忍びとして十七世紀初頭には認識されていたことがわかる。これにより、江戸時代を通じて、伊賀出身でなくても「伊賀者」という名称で警備などに携わる職務が存続したのである。

そして、忍びに遣わすのに適した人物として、「第一、智ある人。第二、覚のよき人。第三、口のよき人なり。才覚なくてはしのびはなりがたかるべし」のように、頭脳明晰であることが必要だとしている。忍びというと兎角身体能力が優れていることが必要条件かと思われているが、そうした記載はなく、知的能力に秀でていることが要求されていることが注目される。そしてさらに、忍びの方法や心得について具体的に記されている。

また、忍びに必要な道具として、松明・水松明・楯松明・手火矢・投火矢・うづみ火・巌石材《がんせきかけはし》・継梯《つぎはし》・勢楼・狼煙などの道具が絵とともに記されるほか、忍びの心得を記した「義盛百首」が収載されていることは特筆される。これは歌にすることによって忍びの作法を覚えやすくしたのであろう。そのほか、「夜うちにひしを蒔く事」のように、忍者の道具としてよく知られる「まきびし」についての記述がされているなど、のちの忍術書に与えた影響は大きい。

十七世紀中葉になって武経七書が重視され、慶長十一年（一六〇六）には日本でも開版され、林羅山らによって研究が行われた。そして、幕府の学問としての兵学が成立すると、中世的で呪術的な内容は切り捨てられ、「忍び」についても記されなくなる。一方、「忍び」としての職を失った伊賀衆・甲賀衆らは忍術書をまとめて技術を伝承しようとし、忍術書がまとめられることになる。

四、忍術書の内容

忍術書には忍びの由緒をはじめとして、忍びの方法や心得、道具などについて記されており、『万川集海』『正忍記』『忍秘伝』がその代表とされる。(7) そのほかにも、楠木流の忍術伝書である『当流奪口忍之巻註《とうりゅうだっこうしのびのまきちゅう》』、甲州武田家に伝わったとされる忍術書『伊賀流甲賀流竊奸秘伝《いがりゅうこうかりゅうしのびひでん》』、彦根藩の伊賀衆である四宮重住による『賀士手牒《かざむらいてちょう》』、甲賀流忍術書と考えられる『伊賀問答忍術《いがもんどうにんじゅつ》賀士誠《かざむらいのまこと》』、加賀国に住したとされる盗賊熊坂長範の流れをくんだ引光但馬守を祖とする忍術書『引光流忍法註書　附《つけたり》　長家伝《ちょうかでん》』、武田信玄に仕えた山本勘助と馬場美濃守が詮議したとされる馬術と忍術に関する書『甲州流忍法伝書老談集《ろうだんしゅう》』、伊賀・甲賀の忍びの方法について具体的に記した『用間加條伝目口義《ようかんかじょうでんもくくぎ》』、忍術が失われていくことを危惧してまとめられた『甲賀忍之伝《しのびのでん》未来記』、忍びの由来や変遷について記した『忍術応義伝』などが知られている。[8]

忍術にはさまざまな要素が含まれており、侵入術・破壊術・武術・変装術・交際術・対話術・記憶術・伝達術・呪術などのほか、医学・薬学・食物・天文・気象・遁甲・火薬などの知識も記されている。つまり、忍術とは総合的知識に基づくサバイバル術と言うことができよう。

『当流奪口忍之巻註』では、「忍」の文字のもつ意味について説いており、「刃《やいば》」の下に「心」を置き、どんなことにも動じない心持ちが大事だということを最初に述べている。また、万事耐え忍ぶことが重要であると唱えている。そして、忍びに最も必要とされる要素は、肉体的強靱さではなく才覚であるとしている。[9]

こうした忍術書の中でも、さまざまな忍術書を集積した最も大部な書が『万川集海』だと評価することができる。『万川集海』とは、天下の河水がことごとく大海に流入して広大となるように、伊賀・甲賀の忍者《しのびのもの》たちが秘してきた忍術・忍器ならびに今代の諸流のあしきを捨てよきを撰びとり、また和漢の名将の作った忍術の計策等をあまねく集めたものであるとする。[10]『万川集海』は延宝四年（一六七六）伊賀国郷士で藤林長門守の子孫の藤林左武次保武によって編纂され、二十二巻、別巻一巻からなる最も大部でまとまっている忍術書である。

その項目を挙げると、正心・将知一忍宝之事・将知二期約之事・将知四不入謀之事上・将知五不入謀之事下・陽忍上遠入之事・陽忍中近入之事・陽忍下目付事・陰忍一城営忍上・陰忍二城営忍下・陰忍三家忍之事・陰忍四開戸之事・陰忍五忍夜討・天時上遁甲日時之事・天時下天文之事・忍器一登器・忍器二水器之事・忍器三開器・忍器四火器・忍器五火器からなっており、忍術の百科事典と呼ぶのにふさわしい内容であるが、実際には日本の忍びが用いなかったと思われる事項も収載されている。北宋の慶暦四年（一〇四四）成立の『武経総要』や明の天啓元年（一六二一）に成立した『武備志』を参考にしたと考えられる箇所もあり、中国の都城を攻略するのには有効であっても、日本の城郭に侵入するのには適さないであろう道具もそのまま掲載している。(11)

『万川集海』では忍者に必要なのは「正心」という心のあり方であり、それがなければ盗賊と同じであると注意が喚起され、『孫子』を各所で引用しながらも『孫子』そのままではなく、主君に対しての忠誠心が強調され、道徳性の強い内容となっている。(12) また、忍者の行う仕事は、音もなく臭いもなく智名もなく勇名もないけれども、その功は天地造化のごとき大きな仕事であるのだと述べている。すなわち、表だって自らの功名を声高に主張することなく、淡々と自分に課せられた任務を遂行するのであるが、その功績は決して小さいものではなく、国家を動かすほどの大きなことをなしとげることもあるというのである。

こうしたあり方は、自己を押し殺して耐え忍び、主君に対して忠誠心を尽くすという江戸時代以来の日本人のあり方を如実に示している。このような精神性を重視した忍術書が十七世紀後半に成立したということには、実際の戦闘からは遠ざかり、江戸時代の幕藩体制による支配が安定し、儒教的倫理観が浸透していたということが背景にあろうが、それと同時に、忍者という職能に付随する精神性が反映された結果と言えよう。そして、そうした精神性を有していることが、忍者が現在に至るまで日本人にとって人気を保っている理由のひとつとなっているのではないだろうか。

おわりに

十七世紀になると、『孫子』『呉子』『司馬法』『尉繚子』『六韜』『三略』『李衛公問対』といった武経七書が日本で開版されたことにより中国兵法が日本に定着し、江戸幕府にとっての統治術としての兵学が確立された。実践としての兵法から学問としての兵学への変化である。兵法は戦闘の術から治国平天下のための大道となり、倫理的側面が強くなっていった。そしてそれにともない、これまで日本の兵法書が有していた「忍び」の要素や呪術的側面は切り捨てられることになった。

他方、国家から切り離された部分が在地に残り伝えられ、さらにさまざまな要素を加味して「忍術」となっていったのではないだろうか。つまり、「忍術」には呪術や「忍び」などの中世的要素が多分に含まれていると言える。もちろん中世そのままではなく、特に思想的側面は近世幕藩体制に符合した内容とならざるを得ない[13]。

太平の世となり、忍びに求められる要素も変化していった。そのため、忘れられつつある忍びの要素を書き留めることによって自らの存在意義を再確認し、さらにはこれからの忍びに必要な事項をまとめたものが忍術書であると言えよう。

忍びのもつ精神性は、その後ずっと生き続けていくことになる。明治十五年（一八八二）山岡鉄舟らが勝海舟のもとへ元老院議長の話をもってきたとき、勝海舟は左大臣有栖川宮親王に宛てて「無レ功亦無レ名　不レ求二貴与栄一　国難今已了　瓢然身世軽」の詩を託したことはよく知られており、「功なく名なく貴と栄を求めず」という言葉は、海舟の生き方をよくあらわしている[14]。こうした考え方は「知名もなく、勇名もなし」という『万川集海』にもつながると言えよう[15]。

自らの立場を示威しない海舟の生き方は、父である小吉の影響によるところが大きいとされ、さらに小吉は平山行蔵という武芸者を尊敬していたとされる[16]。平山行蔵の家は、幕府の伊賀者で、三十俵二人扶持、四谷北伊賀町に居を構えていた。そして、行蔵から六代前の平山清左衛門は、服部半蔵の部下であったとされる。行蔵は天下泰平の世にあっても自己鍛錬に励み、「常在戦場」のごとき日常生活を送ったが、その背景には、伊賀者の子孫としての忍び的生き方が伝承されていたと考えられている。そして、治にいて乱を忘れず、不断に身体を錬磨し、武術を練り、心法工夫して、人間能力を最大限に発揮しようと過酷な訓練を自己自身に課するところに、伊賀の忍びの伝統が生きていると評価されている[17]。

このように、忍術の技術的面は失われても、精神的面は生き続け、それは現代に至るまでつながっていくのである。忍術は、中国兵法・日本兵法の影響を受けて成立していくが、そこでは独自の価値観が醸成され、時代とともに変遷しながらも、「忍耐」「堪忍」といった日本人の価値観を反映した術となっていったのである。

注

（1）日本の兵法については、石岡久夫『日本兵法史　上』（雄山閣、一九七二年）においてよく整理されている。

（2）湯浅邦弘『孫子の兵法入門』（角川学芸出版、二〇一〇年）。

（3）深沢徹「偽書と兵法」（深沢徹責任編集『日本古典偽書叢刊　第三巻　兵法秘術一巻書・簠簋内伝金烏玉兎集・職人由来書』現代思潮新社、二〇〇四年）。

（4）有馬成甫監修・石岡久夫編『日本兵法全書6　諸流兵法（上）』（人物往来社、一九六七年）。

（5）赤羽根大介校訂・赤羽根龍夫解説『上泉信綱伝新陰流軍学『訓閲集』』（スキージャーナル株式会社、二〇〇八年）。

（6）古川哲史監修・魚住孝至・羽賀久人校注『戦国武士の心得――『軍法侍用集』の研究』（ぺりかん社、二〇〇一年）。
（7）この三書を三大忍術書とする考え方は、奥瀬平七郎から始まったものと思われる。
（8）忍術書の概要については、山田雄司「忍びの文化――忍術書の伝えるもの」（『書物學』二巻、二〇一四年）で言及した。
（9）山田雄司「「当流奪口忍之巻註」を読む」（吉丸雄哉・山田雄司・尾西康充編『忍者文芸研究読本』笠間書院、二〇一四年）。
（10）『万川集海』の成立背景については、藤田和敏『〈甲賀忍者〉の実像』（吉川弘文館、二〇一二年）に詳しい。
（11）本書所載の髙村武幸論文を参照されたい。
（12）本書所載の片倉望論文を参照されたい。
（13）近世の兵学については、前田勉『近世日本の儒学と兵学』（ぺりかん社、一九九六年）に詳しい。
（14）松浦玲『勝海舟と西郷隆盛』（岩波書店、二〇一一年）。
（15）この言葉は、『孫子』四形編の「古の所謂善く戦う者は、勝ち易きに勝つ者なり。故に善く戦う者の勝つや、智名も無く、勇功も無し」に通じると思われるが、意味は全く異なっている。すなわち、『孫子』では、戦上手と呼ばれる者は必ず勝つという勝算があって戦うので、優れた戦術だとか勇敢に戦ったとかの評判がたつこともないと述べている。
（16）広瀬幸吉『海舟の論語的生き方』（学校図書、二〇一四年）。
（17）勝小吉著・勝部真長編『夢酔独言他』（東洋文庫、平凡社、一九六九年）。

『孫子』と『万川集海』とを比較して

片倉望

一、忍術の根本にあるもの

（一）『万川集海』について

忍術に造詣が深い人々にはよく知られているように、『万川集海』とは延宝四年（一六七六）に伊賀国、郷士で藤林長門守の子孫である藤林保武が書いた本編二十二巻、別巻一からなる忍術兵法書である。

まずは、その保武自身の手になる「序」「凡例」「忍術問答」に拠って、その書の概要と著作の意図とを見ていくことにしたい。

『万川集海』という名前の由来について、「凡例」では以下のように記している。[1]

一、是書ヲ万川集海ト名クル事。始ヨリ終ニ至ルマテ間林精要ノ綱領ヲ挙記シ、用ルニ伊賀甲賀十一人ノ忍者ノ秘セシ忍術忍器、并ニ今代之諸流ノ悪キヲ捨テ、善キヲ撰ンテ取リ、又、和漢ノ名将ノ作レル忍術ノ計策等*偏ク集メ、之ヲ殊ニ前人未発ノ旨開顕、義理ヲ正クシ邪義ヲ不誣、此術ノ至極ニ帰シ、序次ヲ不乱シテ、畢ク著之モノ也。然則、天下ノ河水、尽ク大海ニ流入テ広大ナルゴトクナル故ヲ以テ、是尽ヲ万川集海ト号ス。

（『万川集海』凡例）

（〈現代語訳〉一、この書物を『万川集海』と名付けたことについて。（この書物は）始めから終わりまで、忍者たちの極めて重要な綱領を列挙し、伊賀と甲賀十一人の忍者が秘伝としてきた忍術とその忍器とを記し、併せて今の時代に伝わる様々な流派の悪い部分を捨て、良い部分を採用し、また、日本と中国の名将が作った忍術の計略などをすべて集め、さらに前人がまだ発見していなかった（忍術の）旨趣を展開し、「義理」を正して邪悪な考えで欺くことがないようにし、この忍術を最高の到達地点まで帰結させ、順序正しくすべてを著したものである。そうであるとすると、（この書物は）天下の河の水が、すべて大海に流れ込んで（海が）広大になったようなものなので、このすべてを『万川集海』と名付けたのである。）

要するに、伊賀・甲賀の忍術や忍器（忍者の使用する武器や道具）、当代に伝わる諸派の術を取捨選択し、そこに道理を立て順番をつけて記録した様を、天下の河水を集める大海に比して、『万川集海』と名付けたというのである。

（二）忍術の起源

忍術の起源については諸説有るが、『万川集海』の「忍術問答」では忍術が中国に起源を持つことが論じられている。

或問曰、「忍術ト云事ハ何レノ代ヨリ始レルヤ。」答曰、「夫軍法ハ上古伏羲帝ヨリ始リ、其後黄帝ニ至リテ盛ンニ行ハレタリ。夫ヨリ後代ニ伝ハリ、心アル人無不崇用。然レハ忍術、軍用ノ要術タリ。初メ伏羲黄帝ノ時ニ起ルト云トモ、忍術ノ事書ニハナシ。惟質ノミ也。此義ハ往々古書に見ヘタリ。」

（『万川集海』忍術問答）

（現代語訳）ある人が尋ねて言った、「忍術というものはいつの時代からはじまったのでしょうか。」答えて言う、「そもそも（戦争の際に軍隊を動かすための）軍法は上古の伏羲帝の時から始まって、その後、黄帝の時代になって盛んに行われるようになった。以後、代々受け継がれて後の時代に伝わり、心ある人は軍法を尊いものとして用いないことはなかった。そうであれば、忍術というものは軍隊の運用にとって要となる術なので、伏羲・黄帝の時に（軍法が起こったのだから、その要である忍術も）起こっているはずであるが、忍術のことは書物には書かれていない。ただ実質だけがあったのである。このことはしばしば古い書物に書かれている。」）

ここではまず、軍法が起こったのが中国の上古の、実際には神話・伝説上の皇帝である伏羲《ふっき》の時代であったと説明する。そして、忍術は軍事作戦の要なのだから、当然、軍法の開始と同時に忍術も起こっているはずであると推論する。ただし、その忍術のことを書いた書物は無いとも言っている。もとより、有るはずもないのではあるが。

さらに、忍術が軍法の要の術であるという点については、『孫子』がその証拠であるという説明がなされる。

問曰、「忍術ハ軍法ノ要用トスル謂レハ如何。」答曰、「夫孫子十三篇ノ中、用間ノ篇ニ忍術ヲ載ス。其外歴代ノ軍書、又吾邦ノ兵書ニモ略無不雑出此術。」

（『万川集海』忍術問答）

（現代語訳）尋ねて聞く、「忍術が軍法の要であると断定する根拠は何か。」答えて言う、「そもそも『孫子』十三篇中の用間篇に忍術のことが記載されている。その他に歴代の軍書や、また我が国の兵書にもおおよそ忍術のことが出てこないことはないからである。」）

『孫子』は春秋時代の孫武が著したとされる中国最古の兵法書である。日本にも古くに伝わり[2]、多くの戦場、実践の場で使用されて我が国の兵学に絶大な影響を及ぼして来た。その書物を締め括る篇として「用間篇」があり、間諜を用いる際に注意すること、そして、どのように間諜を育成するかなどということが記されている。忍術問答では、この『孫子』用間篇の記述を根拠に忍術を軍法の要であると断定しているのである。

このように、『万川集海』においては、忍術に関わる諸説の根拠を多く『孫子』に求めていて、引用される『孫子』の原文は枚挙に暇がないほどである。後に述べるように、『万川集海』に説かれる忍者の二分類、「陽忍」と「隠忍」のうち、「陽忍」はすべてこの『孫子』用間篇に説かれる間諜に由来するものであった。さらに、忍術が多くの部分で『孫子』の思想を前提としているという事実は、藤林保武自身の手に成る『万川集海』序文の冒頭の一節に象徴的に示されている。

凡兵者国之大事、死生存亡之道也。国家安危之基極、大事而非細少也。甚深重之義而非軽率之利矣。故詳密始計、明察五事・七計、而能執衆之心、以権謀而使奇正、叶智・仁・信・勇・厳之五材、不背*天・地・人三利、則以千卒雖当億万之敵、百戦可百勝。奚可危哉。

（『万川集海』序）

孫子曰[3]、兵者国之大事、死生之地、存亡之道、不可不察也。故経之以五事、校之以七計、而索其情。一曰、「道」。二曰、「天」。三曰、「地」。四曰、「将」。五曰、「法」。道者、令民与上同意也。可与之死、可与之生、而不畏危也。天者、陰陽・寒暑・時制也。地者、遠近・険易・広狭・死生也。将者、智・仁・信・勇・厳也。法者、曲制・官道・主用也。凡此五者、将莫不聞、知之者勝、不知者不勝。故校之以計、而索其情。曰、主孰有道。将孰有能。

天地孰得。法令孰行。兵衆孰強。士卒孰練。賞罰孰明。吾以此知勝負矣。（『孫子』始計篇）

共に漢文で書かれた両者の原文を対比すれば明らかなように、傍線を引き記号を付した部分は、すべて『孫子』の原文、用語を踏襲しているのである。

確かに忍術は日本で独特の発達をした間諜の技術であった。しかしその源流は『万川集海』で確認される限りにおいて、紛れもなく『孫子』にあるのである。そこで、以下、『万川集海』に記されている忍術と『孫子』の兵法とを比較しながら、忍術は『孫子』の何を継承し、どのように発展させたものであるのかを検討して行くことにしたい。

二、『孫子』と『万川集海』

（一）忍術とは戦争に勝つための手段

夫れ戦いなる者は、其の虚に乗じ、其の不意を速撃し、其の理を察するなり。謀計多しと雖も、忍術に非ざれば則ち敵の密計・隠謀、審らかに知ること能わず。夫れ呉子・孫子の兵法を探り、張良・韓信等の秘書軍法を閲るに、間諜無ければ則ち敵の虚実を知り、数呈の長城を抜き、三軍を陥井に堕して全勝の功を成すこと能わず。一人の功を以て、千万人を亡ぼす者は、忍術に非ずして何ぞや。（『万川集海』序[4]）

（現代語訳）そもそも戦いというものは、敵の「虚」（例えば防御の手薄な所など）を利用し、敵の不意を突いて速攻し、敵の（戦い方の）筋目を詳しく観察するのである。多くの謀略を立てたとしても、忍術を使わなければ敵の秘密の作戦や隠謀を詳細に知ることはできない。そもそも呉子や孫子の兵法を調べ、張良や韓信たちの秘密の書物（『六韜』『三略』）や軍隊を動かす方法を検討してみても、間諜がいなければ敵の虚実（手薄な所や防御の堅い所）を知り、何キロも続く長城を破り、（敵の上・中・下の）三軍を罠にかけて完勝の功績を挙げることはできない。たった一人の功績で、千万人（もの敵）を滅ぼすことができるのは、忍術を措いて他にはない。）

間諜こそが敵の密計・隠謀を知る手立てであり、忍者は一人で千万人を倒すことができると豪語するこの『万川集海』の序文の中で、忍術の重要性を証明する論理は、すべて『孫子』に基づくものであった。そのことは、冒頭の「其の虚に乗じ」が、『孫子』虚実篇の「進みて禦ぐ可からざる者は、其の虚を衝《つ》けばなり」等の考え方を前提としていることからも明白ではあるが、ここでは、少しく『孫子』の原文に即して、戦いにおいて間諜が重要とされる所以を確認しておくことにしたい。

（二）『孫子』の兵法における間諜の意義

兵家の立場から戦争に勝つ方法を説く『孫子』において、面白いことに、戦いの最善策は「戦わずして人の兵を屈する」ことにあった。

孫子曰、夫用兵之法、全国為上、破国次之。全軍為上、破軍次之。全旅為上、破旅次之。全卒為上、破卒次之。全伍為上、破伍次之。是故百戦百勝、非善之善者也。不戦而屈人之兵、善之善者也。（『孫子』謀攻篇）

（翻訳）孫子は言う、そもそも軍隊を用いる方法は、敵国を傷つけずに勝つのが最善で、敵国を（武力で）破るというのは次善のやり方である。敵軍を傷つけずに勝つのが最善で、敵軍を破るというのは次善のやり方である。敵の旅団を傷つけずに勝つのが最善で、敵の旅団を破るというのは次善のやり方である。(百人から構成される)敵の大隊を傷つけずに勝つのが最善で、大隊を破るというのは次善のやり方である。(五人で構成される)敵の小隊を傷つけずに勝つのが最善で、小隊を破るというのは次善のやり方である。かくして、百回戦って百回勝利を収めるというのは最善のやり方ではない。(すなわち)戦わないで敵の軍隊を屈服させるというのが最善のやり方なのである。)

戦いにこそ、その存在意義があると考えられる兵家ではあるが、その思想は敢えて戦いを求めるという性格のものではなく、実際の戦闘を可能な限り避けようとする姿勢がその根底にはある。もとより、ひとたび戦争ともなれば敵味方を問わず被害は甚大であり、国の疲弊を招くことは明白であった。従って、『孫子』においては、戦いはあくまでも最後の手段として位置づけられているのである。

では、戦わずして敵に勝つ方法とはどのようなものなのであろうか。『孫子』によれば、それは「敵の謀を伐」つことによって実現されるという。

故上兵伐謀、其次伐交、其次伐兵、其下攻城。

(『孫子』謀攻篇)

(翻訳)それ故、最高の戦い方は敵の策略を打ち破るということにあり、敵の同盟関係を破るというのが次善であり、敵の軍隊を打ち破るというのがさらにその次の戦い方であって、敵の町を(武力で)攻め落とすというのが最も下手な戦い方である。)

では、その敵の謀を伐つためには、どうしたらよいというのであろうか。それこそが、かの有名な「彼(敵)を知り己を知らば、百戦して殆うからず」という状況把握、情報略取の極意である。

故知勝有五。知可以与戦不可以与戦者勝。識衆寡之用者勝。上下同欲者勝。以虞待不虞者勝。将能而君不御者勝。此五者、知勝之道也。故曰、知彼知己、百戦不殆。不知彼而知己、一勝一負。不知彼不知己、毎戦必敗。

（『孫子』謀攻篇）

（（翻訳）それ故、戦争での勝敗を（事前に）知るための判断基準が五つある。（一）何処と同盟すべきか、何処と同盟すべきではないか、を理解していれば勝利を収めることができる。（二）（敵に対して）軍勢が多いか少ないかで戦い方を変えられれば勝利を収めることができる。（三）君主も臣下も同じことを望んでいれば勝利を収めることができる。（四）充分な準備と気配りをした上で、敵の想定外のところを突ければ勝利を収めることができる。（五）将軍が有能で君主が差し出がましいことを言わなければ勝利を収めることができる。この五つが勝敗を知るやり方である。そこで次のように言うことができる「敵を知り、自分のことを知っていれば、百度戦っても危険に陥ることはない。敵のことを知らず、自分のことだけ知っているなら、勝ったり負けたりの勝負となる。敵のことを知らず、自分のことも知らなかったならば、戦う度に必ず敗北を喫するのである。」と。）

そしてこの、百戦百勝の必要条件として最も重要な敵のことを知る手段こそが間諜であり、『孫子』ではそれを、「必ず人（間諜）に取りて、敵の情を知る者なり」と表現しているのである。

孫子曰、凡興師十万、出征千里、百姓之費、公家之奉、日費千金。内外騒動、怠於道路、不得操事者、七十万家。

相守数年、以争一日之勝。而愛爵禄・百金、不知敵之情者、不仁之至也。非人之将也。非主之佐也。非勝之主也。故明君賢将所以動而勝人、成功出於衆者、先知也。先知者不可取於鬼神、不可象於事、不可験於度。必取於人、而知敵之情者也。

（『孫子』用間篇）

（翻訳）孫子は言う、そもそも十万もの軍隊を動かし、千里（当時の一里は約四〇〇メートルなので、約四〇〇キロメートル）の彼方まで出兵することになると、人々の出費や王室の出費が一日に千金もの額になってしまう。国の内も外も混乱状態となり、道ばたには失業者が溢れ、農業に従事できない者も七十万世帯を数えるほど。（このような状態で）お互いに対峙したまま数年をかけ、一日の決戦での勝利を争うのである。それにも関わらず（間諜に与える）爵位や給料、百金（というはした金）を惜しみ、敵の実情を知ろうとしない者は、まさしく不仁（人々に対する慈しみの心が欠けた人物）の究極の姿なのである。（そのような人物は）将軍となる器ではなく、君主の補佐たる器でもなく、（戦争で）勝利を収める君主の器でもない。それ故、洞察力のある君主や優れた将軍が、軍隊を動かし敵に勝ち、人並み外れた成功を収めることができる理由は、最初に（敵の情勢を）知っているからなのである。先に知るとは、鬼神に（祈って）聞き出すのではなく、過去の出来事から類推するのでもなく、測量器具で測るのでもない。必ず間諜を使って、敵の情勢を知るのである。）

「名君賢将」の条件は、戦いの前に敵の情勢を熟知していることにあるとするこの文章の中で、敵の情報を略取する間諜の意義は極めて重要とされ、戦争に掛かる莫大な経費という観点からも、間諜への恩賞を惜しむべきではないと結論づけられている。そして、この議論こそが、既に見た『万川集海』序文の「一人の功を以て、千万人を亡ぼす者は、忍術に非ずして何ぞや」という藤林保武の自負の淵源であることは見易いところであろう。

さて、次に章を改め、忍者にはどのような種類のものがあるのか、という観点から、『万川集海』の忍者と『孫子』の間諜とを比較して見ることにしたい。

三、忍者の種類

（一）『孫子』に見える「五間」

『孫子』では、間諜を五つに分類し、「五間」と呼んでそれぞれの役割を解き明かしている。そして、この「五間」を敵に知られずに駆使することの重要性を、君主の「神紀」という言葉で巧みに表現する。

故用間有五。有郷間、有内間、有反間、有死間、有生間。五間倶起、莫知其道、是謂神紀。人君之宝也。郷間者、因其郷人而用之。内間者、因其官人而用之。反間者、因其敵間而用之。死間者、為誑事於外、令吾間知之、而伝於敵国也。生間者、反報也。

（『孫子』用間篇）

（翻訳）それ故、間諜には五つの種類がある。それは「郷間」「内間」「反間」「死間」「生間」（の五種類）である。この五種類の間諜を共に使いながら、その諜報活動を敵には知られないこと、それを「神紀（神業《かみわざ》）」と呼ぶのであり、それは君主の宝である。「郷間」というのは敵国の村里の人を間諜として使うものである。「内間」とは敵国の役人を間諜として使うものである。「反間」とは敵国の間諜を（寝返らせて）間諜として使うものである。「死間」とは偽りの作戦を外に漏らし、味方の間諜にそれを知らせ、敵国に（送り込み、偽情報を）伝える者である（生きては帰れないので「死間」と呼ぶ）。「生間」とは、生きて国に帰り（敵の情報を）伝達する者である。）

『万川集海』の「陽忍」の説明には、この「五間」に該当する忍者が説かれているが、時に『孫子』を引用しつつ紹介されるこの「五間」の内容を、些か詳細に検討してみよう。

（二）『万川集海』の陽忍

郷間に当たる忍者

一、敵国ノ里人ヲ入ル、事。言ハ、敵ノ城ヘ忍入ント思フ時、味方ノ勢、未寄以前ニ先敵国ヘ行テ、其国ノ無足シ居ル者ノ中ニテ気ガヰ有テ武勇ノ名ヲ得ント兼々思フ者、又ハ其国ノ大将・頭人・奉行ナドヲ曽テ恨ミ憤ルモノ有テ、未至時ニ因テ黙止居ル者、或ハ味方ニ親族・縁者ナド有人ナドヲ聞調ヘ、当其時、宜キ方便ヲ廻シ、如此ノ人ヲ味方ニ召寄ルカ、又ハ彼カ宿所ヘ行テナリトモ、先金帛ヲ厚ク賄ヒ、若軍功アルニ於テハ、知行何程宛テ行ルヘシト約シテ、主将ノ朱印ヲ取与フベシ。其上ニテ人質ヲ取リ、誓紙ヲ固メ、如何ニモ深計ヲ以テ彼レヲ敵城ヘ入ルベシ。敵将、元ヨリ自国ノ者ナレバ、疑フコトナシ。故ニ其入リ易キコト、我屋ニ入ルガ如シ。

（『万川集海』巻第八陽忍上　里人ノ術二箇條ノ事）

（現代語訳）一、敵の国の村人を（忍者に）引き入れる事。その意味は敵の城へ忍び込もうと思った時、味方の軍勢がまだ進攻してこないうちに先に敵国へ行き、その国の満足せずに居住している者の中で、気概があり武勇で名声を得たいと常々思っている者、またはその国の大将や長官、奉行などにかつて恨みを持ったが、その時期ではないとしてその恨みを飲み込んだ者、或いは、我が国に親族縁者がいる者などを調査し、様々な手を駆使して、そのような人々を召し寄せるか、またはその家へ行って、まずは金帛で買収し、軍功があった場合にはどのくらいの領地を与えるかを約束し、将軍の朱印を押した契約書を与えるのである。その上で人質を取り、誓約書を書かせて、極上の策を練って彼を敵の城へ潜入させるのである。敵の将軍も、元々自分の国の者であるため、疑うことはない。そのため、その潜入の容易さは、あたかも我が家へ入るようなものなのである。）

全般に『万川集海』の記述は詳細であり、時に固有名詞でも思い浮かべながら書いたのではないかと思われる記述も少なくない。とりわけ、五間に関わる説明はその傾向が顕著であって、例えば、この郷間についての説明を、『孫子』の「其の郷人に因りて之を用う」という表現と比べた場合、その深切著明なることは歴然であろう。ここからは、原理の書である『孫子』に対して、あくまでも実践の書としての『万川集海』の特徴を際立たせようとする作者の意図を読み取ることができる。

内間に当たる忍者

一、身虫ト可レ成者ヲ見定ル事。身虫ト云ハ、敵ニ事ヘ居ル者ヲ味方ノ忍者トナス故ニ、敵ノ腹中ノ虫ノ其身ヲ喰ニ似タルヲ以テ也故ニ、身虫ト名ク。此者ヲ目利スル事、至テ大事也。若シ目利違フ時ハ、却テ災起ルコト、明也。

（『万川集海』巻第八陽忍上身虫ノ術二箇條ノ事）

（現代語訳）一、身虫にすることができる者を見極める事。身虫というのは、敵に事えている者を味方の忍者にするために、敵の腹の中にいる虫が、その敵の身を食べるのに似ているという理由で身虫と名付けるのである。この身虫にする人物を見極めることは極めて大事である。もし、見立てが間違っていたなら、反対に我が国に禍が起こることは明白である。）

人の腹を食い荒らす「身虫」という命名にはなかなかに毒があるが、それなればこそ人物の見極めが大切というのがここでの主旨であろう。

反間に当たる忍者

一、天唾術ト云ハ、天ニ向テ咳唾スル時ハ、反テ我身ニ降ゴトク、敵ヨリ味方へ入タル忍者、却テ敵ノ害トナル事。（中略）此術ヲ孫子反間ト名ケ、反簡ホド能キ術ハナシト云リ。孫子曰、反間者、因二其敵間一而用レ之。又曰、（中略）直解ニ云、五間之事、固皆人主所レ可レ知。然郷・内・死・生ノ四間、皆因二反間一而用。故ニ反間ハ比二四者一、尤所レ当レ知、尤所レ当レ厚也。

（『万川集海』巻第八陽忍上天唾術二箇條之事）

（現代語訳）一、天唾の術というものは、天に向かって唾を吐く時、反対に自分の身に唾が降りかかるようなもので、敵から味方に入った忍者が、反対に敵に損害を与える存在となる事である。（中略）（『孫子』の注釈である）『直解』に、「五種類の間諜のことは、当然、君主が知っていなければならないことである。しかしながら、郷間・内間・死間・生間の四種の間諜は、すべて（敵から寝返った）反間（の情報）によって使うものである。そのため、反間は、他の四種の間諜に比べて、最も熟知し、最も厚遇しなければならない存在なのである。」と記されている。）

ここでは『孫子』原文の引用の後、明の時代の劉寅が撰した『孫子』の注釈書である『孫武子直解』を引用して、反間こそが五間の要であることを力説している。藤林保武が読んだ『孫子』のテキストを考える上では重要な部分であろう。

死間に当たる忍者

三、大将ノ恩賞薄キ者ヲ蛍火ノ術ヲ以テ忍ハスルトキハ、表裏ヲ以忍ヲ使フヘキ事。凡蛍火術ニ使ハス者ハ、大将ノ恩賞厚ク蒙リ、殉死ニテモ可㆑為程ノ者カ、或ハ子ヲ多育シテ貧ナル者カヲ使ハスベキナリ。若シ恩ノ薄キ者、或ハ義命ヲ不㆑知者ヲ使ハス時ハ、必心変リシテ、却テ味方ヲ亡スベキ計略ヲナスモノ也。故ニ大事也。孫子曰、非聖智不能用於間、非仁義不能使於間、非微妙不能得於間之実。三軍之事、莫親於間、賞莫厚於間、事莫密於間、ト云々。是故ニ恩賞薄キ者ヲ忍ハスルコトハ、大ニ不㆑宜コトナレドモ、然レドモ恩ノ厚キ者有ト云トモ忍者トナスコト不㆑叶コトノ有故ニ、恩薄キ者ヲ以テ忍者ニ使フ時ハ、其人其性躁剛ニシテ、言バ多ク事ニ不㆑堪、移リ易キ者ヲ撰シテ使スヘシ。其時其者ニ向テ計コトヲ授ルニハ、万端計略ノ裏ヲ云聞スベシ。譬ハ西ニ向テ攻ルコトハ、東ニ向フト云、北ハ南ト云ゴトク、諸事何コトモ裏ヲ示シ告ルコト、サモ誠シヤカニスベシ。於㆑是右ノ忍者、元ヨリ性躁急ナル者故ニ、必敵中ニ入テ捕ハルベキヤウニ調ヘ使ハスベシ。故ニ此者敵地ニ入リ、卒尓トシテ捕ハル、也。此時敵必責問シテ、味方ノ様体白状スル様ヲ計ルベシ。依㆑之、直ニ敵方ニ反覆シテ味方ノ様体ヲ白状スル時ハ一命ヲ宥サレ高知ヲ領シ、若又不㆓白状㆒トキハ高知ヲ不領ノミニ非ズ、其身死刑ニ行ハル、事ナレバ、主ノ恩恵厚キモノスラ義不㆑足者ハ大抵反間ト成ルベキニ、況ヤ恩薄ク事ニ不㆑堪、意浅多言ナル者ハ、味方ノ預備、其外何事ニ不㆑依、尽ク不㆓白状㆒云コトナカルベシ。敵又是ヲ真実トスル故ニ、敵方ノ計略ハ皆反間ノ反間トナルベシ。故ニ合セテ味方ノ勝利ナルコト、燦然タリ。

（『万川集海』巻第八陽忍上蛍火術三箇條ノ事）

（現代語訳）大将からあまり恩賞を受けていない者を蛍火の術によって忍びとする場合には、表と裏とを用意して使わなければならない、という事について。そもそも蛍火の術に使う忍者は、大将から沢山の恩賞を受けている者で、殉死しても職務を全うする者か、或いは子供が沢山いて貧乏な者を使うべきである。もし、あまり恩賞を受けていない者や、義に基づいて使命を果たすことを理解しない者を忍びとして使う場合には、必ず心変わりをして、却って味方を亡ぼす計略に荷担してしまうことになる。それ故、（この人選は）とても重要なことなのである。『孫子』（用間篇）には次のように言われている、「（中略）」このようなわけで、あまり恩賞を受けていない者を忍びとして使うことは、とてもよくないことではあるのだが、しかしながら沢山の恩賞を受けている者を忍者とすることができないような事情があり、あまり恩賞を受けていない者を忍者として使う場合には、せっかちで怒りっぽく、口数が多く仕事を最後までやり遂げることができない、移り気な性格の者を選んで使うべきである。その際、その人物に謀を伝える場合には、すべて作戦の裏、つまり反対のことを言い聞かせなければならない。例えば、西に向かって攻撃を仕掛ける場合には、東に向かうと言い、北の場合は南というように、すべて反対のことを教えるのだが、いかにも本当であるかのように伝えなければならない。こうしてからこの忍者を使うのだが、根がせっかちなやつなのだから、（それを利用して）必ず敵の中に潜入して捕まるように細工をしてから派遣しなければならない。かくしてこの人物は敵地に赴き、あっという間に敵に捕まるのである。この時、敵が詰問して味方の状況を白状するように迫る場面を想像して頂きたい。すなわち、直ちに敵方に寝返って味方の有様を白状すれば一命を救われるだけではなく、立派な領地を与えられることになるが、もし、白状しなかった時は立派な領地をもらえないだけではなく、死刑に処されるという状況なので、主君から多くの恩賞をもらっていても、忠義の心が足りない者は大抵寝返って反間となるというのに、ましてあまり恩賞を受けておらず、性格的にも仕事を全うできない軽佻浮薄でお喋りなやつであれば、味方の備えの状況、その他、どんなことでもすべて白状し尽くしてしまう筈である。敵方もこれを本当のことだと信じてしまうために、敵側の計略はすべて反間の反間となってしまう。かくして結果的に味方の勝利となることは、火を見るよりも明らかなのである。）

場合によっては、死地に送り出す忍者の心変わりまで計算に入れよと説く件《くだり》、忍者を使う者の非情さを垣間見るようで鮮烈ではあるが、ここで注目しなければならないのは、引用している『孫子』の文章に対する『万川集海』での独自の理解である。すなわち、通常、「非聖智不能用於間、非仁義不能使於間、非微妙不能得於間之実。」の部分は、「聖人や智者でなければ、間諜を（うまく）使うことはできない。微かで知りがたい存在でなければ、間諜（が伝える情報）の真実を理解することはできない。」という意味に解釈し、「聖智」「仁義」「微妙」の三者は、間諜を使う側の人間、すなわち将軍に求められる徳性、もしくは能力を指していると理解するのが一般である。

しかしながら、『万川集海』においては、引用の前文に、選抜する「死間」の資質として、「殉死しても職務を全うする」ことや「義に基づいて使命を果たすこと」が求められていて、『孫子』の「聖智」「仁義」「微妙」は、使う側ではなく、使われる間諜の側に関わることとされている可能性が高いのである。従って、『万川集海』の立場から、『孫子』の原文を理解するなら、それは、「聖人や智者でなければ間諜として使うことはできない。仁義の徳を持つ者でなければ間諜として使うことはできない。微かで知りがたい存在でなければ、間諜としての成果を上げることはできない。」という意味を持つことになる。

もとより、厚い恩賞による誘導が前提とされている以上、この部分で果たしてどこまで間諜の道徳性が求められているかは微妙であり、この資料だけを根拠に『万川集海』では間諜の道徳性が重要視されていたなどと結論づけるのは早計であろう。しかしながら、『万川集海』においては、全般に亘って「正心」という用語を駆使して忍者の道徳性が強く求められていて、実は、それこそが『孫子』とは異なる『万川集海』独自のあり方と理解することができるのである。

そこで、次に章を改め、忍者の道徳性に関わる『万川集海』での議論に少しく耳を傾け、それを『孫子』の立場と比較しつつ、本論を締め括ることとしたい。

四、忍者の道徳性

（一）『万川集海』に見える「正心」

まず、本篇の第一に置かれているのが「正心篇」であり、そこでは「正心」を「本」、「陰謀佯計」を「末」と位置づけた上で、忍者の臨機応変の対応も正心あってのことと、その意義が強調されている。

夫忍ノ本ハ正心也。忍ノ末ハ陰謀佯計也。是故ニ其心正ク不治時ハ、臨機應変ノ計ヲ運ス事ナラサル者也。
（『万川集海』巻之二正心第一）

（現代語訳）忍びの大本は正心である。忍びの末節は陰謀、計略をめぐらすことである。このことにより、心が正しく治まっていない時は臨機応変に計略を行うことができないのである。）

また、同じ正心篇の「正心條目」の部分では、戦闘中とは異なる、平時の倫理性と主君への忠節が事細やかに説かれている。

一、此道ヲ業トセン者ハ、最モ顔色ヲヤサシク和ニシテ、心底尤モ義ト理ヲ可㆑正事。
一、人ノ真偽ヲ黙識シテ、人ニ欺ルヘカラサル事。

一、平生固ク真実ヲ守リ、戯言或ハ小事ニモ偽リヲ言ヒ行ヘカラス。*

一、此道ヲ業トスル者ハ、一戦ノ折カラ、主君ノ為ニ大忠節ヲ尽シ、大功ヲ立ントノミ欲シテ、主君ノ安否、国ノ存亡、我一人ノ重任ト可心得。

一、常ニ酒色欲ノ三ツヲ堅禁制シフケリ。楽ムヘカラズ。

(現代語訳)

一、忍道を生業としようとする者は、必ず表情をやさしくして和やかにし、心の底において義と理を正しくしなければならない。

一、人の真実、嘘偽りを記憶して忘れず、だまされないようにすること。

一、普段は固く真実を守り、戯言や小さなことにも嘘を言ってはいけない。

一、忍術の道を生業とする者は、一度目の戦いのときから主君のために忠節を尽くし、大きな功績を挙げることを望んで、主君の身の安否や国の存亡は、自分ひとりの責任であると心得るべきである。

一、常日頃から「酒・色・欲」の三つを堅く禁止して、それらを楽しんではいけない。)

この正心條目に示されているように、忍者は普段の生活においては、穏やかで嘘偽りを言わない正直者でいなくてはならないらしい。それは、忍者の業務の中に、敵を攪乱する嘘偽りが含まれるからで、それらの虚言や詐欺行為は、あくまで大本に正心があることによって浄化されると考えられているのである。

この点については、本篇を「正心・将知・陽忍・陰忍・天時・忍器」の六篇とし、その第一に正心篇を置いた理由を述べる凡例の文章からも確認される。

一、是書ヲ正心・将知・陽忍・陰忍・天時・忍器六篇ト作シテ正心ヲ第一トスルコト。正心トハ万事万作ノ本深ナル故也。柳忍芸ハ智謀計策ヲ以テ、或ハ塀・石垣ナトヲ登リ、或ハ鎖子・枢・掛鉄・尻差ヲハツス事ナレハ、略盗賊ノ術ニ近シ。若天道ノ可恐ヲモ不知、無道ノ者ヲ手奬シテ悪逆ヲナサバ、予カ此書ヲ作述スルハ、畢竟、盗賊ノ術ヲ開ニモナリナント欲シテ、正心ヲ第一ニ置ク也。

（『万川集海』凡例）

（〔現代語訳〕一、この書物を「正心・将知・陽忍・陰忍・天時・忍器」の六篇とし、「正心」を第一としたことについて。正しい心とは、すべての行為の根本に据えなければならないものなのである。そもそも忍者の技術は知略や策謀を使い、時には塀や石垣をよじ登り、時には（戸締まりのための）鎖や蝶番、掛けがね、心張り棒などを外す事などを含むため、殆どが盗賊の（忍び込みのための）技術と近いものである。（従って）もし天道を恐れることを知らない者や無道の者がこの技術を習得して悪事を働いたならば、私がこの書物を著述したことが、結局、盗賊の技術を開陳したことになってしまうのではないかとも恐れ、この正心篇を最初に置いたのである。）

忍びの術とは、知恵を絞って塀や石垣を上り、入り口の鍵を外すという、まさに忍び込みのための手段であり、それは盗賊のやり口に近いという。従って、天道を恐れない無道の者が悪用すれば、この書物も盗賊のための手引き書となってしまう。それ故、正しい心で使うことを求めて正心篇を第一としたというのである。

しかしながら、正心條目に言われるように、「正心」の実体は「主君ノ為ニ大忠節」を尽くすことにあり、主君のため、国のためという大義があって、すべての策謀は認可されるという、目的の正当性による手段浄化の論理が使われているのである。「酒・色・欲」といったものを禁じるというのも、そういった自己正当化の根拠を自らの日常態度に体験的に求めようとする姿勢の表れであろうと推測することができる。

このような「正心」の根本にある大義名分論はひとまず措くとして、『万川集海』においては忍者の一人一人に、日常生活を送る上での倫理性、道徳性が強く求められていたという事実は注目に値するものである。この点を、『孫子』に説かれる戦時における道徳性についての議論と比較した場合、『万川集海』の際だった特徴として浮き彫りにされることになる。

(二)『孫子』の場合

『孫子』においても、そもそものところで「兵とは詭道」であった。

兵者詭道也。故能而示之不能、用而示之不用、近而示之遠、遠而示之近。（『孫子』計篇）

（翻訳）兵法とは（敵を）欺くやり方である。それ故、（敵に勝つ）能力がある場合には敵に（勝つ）能力が無いように見せかけ、（軍隊を）うまく統率できる場合には敵にうまく統率できないように見せかけ、近づいている場合には遠ざかっているように見せかけ、遠ざかっている場合には近づいているように見せかけるのである。）

では、このような「詭道」が是認されるのは何故か。もとより、それは、戦争に国家の存亡が掛かっていたからであり、勝てば繁栄が、負ければ死が待ち受けていたからである。

孫子曰、兵者国之大事、死生之地、存亡之道、不可不察也。（『孫子』始計篇）

（翻訳）孫子は言う、「戦争とは国家を運営する上で最も重大な事柄であり、（国民が）死ぬか生きるか、（国家が）継承されるか滅亡するかの分かれ道である。従ってよくよく考えて行わなければならない。」と。）

そして、その国家の死命を制する役割を果たしていたのが将軍であった。

故知兵之将、民之司命、国家安危之主也。（『孫子』作戦篇）

（翻訳）それ故、軍隊の使い方を熟知している将軍は、人々の生命を握る存在であり、国家が安泰でいられるか、危難に陥るか（の判断）を主導する存在なのである。）

それ故、優れた将軍は国の宝であるとされ、また、戦場においては君主にも超越する権限を持った存在として将軍の地位が保障されていたのである。

戦道不勝、主曰必戦、無戦可也。故進不求名、退不避罪。惟民是保而利於主、国之宝也。（『孫子』地形篇）

（翻訳）戦っても勝てない状況で、君主が必ず戦えと言ったとしても、戦わなくても問題はない。それ故、（将軍は、）進軍しても名声を求めることはなく、後退しても罪を着せられることを怖れはしない。ただただ、国民の安泰と君主の利益とだけを考えるのであり、（このような将軍は）国の宝なのである。）

かくして、既に示した用間篇の資料において、「聖智・仁義・微妙」は将軍にのみ求められる道徳性、もしくは能力を意味し、それなくしては間諜を使いこなすことはできないとされているのである。

故三軍之事、莫親於間、賞莫厚於間、事莫密於間。非聖智不能用間、非仁義不能使間、非微妙不能得間之実。微哉微哉。無所不用間也。間事未発、而先聞其間者与所告者、皆死。（『孫子』用間篇）

（翻訳）それ故、（国が保有する上・中・下）三種の軍隊の中で、間諜ほど（将軍に）親密な存在はなく、間諜ほど厚い報賞を与えられる者はなく、間諜ほど機密事項に関わる存在はないのである。（従って）聖人や智者でなければ、間諜を（うまく）使うことはできない。仁義の徳を持つ者でなければ間諜を使うことはできない。微かで知りがたい存在でなければ、間諜（が伝える情報）の真実を理解することはできない。とても微かで小さいので、間諜はどこにでも使えるのである。（そして）間諜の情報を使って行動を起こす前に、間諜から情報を得た者がいたとしたら、その情報を漏らした間諜と共に死罪にするのである。）

結語に代えて

『万川集海』はそもそも間諜や忍者を軍事戦略上の重要な駒として位置づける点において、確かに『孫子』の論理とその体系とを踏襲している。すなわち、間諜や忍者は、戦争において最小の労力で最大の成果を上げる手段であり、間諜や忍者が入手した情報で敵の謀を伐つことは、戦わずして勝つという『孫子』が主張する最善の策と合致している。さらにまた、『万川集海』に説かれる「陽忍」の殆どは『孫子』用間篇に説かれる五間に該当していた。

しかしながら、一方で、『孫子』の理論をより有効に、また時代に合わせて発展させた『万川集海』の持つ独自性も見逃すべきではない。すなわち、『万川集海』に説かれる忍者の種類は『孫子』の五間以外のものを多く含み、人口に膾炙していることもあって本論では触れなかったが、とりわけ「陰忍」は、その殆どが高度な職業訓練を受けた人々であった。さらにまた、『孫子』の場合、「詭道」である軍隊を動かす将軍が戦場では全権を握っていて、彼の道徳性と、国民を保全し君主の利益を図るという目的とが、その陰湿な手段を浄化する役割を果たしていた。一方、『万川集海』においては、使われる側の忍者の道徳性が「正心」という形で求められていて、平時と戦時との道徳性の区分け、及び、君主に対する忠節の心の厚さが、盗賊と類似した忍者の活動を浄化するものであったのである。

注

（1）『万川集海』のテキストは、底本に内閣文庫本を使用し、一九七五年に誠秀堂から刊行された藤井景一所蔵延宝四年本の影印版によって校訂した。しかし、明らかな誤字や脱誤と思われる所もあり、文脈から推定した上で意を以て文字を改めた所もある。ただし、煩雑を避けるため、一々注記することはせず、該当箇所に＊印を付すに留めた。また、通読の便宜のため、漢字は可能な限り新字体に改め、引用した原文に句読点等を入れた。なお、これらの校訂に当たっては、国立国会図書館 収集書誌部国内資料課の加藤登茂子さんの協力を得た。

（2）藤原佐世の『日本国見在書目録』に「孫子兵法二巻　呉将孫武撰」「孫子兵書三　魏武解」「孫子兵書一　魏祖略解」等の書名が記されていて、『孫子』は古くから日本に伝来していたことが確認される。

（3）以下、『孫子』の引用は、すべて『孫武子直解』の原文とした。『万川集海』中に『直解』の引用が多く見受けられるからである。ただし、この始計篇の「七計」は「計」の一字に作るテキストが多く、『直解』も「計」であって、「七計」としているのは桜田本系のみである。藤林保武が参照していた『孫子』の注釈が複数であった可能性は高い。

（4）序は漢文（白文）で書かれているが、一般に句読の誤った情報が流布しているようであり、ここでは敢えて訓読を示しておいた。

江戸時代の忍者と武士

――『万川集海』巻第二・三に見る忍者の自己規定

遠山　敦

江戸時代の〈忍者〉は、自らをどのような、そしてどうあるべき存在として捉えていたのだろうか。ここでは、江戸時代の代表的忍術書である藤林保武『万川集海』（一六七六）の記述から、とりわけ「正心」と名付けられた巻第二及び巻第三を手がかりに、そうしたいわば〈忍者〉の自己規定について考えてみたい。

一、忍者と武士

〈忍者〉とは何者なのか。『万川集海』は次のように記している。

夫れ忍の一字、刃の心と書けり。此の如きの字を以て此の術の名とすることは何ぞや。全体武勇を宗とする故なり。されば此の術に志す者は、先ず武勇を専ら心掛くべきなり。（巻第二正心第一）*

『万川集海』によれば、古来から「軍用の要術」とされてきた「忍術」は、中国においては間・諜・細作あるいは遊人・行人などと呼ばれ、日本においては夜盗・すっは・簷猿などと呼ばれてきた。そうした術を、ここでとりわけて「忍」と呼ぶのは、それが「刃の心」を根本とすること、すなわち「武勇を宗とする」ものであることに基づくという。ここに端的に見られるのは、〈忍者〉が、自らを「武勇を専ら心掛くるべき」存在として、つまりは戦う者＝戦闘者として位置づけていることである。

江戸時代にあって、自らを「武勇を専ら心掛くるべき」存在、すなわち戦闘者として捉えていた人々といえば、何をおいてもそれは武士であったといえよう。だが〈忍者〉もまた、「これを中世にさかのぼって歴史学的にみれば、各地にみられる在地小領主＝地侍の一類型にほかならな(1)」かった。そうした地侍としての〈忍者〉の側面は、『万川集海』にも次のように描かれている。

伊賀甲賀の者どもは、守護有ることとなく、各我持にして面々が知行の地に小城を構へ居て、我意を専らとせり。守護大将なき故に、政道する者もなきによって、互いに人の地を奪ひ取ん事を思て闘争に及ぶ事幾何や。故に旦暮に合戦の事をのみ業として、武備を以て心とせり。

（巻第一忍術問答）

つまり、歴史的な出自という観点から見れば、〈忍者〉もまた、武士と基本的な違いはなかったのであり、戦国時代末、足利将軍家と六角氏との対立において、あるいは織田信長との争いの中で激しい戦闘を繰り広げた甲賀や伊賀の〈忍者〉たちも、可能性としては、その後の江戸時代において「武士」たり得た、ということができるのである。だが、戦国末から江戸時代初期の大きな歴史的変動の中で、彼らは自らを「武士」としてではなく「忍」として自覚してゆくこととなった。もちろんそれは、彼らの意に反する歴史の趨勢によるものだったかもしれない。しかし『万川集海』

を見る限り、そこには、いわゆる「武士道」や「士道」とは異質な「忍」としての自覚（自己規定）が形成されていったように思われる。

二、「武士道」と「士道」

では〈忍者〉の自己規定とはどのようなものだったのだろうか。ここではそれを対比的に検討するため、江戸時代の「武士」の自覚のありようを概観してみよう。

一般に、江戸時代の「武士」が自らをどのような存在として自覚したかについては、「武士道」と「士道」の二つのあり方があったとされる。きわめて大雑把にいえば、平安時代、荘園の武装自衛集団として発生した武士たちが、土地を巡る血みどろの戦いの中で次第に形成していった、主従の心情的な結びつきを重視する伝統を受け継いだものが「武士道」、一方、戦国時代の領国支配を通じて為政者としての自覚を深めていった武士が、儒教的な治世の理念をもとに自らのあり方を規定しようとしたものが「士道」である、といわれている。

平安時代、荘園の武装自衛集団として発生した武士とは、どのような存在だったのだろうか。菅野覚明氏は、そうした出自に基づく武士のいわば原型的な姿を、「戦闘を本来の業とする者である」こと、「妻子家族を含めた独特の団体を形成して生活する」こと、そして「私有の領地の維持・拡大を生活の基盤とし、かつ目的とする」ことの三点に集約し、それらを総合して「武士とは、武力によって所領を維持・拡大し、そのことで妻子を養う存在」「妻子とともに食べて寝て着るという普通の人間生活を、己れの武力によって支え営む者」だと捉えている(2)。武士は、生活基盤としての所領＝土地を自らの武力によって獲得し、そこに独特の共同体を形成する存在だ、ということができるだろう。ここで、戦う者＝戦闘者という武士の第一義的な規定とともに注目されるのが、彼らが形成した独特の共同体、すなわち、戦闘という特殊な状況を背景に形成されていった主従関係である。丸山眞男氏によれば、それは「もともと戦闘という非日常的な状況を前提としている点においても、また生死の運命共同性の実感を分有しているという点においても、…非合理性を本質[3]」とするものとされる。生死を共にするぎりぎりの状況の中で、互いに己の命を託すに足る存在であることを求めた武士たちにとって、最終的には「一所に死なん」といった形で意識される「契り」に基づく主従関係に生きることこそが、己の存在意義の中核を占めるものとして意識されていったのである。江戸時代の「武士道」は、こうした主従関係に生きる存在として自らを規定しようとする武士のあり方を指すものであり、そうした「武士道」を代表するものとして、十八世紀初頭に成立した、鍋島藩士山本常朝（一六五九～一七一九）の口述に基づく『葉隠』がある。

『葉隠』は、次の一文によって極めて著名な書として知られているといえよう。

武士道と云は、死ぬ事と見付けたり。二つ二つの場にて、早く死方《しぬかた》に片付くばかり也。別に子細なし。胸すわって進む也。（「聞書第一」二）[4]

「武士道」を「死ぬ事」であると言明するこの一文を巡っては、これまでにも様々な解釈が試みられてきた。だが、前述の菅野氏は、そうした解釈をとりあえず括弧に入れた上で、ここで言われる「死ぬ事」が、具体的には「刀を抜いて切りかかっていく」ことを想定するものであり、その意味で右の引用は、最も基本的な意味としては、「あれかこれかのぎりぎりの場面での決着は、刀を抜いて切りかかるという仕方でつけるのが武士のやり方で、それ以外にない」という武士の存在のあり方を示すものだと指摘している。[5]「死ぬ事」において武士であることを規定しようとする右の一文は、第一義的には、戦闘の場において「死ぬ」者としての武士の自覚を示すものなのである。だがさらに『葉隠』において想定されている「死ぬ事」の内容を具体的に見るとき、その主要な部分は、単なる一個人としての武士の「死」ではなく、討ち死や追い腹（殉死）といった、主従関係との強い関わりにおいて考えられた「死」であったことが知られる。たとえば討ち死に関して常朝は、「武篇は、敵を討取たるよりは、主の為に死たるが手柄也。」（二―一七二）とし、源平の合戦において「主君御大事のとき御家来として御命代りに立」った義経の臣、佐藤継信のありようを「浦山敷事《うらやましきこと》」であると述べている（十一―八七）。また追い腹については、「何の益《やく》にも立ぬ者が、件の時、一人当千と成事は、兼てより一命を捨、主人と一味同心して居る故也。御逝去の時ためし有。御供の所存の者は我一人也。其後見習てされたり。」（一―九）と語り、自身が仕えた二代藩主鍋島光茂の死にあたって、真っ先かけての追い腹（「御供」）を目論んでいたとしている（実際には光茂自身の発した禁止令により追い腹は切られず、常朝は出家することとなる）。そしてさらに『葉隠』は、そうした献身が、主君に対する「恋」にも似た強い思い（「歎き」）に「思ひ死」（二―六二）にするところに成立するとするのである。

奉公人は一向に主人を大切に歎くまで也。是最上の被官也。（一―三）

奉公人は、心入れ一つにて澄む事也。…常住御恩の忝《かたじけな》き事を骨髄に徹し、涙を流して大切に奉存分也。…只心の内ばかりの事也。長《た》けの高き御被官也。恋の心入のやう成事也。（二―六二）

主従関係は、主君を「恋の心入」にも似た思いで「大切に歎く」ことにおいて成立する。そうした主従の関係は、常朝によって、主君から個人的に拝領した蒲団の上で追い腹を切る自らの姿の夢想となって現れることともなるのである。(6)『葉隠』の「武士道」は、このように、主君への「恋」にも似た心情に基づく献身に生き、そこに死んでゆく戦闘者として、「武士」である己を位置づけようとするものなのだと言えよう。

さて、こうした「武士道」に対して、江戸時代には、それとは（少なくとも表面的には）かなり異質な武士像が形成されていった。それが、いわゆる「士道」である。上述したように、当初あくまでも私党的団結において自らの関係を形成していった武士は、次第にその存在形態を変質させていった。具体的には、戦国期の領国支配を通じて武士たちは次第に為政者として自己を自覚し、さらに、かつては生活の基盤であった所領＝土地を離れ城下に集住することで家産官僚となっていった。そうした中、家康以来の文治政策によってもたらされた儒教的教養やその治世理念を背景に、武士たちは、戦闘者としての武力とともに、高い道義性を身につけることによって農工商の三民を統率し、この世に仁・義といった道徳的秩序をもたらす存在として、自らを位置づけていくことになる。「士道」の「士」とは、「武士」「士《もののふ》」の「士」であるとともに、「諸侯・卿・士・大夫」という中国官僚組織のカテゴリーの内に自らを位置づけようとした意識の表れであり、また主従関係に注目すれば、「武士道」において心情をその紐帯としていた主従の関係は、「士道」においては、原則的には、客観的な理念としての「義」において結びつくべきものと考えられていったのである。

こうした、「士道」における武士の自己規定は、例えば江戸時代の軍学者・儒学者である山鹿素行（一六二二～八五）によって、次のように表現されている。

凡そ士の職と云ふは、其の身を顧に、主人を得て奉公の忠を尽し、朋輩に交て信を厚くし、身の独りを慎で義を専とするにあり。而して己れが身に父子兄弟夫婦の已むを得ざる交接あり。是又天下の万民各なくんば有るべからざるの人倫なりといへども、農工商は其職業に暇あらざるを以て、常住相従て其道を尽すことを得ず。士は農工商の業をさし置て此道を専らつとめ、三民の間苟も人倫をみだらん輩をば速やかに罰して、以て天下に天倫の正しきを待つ。是士に文武の徳知備らずんばあるべからず。

(『山鹿語類』巻第二十一「士道」)(7)

かつて生活の基盤であった土地を離れることにより、武士は「耕さずして食らい、造らずして用い、売買せずして利たる」(非農・非工・非商)存在となった(同上)。素行は、そうした武士のつとめるべき「職分」を、持ち前の武力とともに儒教的な諸徳を身につけることにより(「文武の徳知」)、農工商の三民を統率し、この世に秩序(「天倫の正しき」)を実現することに求めるのである。

ではこうした「士道」は、具体的にどのように実現されるのだろうか。ここでは同じく「士道」の系譜に属する斎藤拙堂『士道要論』(一八三七)を見てみよう。拙堂(一七九七〜一八六五)は、伊賀をその藩域に持つ藤堂藩の藩校「有造館」の二代督学(学長)となった儒者である。拙堂は次のように述べる。

士大夫は四民の首《かしら》となり、上は君に事へ、下は民に臨むものなれば、其の風正しかるべきなり。士風正しといふは、礼儀廉恥を旨とするにあり。

(士風)(8)

士たるもの己を治め人を治るには、まず心を治むべけれども、私心にてはよからず。道心にこそあるべけれ。道心はみな人々の心にそなはるものにて、即性なり。性はあしきものなく皆よしといへど、かの人慾の私に蔽はれてくらみたるものぞ多き。

(士道)(9)

「士」は「四民の首」たるべき存在だが、それは個々の武士が「礼儀廉恥」の「士風」を身につけることによって可能となる。では如何にして「礼儀廉恥」の「士風」を身につけることができるのか。拙堂によれば、それは「私心」「人欲」を抑制し、万人が生得的にもつ道徳的本性、すなわち「道心」＝「性」の内的な主宰性を確立することによってであるという。ここに見られるのは、典型的な朱子学的修養論であるといえよう。朱子学は、江戸時代の最も基底的な思潮となったが、それは、為政者個々の生得的な道徳性の完成こそが、道徳的秩序世界の実現をもたらすと説くものである。そして、右にみた『士道要論』と同様、多くの「士道」論は、こうした朱子学的な修養論に基づき、内的な道徳性の完成のうちに己が武士であることの最も根底的なありようを見出そうとするのである。

三、忍者の「正心」とは

ここまで、江戸時代の武士の自己規定のありようを概観してきた。では、そうした武士と同じく、自らを「武勇を専ら心掛くるべき」存在＝戦闘者と捉えた〈忍者〉は、己のあるべき姿をどのようなものと考えていただろうか。『万川集海』は次のように述べる。

夫れ忍の本は正心なり。忍の末は陰謀佯計也。…正心とは仁義忠信を守るにあり。仁義忠信を守らざれば則ち強く勇猛をなす事成らざるのみにあらず、変に応じて謀計を運す事ならざる者なり。

（巻第二正心第一）

「忍」の根本は「正心」であり、それは「仁義忠信を守る」ことであるとされる。『万川集海』によれば、「忍芸」は、その実際としては「智謀計策」を巡らし「塀石垣などを登る」など、いわば「盗賊の術」にも近いものであり、それ故にこそ、まず根本としての「正心」が語られる必要があるという（巻第一凡例）。では「仁義忠信を守る」こととされる「正心」とは、どのようなものか。

すでに見たように、「忍」とは「刃の心」であるとされていた。それは「忍」が「一心堅貞にして喩ば刃の堅く鋭きがごとく」（巻第一忍術問答）あることを求めるものであること、つまりは「武勇を宗とする」ものであることを示している。だがその武勇は、「血気の勇」ではなく、あくまでも「義理の勇」でなければならない、と『万川集海』は説く。ここで「血気の勇」とは、「一旦の忿怒に依りて剛強を働く」もので、その剛強は長続きせず、あるいは「己が志を立て勝たんと思憤り而已《のみ》にて、始終思慮もなく、身を全うする備えもなき」武勇を指す。これに対して、求められる「義理の勇」とは、「義理重々つまりて已むことを得ずして起こす勇」であり、その勇は終始一貫するとともに、「私心なき故に先己が欲心に克ち、前後思案し定め」ることができ、さらに「必死なるとき則ち生すと云を心の守として働くによって、我が身全うして敵を亡すもの」をいう（巻第二正心第一）。そして、そうした「義理の勇」を可能にするのが、「仁義忠信を守る」「正心」であるとされるのである。

守るべき仁義忠信とされるのは、それぞれ、「温和慈愛の道理」、「断制裁割の道理」、「己が心を尽くしつくす」こと、「毎物真実誠有て毛頭偽り妄なる事なき」ことであるといわれている（同上）。仁義忠信の規定としては、ごく一般的なものだといえよう。さらに具体的に、そうした仁義忠信をどのように「守る」かについては、先に『士道要論』でみた朱子学的な修養論が、ほぼそのまま踏襲されているといってよい[10]。

仁義忠信は外より求め行ふものに非ず、人々五行の理を受得て身に具足し、心に固有するものなり。天に在ては是を理と云ふこと、人に受ては是を性と云ふ。（同上）

人々胸中方寸の間に道心と人心との二つの心雑り在る間、道に志さんと思ふ人は、諸事万端につき心の転ずる毎に、是は道心か、我身のあだとなる人心かと精察して、人心を道心に雑らざるやうに禁制して、一に本心の正き道の心を我主人として、道心の下知法度を人心に聴せ随するやうに平生努め励ますときは、人欲の心衰て次第に私欲うすく成行て、彼の露《あらわ》れ難き道心、浮雲の晴たる月のごとく明に露はるる。故に自ずから仁義忠信の道に通達するときは、我心忍の一字となる也。忍の字となる時は、更に外物の為に犯さるることなきに因て、万端につき聊かも倒顛することなくして、義理の勇となる也。且、心明なるに依て、機に臨み変に応すること、玉の盤上を遷るが如し。此の如くならば如何なる城営の堅固なるも忍入の理なり。入りて大功を成さずと云ふことなし。（同上）

万物の道理である「理」は、人にもまた固有の「性」・「道心」として与えられている。そうした「理」「性」が仁義忠信である。従って、仁義忠信は「外より求め行ふ」ものではない。だが人に与えられた仁義忠信（「道心」）はまた、「人欲」に満ちた「人心」によって、その現れが阻害されがちである。人の心は、「道心」と「人心」とが「雑り在」る状態にあるのである。ここに、常に自らの心を顧みて、「本心の正き道の心を我主人として、道心の下知法度を人心に聴せ随するやうに平生努め励ます」とき、「人欲の心衰て次第に私欲うすく成行」、本来固有の仁義礼智（＝「道心」）が明らかとなって、心は「忍の一字」となり、「義理の勇」が成立する。「刃の心」が求める「義理の勇」は、「人欲」や「私欲」を絶ち、本来の「道心」の主宰性を確立するところに成り立つものと考えられていたのである。

このような「正心」のあり方を見ると、それは一見、先にみた『士道要論』とほぼ軌を一にするものと考えることができるようにも思われる。だが、両者には大きな違いがある。前述したように、確かに「士道」が求めるのも、内的な道徳性としての「道心」が「私心」を抑え、その主宰性を確立するところにあった。だがその目的は、そうした修養を通して自らの道義性を確かなものとすることによって、「四民の首」として農工商の三民を統率し、この世に道徳的な秩序世界を形成するところにあった。だが、そうしたいわば為政者としての意識を、「忍」における「正心」に見ることはできない。「我心忍の一字」となることによって目指されるのは、「義理の勇」を得るとともに、臨機応変に事態に処し、「如何なる城営の堅固なるも忍入」という「忍術」そのものの成功・成就なのである。

こうした「正心」の目的は、そもそも「忍」を鋭く堅い「刃の心」としたことそのものにも表れている。なぜ「忍」は刃のごとく鋭く堅い心でなければならないのか。『万川集海』は次のように述べている。

一心、刃の如く鋭く堅きに非ずして、鈍く柔ならば、譬ひ如何なる謀ことを此方にて巧み行ふとも、敵え近づく時は心臆して謀計行はれず。若し近寄ると云ふとも、其の心安静ならず。言葉煩躁にしてその謀略外面に顕はれ、終に敵の為に捕はれ、其の身死するのみならず、大将の眚《わざわい》となること瞭然たり。

（巻第一忍術問答）

心が「鈍く柔」であると、敵に近づくに際しても「心臆し」、たとえ近づきえたとしても「心安静ならず」、結果的に「謀計」「謀略」が敵方へ露見し、自らの身のみならず味方のすべてを窮地に陥れることになる。「正心」が求める「鋭く堅き」心は、そうした事態に陥ることなく、「謀計」「謀略」を目的通り遂行するために求められる心のあり方だったのである。

こうした「正心」のありようは、さらに「巻第三正心第二」にも共通している。「巻第三正心第二」は、「正心」によって「生死の屈託を離れ」「生死を出離」し、それによって「無上の武勇」を発揮することを目指すものである。ではどのように「正心」し、「生死を出離」するのだろうか。

夫れ死を出離せんには、我一心の源を悟るにあり。我一心の源を覚んと思はば、先能々万物の本源、我身心の根元を悟り知るべし。（巻第三正心第二）

我一身は五行に帰り、五行は陰陽に帰り、陰陽は一気に帰り、一気亦一理に極まることを極めて、又始ること環の端なきが如し。是故に空の一理が一気・陰陽・五行の気と変じて、譬ば水の雪と成り氷となるが如に、暫く人の形をなすにてこそあれ。全て実に生するに非ず。不生の生なり。死するに似たりと云ふとも、全て実に滅するに非ず。不死の死なり。死すれば本来空の一理に帰るものなり。（同上）

「死を出離」するためには、「我一心の源」「我身心の根元」を知ることが求められる。『万川集海』はその「源」「根元」を「空の一理」であると説く。万物、そしてまた人の身は「五行」（木火土金水）から成り、五行は「陰陽」から、陰陽は「一気」から、そして一気は「一理」から成る。万物は、「空の一理」を根元として、一気・陰陽・五行へと展開し、そして再び五行から「一理」へと収束する、「環の端なき」に似た循環運動において成り立っている。従って、今ここに生きる生身の我も、「暫く人の形をな」したもの、つまりは循環運動の一コマに過ぎず、その意味で生は「不生の生」であり、死もまた完全な死滅ではなく、「本来空の一理に帰る」こと、つまりは「不死の死」として捉えられることになる。「正心第二」は、このように、「我一心の源」を不生不滅の「空の一理」とし、生身の身心を万物の循環運動の一コマと捉えることにより、生死への執着や「屈託」を離れ、「生死を出離」することを求めるのである。

だがここでもまた、その「正心」は、「生死を出離」した精神的な境位そのものを求めるものではなかった。そもそも「正心」は「無上の武勇」を実現するためのものであったが、それは、臨機応変の対応を要求される「忍術」の現場にあって、我が身を「思切」こととして現れる。「事の急なるに臨んでは、思切必ず死んと思ひ定むるに如《し》くは無し。思切必ず死んと思定れば、反て其の難を遁れて生るものなり。……身をかばひ生んと思へば反て死するものなり」（同上）。咄嗟の判断を求められる戦闘の場にあって、生死への執着は判断の誤りを生み、死をもたらす。「生死を出離」し「必ず死《しな》ん」と思い切ることによって「不生の本心」に立ち返り、「其の難を遁れ生る」ことができる、と『万川集海』は説くのである。ここでもまた「正心」は、「謀計」「謀略」としての「忍術」を目的通り遂行し、成就するために求められる心のあり方だったのである。

最後に、主従関係について見てみよう。先に見たように、江戸時代の武士にとって、主従関係は自らの存在の意義を最も根底的なところで支えるものであった。そしてまた『万川集海』においても「一戦の折から、主君の為に大忠節を憑くし大功を立」てることが「臣の道」であり、「少も二心なく主君に奉公し、主人の困窮なる時もつきまとい、或は主人の身危き時、先立て討死などするは義の大きなる処なり」（正心第一）と述べられている。だがさらに『万川集海』において特徴的なのは、次のような主従関係の捉え方である。

無道の君に二心なく奉公して討死するは、義に似て義に非ず。（同上）

無道の君たらば、初より仕るべからず。若し無道を知らずして仕たらば、即退くべし。（同上）

我命、恣《ほしいまま》に或は生き、或いは死する道に非ず。主君にうりて置たる故也。（同上）

戦闘において運命共同体の実感のうちに主従関係を自覚し、戦闘を離れてもその関係を「譜代相伝」や「重代」の恩として伝統化していった武士たちにとって、主従関係は、「謀叛してはならないという当為判断以前に、事実上謀叛しがたい[11]」ものとして、関係を破棄することがいわば初めから断念されているところに成立するものであった。これに対して、『万川集海』の語る主従関係は、確かに戦闘において主君に「二心無く奉公し」、場合によっては「討死」することを求めるものではあるが、主君が「無道の君」だった場合は、自ら主従の関係を断ちうるものであり、またその関係は、自らの命を「主君にうりて置」くところに成立する、いわば一つの契約と捉えられていたのである。

＊＊＊

江戸時代、「武勇を宗とする」〈忍者〉たちは、自己のあるべき姿を「忍」と捉えた。彼らは、生死を「主君にうりて置」くという契約的主従関係の中で、「正心」によって、自らの心を刃の如く「鋭く堅」く鍛え上げることによって「無上の武勇」を奮い、身につけた「忍術」「忍芸」を遺憾なく発揮することを求めた人々であった。そこには、同じく「武勇を宗とする」武士とは異質な、戦闘者としての姿を見ることができる。

注

＊以下『万川集海』からの引用は、石田善人監修解説『万川集海』（誠秀堂、一九七五年）に復刻された勝井景一氏所蔵本による。ただし読みやすさを考慮して、句読点や送り仮名を施し、片仮名を平仮名とするなど、適宜表記を改めた。

（1）石田善人「甲賀武士団と甲賀忍術」（右『万川集海』）三頁。
（2）菅野覚明『武士道の逆襲』（講談社現代新書、二〇〇四年）三三―三四頁。
（3）丸山眞男「忠誠と反逆」（『丸山眞男集』巻八、岩波書店、一九九五～一九九七年）一七五頁。
（4）相良亨他校注『三河物語　葉隠』（岩波思想大系26、一九七四年）二二〇頁。以下『葉隠』からの引用は、「聞書第一」の二を、（一―二）と略記するにとどめ、所載頁については省略した。
（5）菅野前掲書、三五頁。
（6）「大坂にて御夜の物・御蒲団拝領のとき、「慰方《なぐさみかた》に被召仕《めしつかわれ》候者は、加増とは遠慮故、志迄にくるゝぞ、年寄共え礼にも及ばぬ」と被仰《おおせられ》候時、「哀昔ならば、此蒲団を敷、此夜着を被《かぶ》り、追腹可仕《つかまつるべき》もの」と骨髄に難有奉存《ありがたくぞんじたてまつる》也。」（二―六四）。
（7）田原嗣郎他校注『山鹿素行』（岩波思想大系32、一九七〇年）三二頁。ただし、読みやすさを考慮して、片仮名を平仮名にするなど、適宜表記を改めた。
（8）佐伯有義編『武士道全書』六巻（時代社、一九四二年）二九九頁。
（9）同右、三一二頁。
（10）そもそも、「正心」という言葉自体が、朱子学修養論の基底をなす、いわゆる『大学』の八条目（平天下・治国・斉家・修身・正心・誠意・致知・格物）の一つである。
（11）丸山前掲論文、一七六―一七七頁。

壬辰戦争文献群における忍者

——「伊賀の忍び」から石川五右衛門へ

金　時徳

一、問題の箇所

主に日本の中世に活動した狭義の忍者は、近世に入ると文芸化し始め、近代に至る。忍者に関する史・資料の歴史的な展開については吉丸雄哉・山田雄司・尾西康充編著『忍者文芸研究読本』（笠間書院、二〇一四年）の第二章「日本のなかの忍者」に詳述されているので贅言を要しないだろう。

一方、筆者は豊臣秀吉《とよとみひでよし》が一五九二～九八年の間に起こした壬辰戦争《じんしんせんそう》（壬辰倭乱、文禄・慶長の役、朝鮮役、万暦朝鮮之役、Toyotomi Hideyoshi's Invasions of Korea、など）に関する東部ユーラシア諸国の文献群を研究している。そのうち、十七～十九世紀の間に日本で作られた諸文献には、壬辰戦争の際に韓半島で狭義の忍者が活動したことが記されている。十七世紀前期に成立した小瀬甫庵《おぜほあん》の『太閤記《たいこうき》』には忍者の活動が明確な形で描かれているが、その後の近世日本の文献群においては、壬辰戦争の際に活動した忍者に関する記述が曖昧になっていく。即ち、斥候・スパイともいえる広義の忍者としての扱いになり、伊賀出身の忍者としての特定性が薄くなっていくのである。それに代わって壬辰戦争文献群に登場してくるのが、石川五右衛門《いしかわごえもん》・木村常陸介《きむらひたちのすけ》など、虚構の忍者である。このように壬辰戦争文献群において、実在した忍者が虚構の忍者に交代される現象は、近世における忍者像の変遷を考える上で一つの興味深い事例であると思い、報告する次第である。

二、幸州山城の「伊賀の忍び」――『太閤記』が伝える忍者の活動

壬辰戦争は、日本史の文脈からは戦国時代の最後の段階としても把握することができ、戦国時代に活発な活動を展開した忍者集団も壬辰戦争に参加していた。壬辰戦争を題材とした近世日本の文献群である壬辰戦争文献群において、忍者の活動が確認される初期の文献は十七世紀前期に成立した小瀬甫庵の『太閤記』である。この文献には、一五九三年二月（旧暦）にソウル近郊の幸州《ヘンジュ》山城で行われた攻防戦のことが述べられているが、ここに、初日の合戦が終わって城に戻っていた朝鮮軍（『太閤記』では漢南《かくなみ》、すなわち明軍となっている）が夜の内に撤収したのを、夜明け前に山城に忍び入った伊賀者が確認したといった記事が見受けられる。原文を一部引用する。

> 癸巳二月十一日、漢南之勢五十万騎参陣し、都より西大河を便とし要害を構へ、夜の中に塀の手を合せたり。多勢にも驕すり反てそ見えにける。執固めなば手間も可レ入之条、いさをしよせ打破り宜しからんと相談し、同十二日払暁に四方より押つめ、二之丸まで込入、火花を散し相戦ヒ、推つおされつ、爰にては組打し、かしこにては追詰首を取もあり、捕るゝもあり、多勢にて心を一致にし防き戦ひし故、落去之色もなく、日も西山にかたふきしかは、先虎口を甘けんとて引退き、都辺に陣を固めにけり。夜明ぬれは又令二進発一山取をし、里より里を固め塞々の陣の備へ宜きに合ひしを、大明勢看得し、小勢なりと云共、軍之法理にかなへり。始終難レ拘とて十三

日之夜のきしか、寔に五十万騎の勢を音もせす、いつ比退しやらんも知さりしかは、暁天に伊賀の忍びの上手をつかはし見せし処に、中々多勢の事は云にも及す、一人もなし。掃除まてし侍りて退しと也。

（『太閤記』巻十四「漢南勢為レ救二朝鮮急難一参陣之事」。傍線は引用者。架蔵）

このように小瀬甫庵は『太閤記』において「伊賀の忍び」という表現を明記し、幸州山城の戦いの際に伊賀忍者が活動したと主張する。もちろん、多くの先行研究によって明らかになったように、小瀬甫庵の『太閤記』には史実の改変がはなはだしく、特に壬辰戦争のことを取り扱う巻十三〜十五においては改変がよりひどいということが指摘されている。[1] なので、小瀬甫庵が利用した元史料を確認して史料批判を行わない限り、幸州山城の戦いの時に本当に伊賀忍者が活動したと断言することはできない（『新日本古典文学大系　六十　太閤記』所収記事の当該脚注にも、小瀬甫庵が直接参考にした可能性がある文書などは提示されていない）。しかし、戦国時代に活動していた忍者がその直後の壬辰戦争の際にも活動したことは想定でき、もし忍者が活動したとしたら、それは伊賀忍者であったという可能性がある。

三、「伊賀の忍び」から「物見・諜・斥候」へ——変容㈠

『太閤記』に引き続いて著された主な壬辰戦争文献群は十七世紀前期に成立した堀杏庵《ほりきょうあん》の『朝鮮征伐記《ちょうせんせいばつき》』やその一六五九年（万治二）刊本、林羅山《はやしらざん》・守勝《もりかつ》父子の『豊臣秀吉譜《とよとみひでよしふ》』やその日本語訳である浅井了意《あさいりょうい》の『豊臣秀吉伝』などである。これらの文献は、その利用の方法においては違いを見せるにせよ、『太閤記』の記述を多く継承することが指摘されている。[2] これらの文献には幸州山城の戦いが「安南城」の戦いとして載っていて、概ね『太閤記』の記述に通じる。しかし、『太閤記』に「伊賀の忍び」と明記されていたのが、これらの文献においては表現が変わっていることが確認される。当該箇所を引用する。

翌日物見ヲ遣シ城ノ体ヲミセケルニ、一人モナク、夜ノ間ニ開城へ引取ケリ。

（『朝鮮征伐記』巻上(3)）

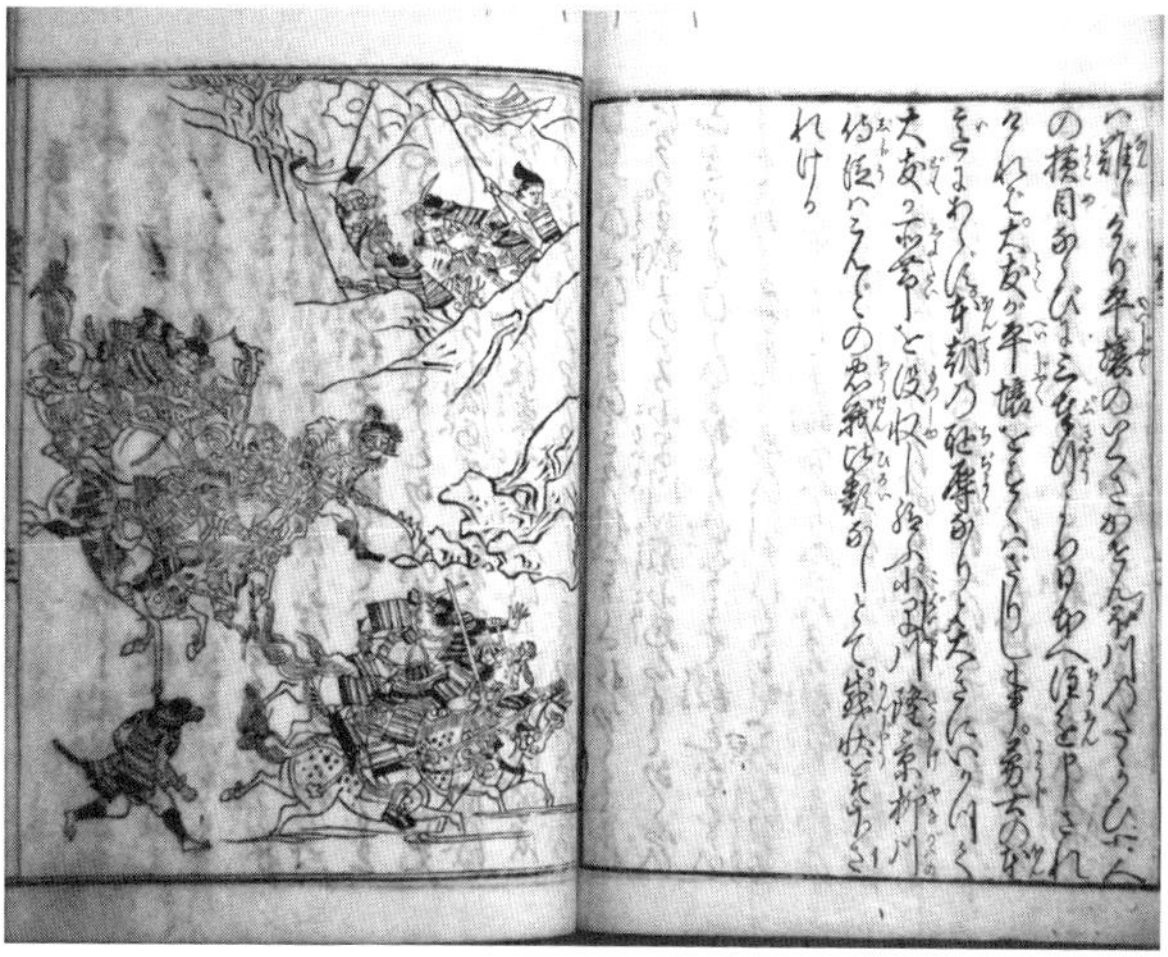

挿絵1　安南の戦い。『朝鮮征伐記』巻二
（韓国国立中央図書館所蔵）

翌日物見をつかはし。城の躰を見せけるに。一人もなく夜のまにかせんほへ引とりけり。

（一六五九年刊『朝鮮征伐記』巻二、二一オ(4)）

明日隆景等使レ諜見レ之、城中無二一人一、皆帰二開城一。

（『豊臣秀吉譜』巻下、五ウ(5)）

次の日、小早川隆景等、斥候《ものみ》をつかはして見せしむるに、城中に軍兵一人もなし。みな落うせて開城《かせん》にかへりぬ。

（『豊臣秀吉譜』巻下之一、一二オ・ウ(6)）

以上のように、『太閤記』を継承して著されたこれらの文献においては、安南城＝幸州山城の戦いにおいて「物見・

諜・斥候《ものみ》」が活動したことが記される。「物見・諜・斥候《ものみ》」などの言葉は、『太閤記』からこれらの文献への連続性を知っている読者には狭義の忍者、即ち、「伊賀の忍び」の異称として認識されたはずである。しかし、「物見・諜・斥候《ものみ》」などの言葉はスパイを意味する広義の忍者を指すことも可能なので、言葉遣いとしては『太閤記』に比べると曖昧になっているといえる。

四、「物見・諜・斥候」から「斥候」へ——変容(二)

上記の四つの文献は『太閤記』に代表される日本側の壬辰戦争言説と、『両朝平攘録』のように十七世紀の早い時期に日本に将来された文献に載っている中国・明朝の壬辰戦争言説とを融合したものであった。その後、一六八〇年代に韓国・朝鮮王朝の文献である柳成竜『懲毖録』が日本に将来され、一六九五年には京都でその和刻本である『朝鮮懲毖録』が刊行される。これによって十七世紀の日本には壬辰戦争に関する日本・明・朝鮮の三国の文献が揃うことになる。そして『朝鮮懲毖録』の刊行から十年後の一七〇五年八月には、三国の文献の内容を集成した姓貴《せいき》『朝鮮軍記大全』と馬場信意《ばばのぶのり》『朝鮮太平記』とが刊行される。両文献における当該箇所を引用する。

重テ物見《モノミ》ノ武者ヲ出シテ。城ノ様子ヲ窺ハスルニ。斥候《モノミ》ノ者帰来テ。城ヲ除ツテ立退キ人一人モ無シト云フ。

(『朝鮮軍記大全』巻二十、五ウ(7))

翌日隆景以下ノ諸将。斥候《モノミ》ノ士ヲ指遣ハシ。城ノ躰ヲ窺セケレバ。城兵一人モナク。夜ノ間ニ開城府《カセン》ヘ引取ケリ。

（『朝鮮太平記』巻十一、一九ウ、架蔵）

両文献においては、この戦いが行われた場所を幸州・安南と混用していて日本・朝鮮両方の文献から同時に影響を受けていることを示すが、戦い二日目の夜明け前に日本側から「伊賀の忍び」が明（実は朝鮮）軍の立て篭もっている城に遣わされたといった件りは『太閤記』以来の日本系統の文献の影響といえる。両文献ともに「伊賀の忍び」を指すのに「物見《モノミ》・斥候《モノミ》」という言葉を使っているが、『太閤記』から『朝鮮征伐記』『豊臣秀吉譜』などを介して受け継がれる文献群の流れを知っている人には、この「物見《モノミ》・斥候《モノミ》」が「伊賀の忍び」であることが分かったかもしれない。しかし、『太閤記』の成立から一〇〇年近く、刊本『朝鮮征伐記』の成立から五十年も経っている。一七〇五年の時点で『朝鮮軍記大全』と『朝鮮太平記』とを読んだ読者のうち、幸州＝安南の戦いの記事に見える「物見《モノミ》・斥候《モノミ》」という言葉からすぐ『太閤記』所収の「伊賀の忍び」を思い出した読者がそう多かったとは思えないのではなかろうか。

実は、このような事情は両文献の作者についても言える。両文献には広義の忍者に当たる斥候・スパイが度々登場しているのだが、その件りと幸州＝安南の戦いとにおける「物見《モノミ》・斥候《モノミ》」の見分けがはっきりできたとは到底思えない。例えば、『懲毖録』からの引用で両文献に載っている「尚州の戦い」の記事を例に挙げる。この記事では、朝鮮軍が「斥候」を配置しなかったために、小西行長率いる日本軍が接近することを察知できなかったことが述べられる。この戦いについては日本・明側の文献に言及がなく、『懲毖録』の将来によって初めて日本側に知られるようになった。まず、『懲毖録』の当該記事の全文を挙げる。

賊陥尚州、巡辺使李鎰、兵敗奔還忠州。初慶尚道巡察使金睟聞賊変、即依方略分軍、移文列邑、各率所属、屯聚信地、以待京将之至。聞慶以下守令、皆引其軍、赴大丘、露次川辺、待巡辺使既数日、巡辺使未及来、而賊漸近、衆軍自相驚動、会大雨、衣装沾湿、糧餉不継、夜中皆潰散、守令悉以単騎奔還。巡辺使入聞慶、県中已空、不見一人、自発倉穀、餉所率人、而過歴咸昌、至尚州。牧使金睟託、以支待巡辺使于出站、遁入山中、独判官権吉守邑。鎰以無兵責吉、曳之庭、欲斬之、吉哀告願自出招呼、達夜捜索村落間、詰朝得数百人以至、皆農民也。鎰留尚州一日、発倉開糶、誘出散民、従山谷中介介而来、又数百余人。倉卒編伍為軍、無一堪戦者。時賊已至善山、暮有開寧県人来報賊近、鎰以為惑衆、将斬之。其人呼曰：「願姑囚我。明早賊未至、死未晩也。」是夜賊兵屯長川、距尚州二十里、而鎰軍無斥候、故賊来不知。翌朝、鎰猶為無賊、出開寧人於獄、斬以徇衆。

（『朝鮮懲毖録』巻一、一四オ・一五ウ、架蔵）

（賊が尚州を陥れ、巡辺使李鎰の兵は敗北して忠州に逃げ還った。初め慶尚道巡察使金睟は、賊変を聞くや、ただちに『（制勝）方略』の分軍法に依って各邑に通牒を発し、それぞれ所属の軍を率いて、かねて指定されている地（である大邱）に集まり、京から将軍の到着するのを待たせた。聞慶以下の守令は、みなその軍を率いて大丘（邱）に赴き、川辺で露宿して巡辺使を待った。（しかし）すでに数日が過ぎたというのに巡辺使はやって来ず、しかも賊はだんだんと接近して来た。兵士たちは、おのずから相互に驚動し、たまたま大雨が降って衣装がずぶ濡れになり、兵糧も続かないという状況がかさなり、夜中にみな四散してしまい、守令たちもすべて単騎で逃げ還ってしまった。

巡辺使（李鎰）は、聞慶に入りはしたものの、県内はすでに空っぽで人一人見えず、みずから倉庫の穀物を取り出して、率いて来た人々の食事をまかなった。

こうして、咸昌を過ぎ、尚州に着いた。（尚州）牧使金睟は、巡辺使を出站で出迎えるのを口実として、山中に遁走し、ひとり判官権吉が、邑を守っていた。（李）鎰は、兵が一人もいないという理由で（権）吉を責め、庭に曳き出して斬ろうとしたが、（権）吉は、「私が自分で兵を呼び集めますから」と哀願し、夜を徹して村落の中を捜索し、翌朝までに数百人をかき集めて来た。みな農民ばかりであった。

（李）鎰は、尚州に留まり、ある日倉庫を開いて穀物を引き出して散民を誘い出したところ、山の谷あいから一人また一人と出て来て、また数百人になった。大急ぎで軍隊を編成したものの、一人として戦えそうな者はいなかった。この時、賊はすでに善山に侵入しており、夕暮れ、開寧県の人が来て、賊が近（くまで迫っている）と報じた。鎰は、これを、人々を惑わすものだとして、斬ろうとしたが、その人は叫んだ。「（信じられないのでしたら）どうか暫く私を囚えておいて下さい。明朝になってまだ賊が攻めて来なかったら、それから死んでも遅くはないでしょう。」

この夜、賊兵は長川に駐屯していた。尚州を距たること二十里であったが、（李）鎰の軍には斥候がいなかったため、賊が来ていることを知らなかった。翌朝、鎰は、やはり賊兵は来なかったというので、開寧の人を獄から引き出して斬りすて、人々に示した。(8)

『懲毖録』に「斥候」という言葉が使われていることが注目される。次に、『懲毖録』のこの記事を引用した『朝鮮軍記大全』『朝鮮太平記』の「斥候」関係記事を挙げる。

此夜スデニ日本勢長川ニ屯ヲナシ。尚州ノ境ニ距リ其間纔二十里ニ押シ寄ルト雖ドモ。李鎰ガ軍ニ斥候《モノミ》ナケレバ。倭兵ノ来ルヲ知ルコトナシ。

（『朝鮮軍記大全』巻五、一二オ）

其夜小西ガ勢。長川ニ着陣ス。尚州ニ相近ヅク事。其間纔ニ二十里ナリ。左レドモ李鎰ハ。兼テ斥候《(右)セキコウ・(左)モノミ》ノ備ヘヲモ設ケズ。軍事ニ怠リシカバ。倭勢ノ近ツケルヲ夢ニモシラズ。

（『朝鮮太平記』巻十一、一九ウ）

このように、『朝鮮軍記大全』と『朝鮮太平記』においては、日本・朝鮮の両方の状況を説明するのに「斥候《せきこう・ものみ》」という言葉を使っていることが確認される。このような状況から二つの仮説が提起されるだろう。一つは、『朝鮮軍記大全』と『朝鮮太平記』の作者らは壬辰戦争の際に日本・朝鮮の両方に「伊賀の忍び」のような狭義の忍者が活動していたというのである。もう一つは、両文献の作者は『朝鮮征伐記』・『豊臣秀吉譜』などに見える「物見・諜・斥候《ものみ》」が『太閤記』の「伊賀の忍び」に由来する狭義の忍者とは思わず、『懲毖録』に見える「斥候」、即ち、広義の忍者に当たると思ったというのである。両方のどちらであるか断言はできないが、壬辰戦争文献群の流れから見て、『朝鮮軍記大全』と『朝鮮太平記』が刊行された一七〇五年には、既に狭義の忍者に関する日本人（の一部）の認識はかなり曖昧になっていたと言える。

五、忍者・石川五右衛門の登場——虚構の忍者の台頭

このようにして、壬辰戦争文献群の史的展開から見て、『太閤記』に登場した「伊賀の忍び」の存在はだんだん薄くなっていったと言える。代わりに頭角を現してきたのが、例の石川五右衛門に象徴される虚構の、言い換えると、文芸化された忍者である。多くの先行研究によると、石川五右衛門の実像を伝える初期記録の一つは『豊臣秀吉譜』である。ここには忍者としての活動は確認されず、処刑される盗賊としての姿が記されるのみである。もちろん、後

代の文献に見えるように豊臣秀次・木村常陸介らと秀吉暗殺の陰謀を企てたり、文芸上の天竺徳兵衛のように明国の遺臣・宋蘇卿の遺子として天下の転覆を狙ったりもしていない。

文禄之比、有(二)石川五右衛門(一)者、或穿窬或強盗不(レ)止矣。秀吉令(二)所司代等(一)、遍捜(レ)之、遂捕(二)石川(一)、且縛(二)其母並同類二十人許(一)、烹(二)殺之三条河原(一)。

（『豊臣秀吉譜』巻下、三一オ）

石川五右衛門伝説が秀次伝説と結びつき、忍者としてのイメージを強めて国崩し的な役割を果たすようになるのは一七七八年（安永七）初演の歌舞伎『楼門五三桐《さんもんごさんのきり》』あたりからである(9)。そして、一七九七〜一八〇二年の間に刊行された武内確斎《たけうちかくさい》作・岡田玉山《おかだぎょくざん》画の『絵本太閤記《えほんたいこうき》』には、この歌舞伎の影響とも思われる、忍者としての石川五右衛門・木村常陸介の活動が描かれるようになる。一方、『絵本太閤記』第六篇巻九所収の「安南合戦」記事は「伊賀の忍び」にも「斥候」にも触れない。こうして、壬辰戦争の際に本当に活動したと思われる「伊賀の忍び」と、近世日本の演劇界で作られた虚構の忍者とは、壬辰戦争文献群の中でその役割を交代することとなった。これは、戦国時代の忍者の実像が忘れ去られ、徳川幕府の治世下で生きる人々が抱いた夢や抵抗の心理を具現した存在としての忍者像が作り上げられた、江戸時代一般の流れと軌を一にするといえるだろう。

六、補論――ロシアの軍船に潜入する忍者

最近、意外な文献の中で忍者の活躍が描かれていることを確認したので補足しておく。一八〇六～〇七年の間にサハリン（樺太）とクリル列島（千島列島）の南部でロシア軍と日本軍が衝突した事件を題材とした実録体小説『北《ほっ》海《かい》異《い》

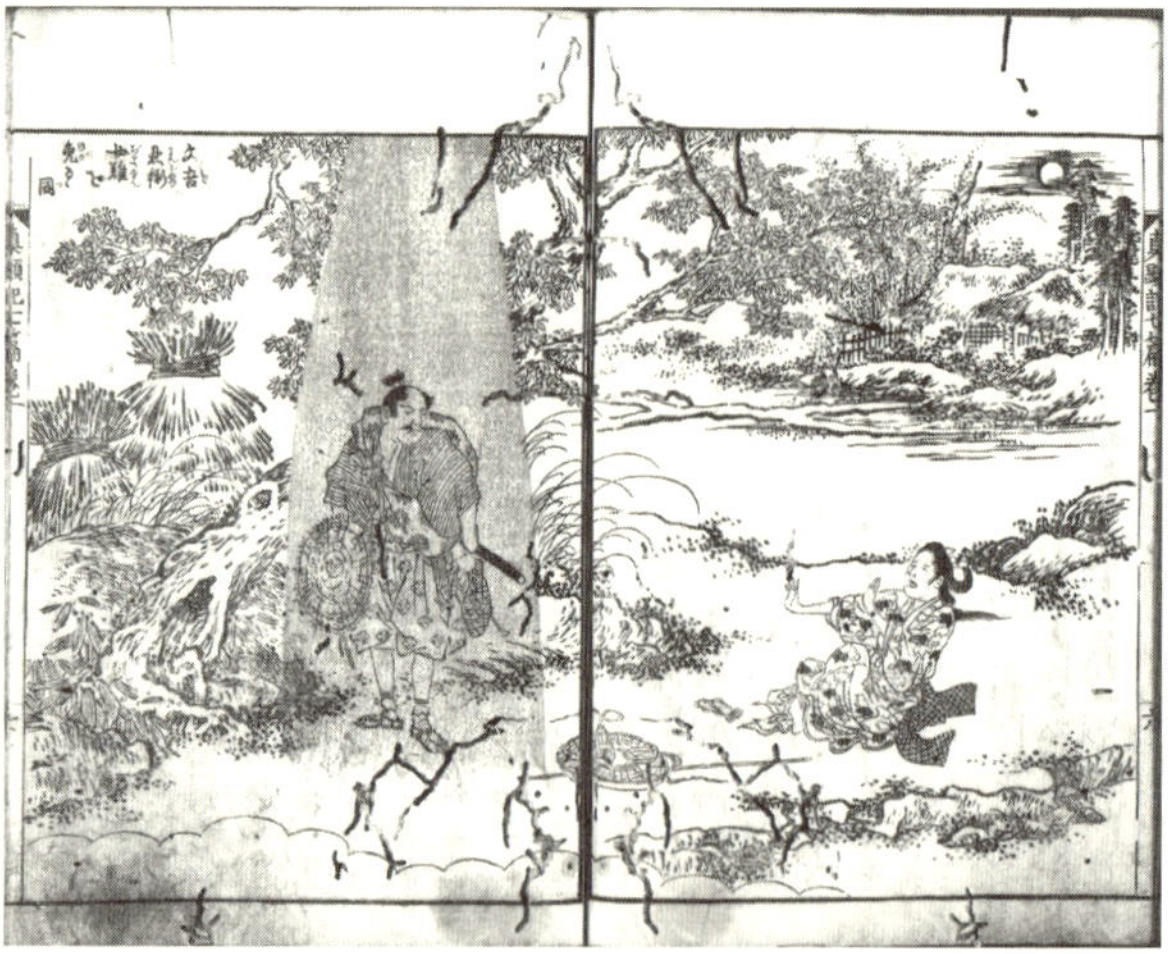

挿絵2　石川五右衛門。『絵本太閤記』第七篇巻一（個人蔵）

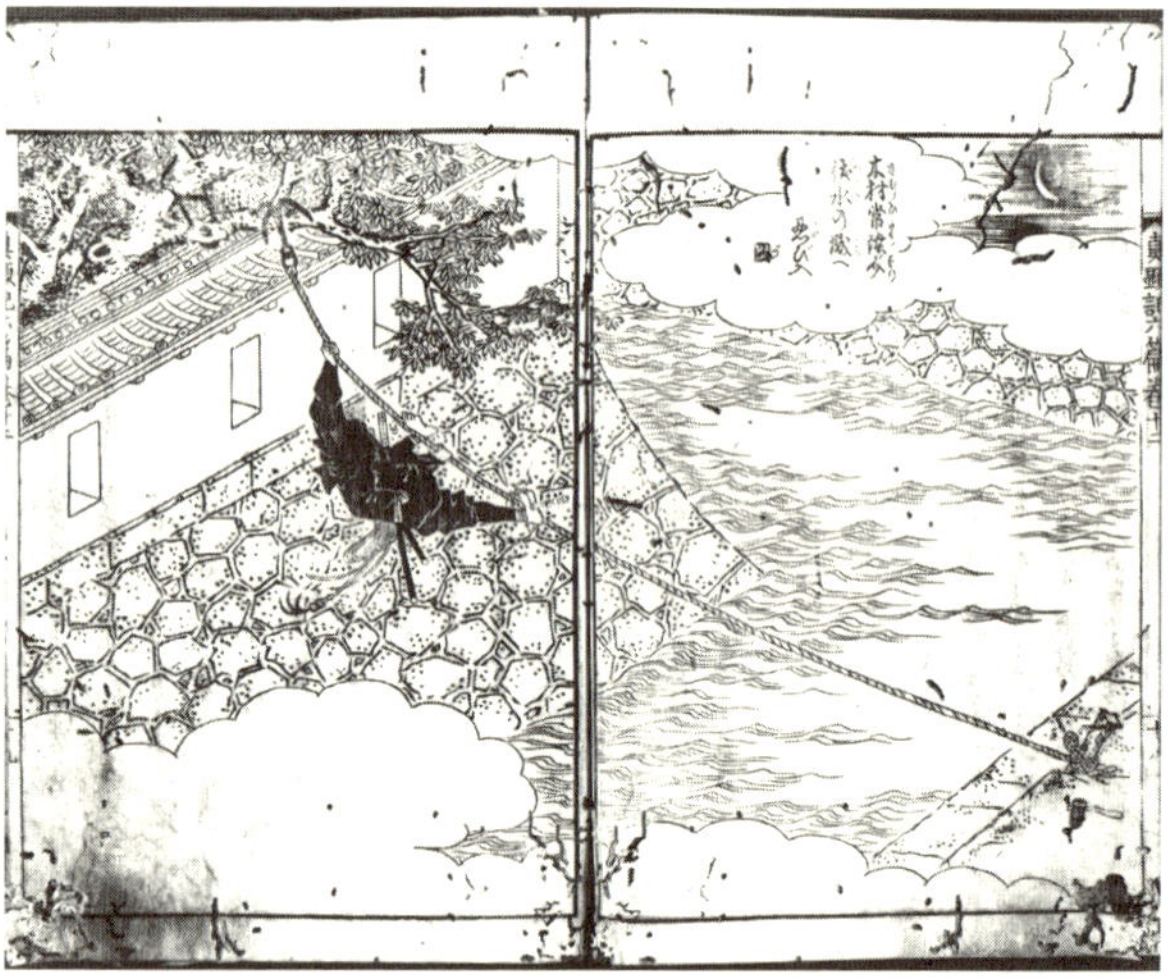

挿絵3　木村常陸介。『絵本太閤記』第六篇巻十二

談《だん》』がそれである。この事件はロシア軍の司令官だったニコライ・フヴォストフ（Николай Александрович Хвостов）の名に因んでフヴォストフ事件と呼ばれ、また、文化露寇・文化丁卯事件とも呼ばれる。この事件の背景や経過などに関しては研究成果が蓄積されているのでここでは省く。[10] なお、この事件を題材とした『北海異談』は、特に、対ロシア問題を取り扱うことを禁止した幕府の禁令に抵触したので、講談師だった作者の南豊亭永助《なんほうていえいすけ》が処刑されるなど、関係者は厳しい処罰を受けた。『北海異談』の関係者が処罰を受けた一八〇八年当時、日本側はロシアとの衝突が続くと予想して当該地域に部隊と駐屯させるなど、事件が終わったという認識は日本側になかった。だから、『北海異談』の流布や刊行の試みは、現存する安保問題を一般国民が議論した問題として危険視されたのである。『北海異談』と幕府の取り締まりをめぐっても研究成果が出ている。[11]

『北海異談』の作者は、一八〇六〜〇七年に繰り広げられたロシアと日本との戦争を、虚構を交えながら描くのみでなく、ロシアが北海道などを攻めてくる際の日本側の対策を論じるなど、兵学者として海防論を展開してもいる。その際、作者が拠り所としたのは、壬辰戦争といった日本の軍事的な経験、そして、林子平《はやししへい》の『海国兵談《かいこくへいだん》』である。作者は、ロシアとの戦争の先例として壬辰戦争に注目する。最も近い過去に起きた異国との戦争として重視したものと見られる。『北海異談』の兵学と壬辰戦争との関係については別稿で論じたことがある。[12] また、作者は、どのようにロシアの軍船に接近・潜入すべきか、どのような火力武器をどう活用すべきか、ロシアとの戦いにおける日本側の長所・短所は何なのか、などを広く議論しているが、その際、大いに参照されているのが『海国兵談』である。ロシアの南進が有する意味やその対応などを論じた『海国兵談』は、実際起きたロシアとの衝突や、ロシアとの虚構の戦争を描く『北海異談』の作者には最適の底本となったはずである。ただ、『北海異談』の作者は『海国兵談』で述べられる戦略・戦術をただ孫引きするのではなく、兵学者としての見解によってそれを修正する場合もある。その一つが、忍者がロシアの軍船に潜入する場面である。

『北海異談』巻十一・十二には十二点程度の文書が纏まって収録されている。このうち、本当はフヴォストフ事件の際に発生していない虚構の戦いを伝える文書が五点確認される。この五点の文書には、(実際は起きていない)一八〇七年五~六月の間にイトゥルップ(Итуруп、Iturup、択捉)島のクヅリ山、もしくはツクリ山で起きたとされる戦いの様子が述べられ、その後、作者の合戦描写が続く。このクヅリ山の戦いの記事の後に、松前沖でロシア・日本両国の水軍が衝突し(巻十二)、同年八月には西蝦夷地の海陸両方面で再び大規模の衝突が起きたことが述べられる(巻十六~十八)。この海戦では、日本の忍者がロシア水軍の母船に潜入するなど活躍した結果、日本側はロシア皇帝の側近である三兄弟を生け捕り、ロシアの軍船を沈没させ、勝利を収めたことになっている。この敗戦によってロシア水軍は一旦退くが、その後、再びイトゥルップ島を攻めて大きい被害を与え、「日本がロシア側に年貢米を納めないと再び侵略する」といった内容の銅札を残したという。

『北海異談』において忍者に与えられた任務は、日本の船とは異なってお城のように頑丈な欧米の軍船を攻める切り口を開くことであった。『海国兵談』にも同じ問題意識に基づく記述が見られるが、忍者の活躍を描く『北海異談』の記事と、それに対応する『海国兵談』の記事は、完全に一致してはない。『海国兵談』では、海に潜ってロシアの軍船に接近し、穴を掘って船を沈没させる戦略が提案される。

> 小船數艘に水練の達者数十人を乗セて、敵船江忍び寄、水を潜て敵船江穴を穿て水ヲ入しむる術あるべし。
>
> (『海国兵談』巻一[13])

『北海異談』も、海に潜ってロシアの軍船に接近するところまでは『海国兵談』に同じである。しかし、『北海異談』では、敵船の底に穴を掘るのではなく、ロシアの母船から橋船（入子船とも）が出入りする入り口から忍者が潜入するというふうに述べられる。

まず、戦いの前の評議で、「忍びに馴し者」が必要であるとの意見が出る。

堀田殿宣ひけるは、「我つら〳〵敵船の様子を見るに、兎角動かずして物を待体あり。察するに跡よりも数百の大船をすゝめんとするも斗り難し。左あらばうかくと日を暮さん事つたなきに似たり。然レ共、今日の体中々鉄炮にて打ひしぐ共叶ふべからず。夫レ共是をくじくべき妙計あらば各存寄を遠慮なく申聞られよ。是全く私の事にあらず。天下の御為也」と厳密に宣ひけるにぞ、時に軍師をはじめ諸家の軍将互に顔見合せ皆々何と答るものもなし。此時遠山申されけるは、「御目代の仰せ左有事にて候。此儀つく〴〵考ふるに、何卒壱両人の忍びに馴し者、其上水練に妙を得たる者を撰み、いかにもして敵の船へ忍び入らしめて火を掛ざるにあらざれば中々叶ひ候まじ。然レ共是は九死に一生なれば、格別の忠臣ならでは叶ひ申まじ。若諸手の内に此術をなすべき人あらば、天下の御忠節此上やあるべき」と有ければ、諸士多しといへども返答する者壱人もなし。

すると、阿波の国泊りの城主森甚五兵衛の陣営から、木村藤蔵と今泉吉之助といった二人の「究竟之者、水練は勿論忍びの妙を得しもの」が志願する。

甚五兵衛我陣に帰り、戦士水主を集め、「今晩軍師遠山殿よりケ様くに仰渡されあり。誰か敵船江忍び込ム者あらん哉」と申ければ、水主組の中に木村藤蔵・今泉吉之助といふ両人究竟之者、水練は勿論忍びの妙を得しもの進み出、「某相勤候はん」と申。

こうして、木村藤蔵と今泉吉之助は船に乗ってロシアの軍船に接近し、船内に潜入することに成功する。

八月十六日の夜に至り、阿州殿の水主木村藤蔵、今泉吉之助、一艘の船江乗て敵船近く忍び寄、拾丁斗りもあらんと思ふ所にて船を乗捨、両人水中に飛込たり。最早敵船の辺と思ふ頃頭を上時時敵船を伺ふに、太鞁をならす音、或は聞なれざる音して、船中にても油断なく遠見番替る替る相守ると見へたり。扨両人案に相違して忍び入がたく、海中に伺ひけれ共、果しなければ、両人命を敵船に抛ちひたくとおよぎ付。幸ひ成ルかな、彼入子船を引入る所あり。両人火付道具を水の入らざる様にして腰に付、子の所江およぎ付、鎖を打掛ケ是を伝ふて大船の内へ這入。(14)

(『北海異談』巻十七「敵船江忍びを入る事」)

このように、ロシアとの虚構の戦争を描く『北海異談』において、「忍びに馴し者」「忍びの妙を得しもの」の活躍はロシアとの戦いで日本側を勝利に導く重要な要因となっている。圧倒的な軍勢のロシアに日本軍が負けたフヴォストフ事件は、日本の兵学者に重い課題を突き付けた。軍事力の面で日本より優位だったロシアを相手に、現代軍事学の用語で言うならば、非対称戦争(asymmetric war)を展開することが予想された時、忍者という存在が兵学者の頭をよぎった。十六世紀の末に起きた壬辰戦争で活動した忍者は、安定が訪れた江戸時代には現実味を失い、単なるファンタジーの主人公と化しつつあった。しかし、十九世紀の初め、モンゴル侵略以来、六世紀ぶりに国家的な危機が日本を襲った時、忍者は日本が頼れる精鋭戦力として再び注目を浴びるようになったのである。

注

(1) 柳沢昌紀「『太閤記』朝鮮陣関連記事の性格—甫庵の対外観と史実改変」(『中京国文学』十七、一九九八年)、同「小瀬甫庵にとっての歴史——『年代紀略』と『信長記』『太閤記』」(『日本文学』五十九—十、二〇一〇年)など。

(2) 長谷川泰志「羅山と『豊臣秀吉譜』の編纂」(『文教国文学』三八・三九、一九九八年)、金時徳『異国征伐戦記の世界 韓半島・琉球列島・蝦夷地』(笠間書院)第一部第一章第一節「初期文献群と『太閤記』」、同第二節「中国の文献がもたらした一回目の変化」など。

(3) 蓬左文庫蔵。中村栄孝はこの写本を堀杏庵の自筆本であると推定する。「蓬左文庫の『朝鮮征伐記』古写本について」(名古屋大学文学部国史研究室編『名古屋大学日本史論集 下巻』、吉川弘文館、一九七五年)。

(4) 韓国国立中央図書館蔵。

(5) 愛知県図書館。

(6) 長谷川泰志「東京国立博物館蔵『将軍記』翻刻(その三)豊臣秀吉伝 下之一、下之二、下之三」(『広島経済大学研究論集』二十—三、一九九七年)六五頁。

(7) 韓国国立中央図書館蔵。

(8) 朴鐘鳴訳『東洋文庫 三五七 懲毖録』(平凡社、一九七九年)五八—六〇頁。

(9) 菊池庸介「石川五右衛門物実録と『金門五山桐』」(『調査研究報告』一九、一九九八年)。

(10) 大橋与一『帝政ロシアのシベリア開発と東方進出過程』(東海大学出版会、一九七四年)の第十一章第三節「H-A-フヴォストフ・Г-И-ダヴィドフ事らの千島・樺太侵寇(西暦一八〇七年)」などに詳しい。ウェブ上では、藤田覚「近世後期の情報と政治——文化年間日露紛争を素材として」(『東京大学日本史学研究室紀要』四、二〇〇〇年)、有泉和子「フヴォストフ・ダヴィドフ事件と日本の見方:ロシアの貿易利害との関連で」(『ロシア語ロシア文学研究』三六、日本ロシア文学会、二〇〇四年)、有泉和子「十九世紀はじめの北方紛争とロシア史料——遠征の後始末 フヴォストフ・ダヴィドフ事件とロシアの出方」(『東京大学史料編纂所研究紀要』一八、二〇〇八年)などの論文を読むことができる。
(11)松本英治「北方問題の緊迫と貸本『北海異談』の筆禍」(『洋学史研究』一五、洋学史研究会、一九九八年)、高橋圭一『実録研究――筋を通す文学』(清文堂、二〇〇二年)など。
(12)金時徳「フヴォストフ事件と『北海異談』――壬辰戦争の戦争史的な検討と『海国兵談』の利用を中心に」(井上泰至編『近世日本の歴史叙述と対外意識』勉誠出版、二〇一六年)。
(13)山岸徳平編『新編林子平全集』一(第一書房、一九七八年)、一一〇・一一一頁。
(14)以上、東京大学所蔵本による。高橋圭一氏よりそのコピーを提供された。この場を借りて感謝する。

忍者の精神と日本の心

川上仁一

はじめに

今や忍者（NINJA）は国際的にも広く知られ、世界中に、老若男女の忍者ファンが多数存在する状況である。実体不明の神秘的な人間として、様々な幻想を持たれつつ、魅力的な日本文化の一つとしての評価も得られて来つつある。そこでは、真偽取り混ぜ各人各様のイメージが形成されているが、幼少より過酷な鍛錬を続け、一子相伝の超人的秘術を駆使する戦士として理解されることが多い。映画やアニメ、小説などの創作世界では、超能力のような妖術や魔法、時には特異な武器や道具を用い、人間離れした体術を修得し武芸に秀でた人物として演出される。

正義と平和を護る姿も描かれるが、多くは陰湿で残忍な性格を帯びた暗殺者、或いは精強な特殊戦闘員としての忍者像が蔓延している。忍者の特殊な活動の一端だけを以って、誇大に解釈し表現したものであり、実体とは相当に懸け離れる誤った姿であるが、国内外で一般的にイメージし認識されている忍者像であろう。忍者の戦闘を含め、反社会的な行為やそのテクニックのみをクローズアップし、根源に有る大切な精神などは等閑にされ、ほとんど注目されてはいないのが現状である。

忍者は日本固有の風土や文化、心性により生まれたものである。実体を理解するには、軍用の活動のみでなく、発生の基層や形成過程、虚像を含む忍者像の変遷、精神面など多角的な忍者文化としての解明が必要である。また、忍術は江戸時代に大成された、偵察や諜報、撹乱などの古典的な軍用技術だが、治国安寧を目的として編まれている。忍者精神の根幹は、自然や人々の共存にあり、何事にも耐え忍び、戦いを避け互いに慈しみ和していく日本の心である。

忍者の本来は［しのびのもの］と呼称され、名の通り忍んで事をなす者を意味する。人に知られず密かに行動して、相手方の情報など価値ある事物を獲得し、時には謀略を施したり奇襲により撹乱し味方を有利に導く。このような忍びの者の活動や手法は盗賊紛いの所が多いが、全て大義に基づき、決して私利私欲で行ってはいけないと戒め、忍びの道として「忍の心」や「正心」が説かれる。

今日、武士道として世界で認知されている侍精神と同様に、この忍者の精神もまた江戸時代より意義付けされてきたのである。我国の悠久の歴史の中で培われ編まれた、忍びに生きた人々の指針としての忍道とも云えるだろう。

ここでは、日本の風土や歴史の変遷から忍術起源の深層を推考し、忍者の本質を探ると共に、忍術伝書などの伝承に基づき、日本の心である忍者の精神を論じていく。かつて纏めた拙論［忍者の精神と日本の心］に手を加え若干改訂したが、忍者の文化論の一つとして理解されたい。

一、村社会の形成と忍者的気質

忍者が日本独自に発達した基層には、地理的条件や地政学的特徴に起因する、人々の気質が有ったのではと推測される。日本は東洋の果てに位置し、南北に細長く大半を急峻な山岳地帯で占める島嶼列島である。温暖、寒冷の明確な四季を有し、自然の脅威も多いが、四囲を海で閉ざし外敵の侵入もほとんど無かった。逃げ場の少ない閉鎖地形だが人間の居住には適した地である。ここに有史以来、数多の人々が大陸や南方より渡来定住し、様々な事物や文化をもたらしながら国家を形成していったとされる。

原始の時代には移動しながらの狩猟採集が主であったが、後に稲作が行なわれ普及すると、定住の生活が営まれてくる。稲作を主体とする農耕は、四季に根差した自然の中で調和して過ごし、個々の人間が集合し協同しながら生きていくことを促す。地縁や血縁、利害を中心に、地域共同体としての集団である村社会を構成していくのである。村での平和な安定生活を維持するには、争いや戦いを避けることが必然であり、集団の「和」が尤も大切になり優先される。個々人の主張や感情などを抑制し、「忍耐」や「相互の和」が重んじられていく。

人々は平和な安定社会で共存するため、何事にも常に耐え、和を求めて思考し行動することが無意識に常態、習慣化していくこととなる。現在にも続く日本人の特質とされる、自己の感情を抑制し面に表わせず、常に相手の心情を酌み測りながら発言・行動するという気質が培われていったであろう。

膠着語である日本語の曖昧性も、日本人の特質と顕著に整合している。相手と会話しても、言葉や態度からでは本心が判然としない場合が多い。肯定か否定かも明確でない表現が多出し、真意を測ることが中々に難しい。そのため、態度や行動、周囲の状況などを加味し、感情や思考の先を読みながら語り動く性質が根付いている。

繊細な四季、狭隘で変化の激しく多彩な地形や気候、頻発する自然の脅威などからも、常に思考を廻らし、何事にも臨機応変で効率的に対処する気質が備わり養われていったであろう。これ等は相手方の心理や状態を探り、変には即応して対処する、諜報や謀略などを行なう忍者に必要な基本要素でもある。風土の特異性や、多様な価値感も併せ持つ、様々な人々との出会いや混交を経て、村社会は集合しあい国を形成していった。その中で、戦わずして制し共存するという、忍者の気質が徐々に深く醸成されていったと推測される。

二、人間の本性と忍術の原初

当然であるが、人間は誰にも感情があり本性に欲望を持っている。村のような共同体に於いても、他より優位に立とうと思考し行動するのが人の常である。個や集団の利害得失、感情などにより、人々の争いが頻発してくるのは必然のこととなる。時には、弱小集団が強大な相手に対しても効果的に対応する必要性も起きてきたであろう。

一方、日本列島に居住する者は、同じ民として和し共存する不戦の思想が育まれている。その場合、互いに損失を少なくして相手を制するには如何にするかということとなる。そこで、常に相手の様子を伺い見て情報を得、弱点などを知り謀略を廻らして戦いを避けることが必要となってくる。止むを得ず戦う場合には、情報収集や工作と共に、撹乱、奇襲が有効な手段となるのである。

これが「和」と「仁」を旨とし「忍耐」の心を以て駆使する、諜報や工作、撹乱など、後世の忍術発生の本源といえるだろう。

自然や環境は、人間の思考と感性、気質などと密接に関連する。日本列島の中で人々が生活し、集団社会を形成していく長い年月の過程の中で、忍者発生の要因が積重なっていったのである。日本固有の風土や文化の中で育まれた心性により、戦いを避け共存するための自存自衛手段が工夫されていったとも云えるだろう。渡来を含む人々や、諸々の知識、技能を取込み融合同化し、長年に渉り培われた忍術の原初となる、独自の処世生存の技術・知恵が身に付き蓄積していったのである。

三、忍者発生の歴史背景と精神基層

伊賀・甲賀は古代より拓け、都に近く様々な人々が居住し、情報と共に優れた知識や技能が集積した、独立志向の強い村落共同体が形成された地域である。

『書紀』(七二〇)では応神天皇や雄略天皇の時代に、秦の始皇帝や後漢の元帝の末裔と称する、秦氏が我国に多数移民したとされる。伊賀・甲賀の地にも帰化した多くの民が居住したと伝え、中には、大陸の軍法や武芸に精通した者もいたであろう。

大陸の政変などによる、古代の緊迫した国際情勢の中で、国家としての間諜の重要性が認識され、大化の詔(六四五)では「諸国に関所を設け、斥候《うかみ》、防人を配して防御し、変が発したら情勢を通報する」という軍制が立てられた。この時には、外敵の情報を察するに有利な、外国語を解する渡来の者達を有効活用したのではないだろうか。

『書紀』には「間諜」の訓に「窺見」と記し、様子を窺い見る意の名詞として、忍者の働きの原初の語句が用いられている。間諜は渡来語であるが、我国にも古代より同様の職が存在していたことを推測させる。

仏教が伝来し国教とされ、神道と習合しながら儒教をも包含する、神儒仏一体の日本人の宗教観も、忍者の精神に関わる要件であろう(万教帰一の宗教思想)。「神」は自然や祖先への畏敬や尊崇であり、「儒」は人間としての徳を養い、「仏」は生ける者への慈悲を教える。聖徳太子の憲法(六〇四)の冒頭にある「和を以って貴しと為す」に集約される日本思想の原点でもあり、「和」と「仁」の文化を標示している。

修験道は、奈良時代に役の小角（七〇〇捕縛）により開かれた、日本古来の神道と大陸より伝来の密教や道教などを習合した、日本独自の山岳宗教であり忍者精神にも関わる。神仏と一体と成るべく自然を尊崇し、山野を跋渉しながら過酷な修行を続け、人々の平安を達成するための加持祈祷や知恵により、煩悩や病を救済する宗教である。

この中では、寺院や自己の防衛手段として、武術や兵法を練り、他者救済の専門知識や技能も会得し活用していたと推測される。修験の行での、印を結んで呪を唱え、気合を発して悪邪を祓う様は、虚像ではあるが、人々の想像する忍者の姿に映って見える。修験者（山伏）は後世まで、自由に諸国を移動し独自の情報網を構築しており、戦乱・平時ともに有用な軍用の活動も行なっていたとされる。

甲賀や伊賀では修験寺院も多く、住民は神仏への信仰と共に、修行風景も間近にし、思想や生活に影響も受けていったであろう。信仰に裏付けされた、信念としての不動心や技術を養い、敵地潜入に必要な忍びの心と技を育んでいったと推測される。

聖武天皇の時代よりの、奈良仏教のシンボル的な寺院である東大寺建立（七五一）と、寺院運営や維持活動は、伊賀・甲賀地域と密接に関係してくる。建立資材の調達地としての杣《そま》の存在や荘園との関わりである。都よりの多くの人々の往来・定住は最新の知識や技術をもたらした。杣人たちの山野での活動は、自然と共生しながら、道具や薬、武器を用い、生存に役立つ技術を蓄積し、価値観や思考にも影響を与えたと考えられる。

その後、政治が仏教勢力と結付き、策謀が相次ぐ政道の乱れを打破すべく、平安遷都（七九四）となるが、寺院や貴族の荘園獲得が盛行し、武力を行使しながらも拡大していく。管理する荘官・名主達も、自ら武装して土地の所有を守りながら、更には武力によって私領を獲得し拡大していった。武士の発生であり、集合した人々は武士団を構成し、律令制を崩壊させて政治は乱れ、群盗も各地に跋扈する争乱の時代に推移していく。

伊賀では、杣より荘園として変化していく過程に於いて、人々の一部は山麓に定住し村を形成、国衙にまで進出して武力で争うようになっていく。天喜元年（一〇五三）からの国衙と東大寺の争いの頃より、後に謂われる伊賀の悪党の活動が始まったとされる。悪党の行為は、山賊・夜盗・強盗・放火・城郭構築・殺害・年貢や公役の拒否・流言飛語などであるが、盗賊や後世の忍びの働きと類似したものであった（『東大寺衆徒訴状案』（一二八二））。

悪党は荘民でありながら、荘園領主の支配体制を排除し、自立自存していくための民衆活動の姿でもある。因みに、悪党は権力に対し武力を用いながら抗していく人々に対する、為政者や領主側からの呼称である。

また鎌倉期に東大寺再建に尽力した俊乗坊重源（一一二一～一二〇六）による、民衆救済を説く浄土教も伊賀では広く伝播し、人々の自立や村社会での集団行動を促進する働きを成したと推測される。

蒙古襲来後、一層国情不安定が加速されると、悪党は益々荘園領主に対して武力で闘争し、人事懐柔工作を行ないながら、奇襲や謀略・命令拒否により抗争していった。情報操作や撹乱などは、個人や弱小集団の自存自衛手段として効果的であり、後世の忍術の構成要素となっている。

村を拠点とする在地武士達は、互いに勢力を争い頻繁に戦いを繰り返し、国内の多地域で戦乱が打ち続いていく。伊賀・甲賀では、後々まで強力な政治権力が出現せず、村々の群小土豪達が互いに争乱を続けていった。この長い争いや戦いの年月の中で、武技を練り兵法を修得していったことは必然である。

土豪たちは、血縁や地縁で結ばれた村落共同体の指導層であり、侍衆として軍事手段を行使していた者たちであった。この中では、小を以て大を制し、寡を以て多に当る忍びの働きとしての、山岳奇襲戦法が益々工夫され練られていったことであろう。

南北朝期の戦いの様相を記した軍記物、『太平記』（一三〇〇頃）に、初めて「忍び」の語が現れ、奇襲の行為として記されている。『太平記』にはまた、山伏や様々な階層の人々を駆使し、神出鬼没の働きを行なう忠臣楠木正成が登場し、江戸時代には兵法や忍術の祖ともされることとなる。

古代の史書に、間諜や斥候、候として記録される忍者的存在は、この中世の「忍び」の登場の間の記録には見当らない。しかし途絶えていたのではなく、世の日常的行為や活動として、その働きは行なわれていたことは間違いないだろう。

応仁の大乱（一四六七）以後、伊賀・甲賀の土豪たちは、村集団の自主独立のため、村々に城砦を築き、相手の様子を探りながら（諜報活動）互いを牽制し、外敵にも備える独自の兵法を編み、忍術の基盤を形成していったと伝えられる。偵察を行ない、間隙を衝いて、夜討・朝駆の奇襲で撹乱し敵を殲滅する戦闘手法は、伊賀衆・甲賀衆の得意の戦術であった。

術技は長い戦乱の中で、諜報や謀略、撹乱などを主とする独特の兵法として工夫され、職能とも云える活動をする「忍者」を育んでいくのである。戦国時代には侍層を中心に、伊賀では「惣国一揆」甲賀では「郡中惣」が構成され、住民合議による裁定権を有する、一種の共和制が行なわれ村落共同体を維持していく。人々の平等の立場としての連合組織であり、自治共和制の原型とも云えよう。相互の対立を越えた連合組織として事に当り、強大な外敵の侵略に備えたものであったが、自治により平和を実現しようとする機能であり、忍者の大義や生き方の基本でもある

戦国の世が終焉し、平和安定の江戸の時代に入ると、幕藩体制が確立され、朱子学を中心とした儒教の理念を取り入れた武士道が確立されていく。この時代より、過去に行なわれたであろう忍びの手法は、忍術として編まれ大成される。武家思想の理念の下で、兵法や武術の「神武不殺」と同様に、盗賊とは異なる、「正心」と日本人の心性である「和」を基とした忍びの心として、忍者の精神も意義付けが図られていくのである。

四、忍者の根本精神

忍者の精神は、日本人が本来有している心性、感性による自然観や人生観などを根源に、戦乱の歴史の中で、忍者としての職能を形成していく過程から確立されていった。

根底は戦いを避け、自然や人との「和」を求めて、人々が安寧に自存し、自立した生活を送ることにある。忍術はそのための手段・手法（綜合生存技術）であり、忍者はその求道者・実践者だとも云えよう。

忍者は密かに潜入し、重要のものを得る存在であり、盗賊と類似の行為も行い、人倫を誤れば盗賊と化してしまう危い内実を含んでおり、「正心」というものが大切とされる。

江戸期に集大成した忍術では、「心」の上に「刃」を置いた「忍」の意味合い（堪忍）を真髄とする、忍者の倫理としての「正心」を説きながら、己を律し行動する忍者精神を教え伝えた。「正心」とは単なる正義の心でなく、倫理を基本とした大義であり、建前や主の命令遵守の心でもある。

忍者は目的を達成するため、何事にも耐え忍び、決して動じることのない強力な信念を持ち、「和」の心を追求実践する。そのために伊賀・甲賀忍術では、日常に於いての生き方に「正心条目」を掲げて戒めとした。

即ち、表情を優しく和やかに過ごすを始めとし、義と利を弁えて正しい生活を送る。また、人の真偽を知って欺かれないようにし、個人生活では真実を守り、戯言や小さな嘘も言わない。戦いでは、主人のために忠節を尽くし働き、安危の責任は全て己に有ると心得るのである。また日常では酒・色・欲を禁じ、節制し、耽り楽しんではいけない。

また、生き生きて生き抜き、世の安寧・平和のためには命をも捨て、死んでも使命を果たす鉄壁不動の覚悟を「忍」

の心としたのである。

人間が陥りやすい、恐れ・侮り・考え過ぎの思考を、忍術の三病と名付け戒め、忍者の大切な心構えを、次のように要約して行動の規範とした。

一、花情竹性　優しく真実で強靭な心根。
一、滅私奉公　己より他に尽くす影の心。
一、無芸無名　目立たず秘める謙虚な心。
一、廉恥潔白　恥を知り正直を貫く心。
一、忍辱黙行　全てを忍受し只管働く心。
一、必死覚悟　命を懸け行動する心意気。

日本の宗教は、自然や祖先を畏敬崇拝する神道が根幹にあり、惟神（かんながら）の道として神慮のままに人為を加えぬ道が大切とされる。宗教は人の生き方や知恵に多くの影響を与えるが、忍者の精神もまた然りである。

修験道や密教での三密（身・口・意）は、宇宙の精神業（作用・働き）を、手に印を結び、口に真言を唱え、心に神仏を念ずることで象徴する。この行は忍術にも取入れられ、忍者の精神を実践する手段としても説かれる。三密を統合すれば忍びの験が得られるとされ、身は行動、口は弁舌、意は心情として術技を実行していくという心構えを意味する。

また、忍術の極意として「神貴之大事」と称する、神（大自然・大宇宙の真理）は貴しとする教えが有る。これは彼我共に生き、護られていくために、祖先や森羅万象に畏敬と感謝しながら和していく、日本の「和」の心の実践心得と云えるものである。太陽を大星と名付け、往古より伝来の兵法極意の内として、忍術では赤い円の中に忍の一字を描いた図により表象する。太陽神として陽の恵みに感謝し、円を輪の集合体と考え、縁や和の言葉に掛け意義付ける。赤心（誠）と忍耐を以て人々や自然と和合していく、忍者の根本精神を複合集約し、奥意を伝える表現である。

おわりに

忍者は、行なったとされる術技のみが注目され世間での関心を呼んでいるが、その精神性や発生の基層については殆ど論じられて来なかった。秘伝書や口伝などの伝承では、術技以上に心構えや理念が重要視され、武士道とはまた異なった、忍道ともいえる特質が身受けられる。江戸時代に大成されたとは云え、日本人の本性や文化基層に根差した、より日本的な心より発したものが忍者の精神なのである。

忍者は、社会の中で常に耐え忍んで暮らし、正しい心で生活を営んでいく者とされる。畏敬と感謝、慈愛の念を持ちながら、万物と融和し謙譲しながら過ごす姿勢は、忍者の大切な精神の具現であり日本の心である。何事にも堪え忍び、人や自然を慈しみ調和して生きていく「和」の思想は日本文化の真髄であり、忍者精神もまた典型的なその一つといえよう。常に周囲の情報を探り得て、戦いは極力避け、世の全てと和合していく日本の心こそが忍者の精神なのである。

グローバル化した現代は、多種多様な価値観が世に氾濫し、実態を把握するのが困難な混沌とした世界になっている。普遍的であるはずの善悪も、個々の環境や思想、信条などにより見解の相違も目立つ。

忍術は軍用目的により編まれており、内には反徳の技術や心構えを包含し、平和の世には不要の部分も含む。しかし、この混迷の時代にこそ、活用可能で有益な事柄も多岐であり、忍者精神もその一つである。

己を律する生き方に徹する「忍」の精神は、現代の耽美快楽のみを求めるかのような思考に対極して価値が有る。自然や人を愛し自他共存する思想は万国に共通する。人間の本質は古今東西に余り変化や差異が無く、忍者の精神は世界に通ずる心として受け入れられるものであろう。

今に於いても忍者の知恵を活用し、慈愛の念を以て「和」と「忍耐」の忍者精神・日本の心を実践すれば、世界に「和」を構築することが可能であると信じる。

主要参考文献

井原頼文『義経流陰忍』(一六四三年)
藤林保義『万川集海』(一六七六年)
木村久康『甲賀奥義之伝』(一六七九年)
名取正澄『正忍記』(一六八一年)
小泉宜右『悪党』(教育社、一九八一年)
中村直勝『荘園の研究』(星野書店、一九三九年)
中貞夫『名張市史』(伊和新聞社、一九六〇年)
井上光貞『日本書紀』(中央公論社、一九八三年)
網野善彦『日本社会の歴史』上中下(岩波書店、一九九七年)
伊賀市『伊賀市史』一巻通史編(二〇一一年)
甲賀市史編さん委員会『甲賀市史』二巻(二〇一二年)
山田雄司「忍者の歴史」(KADOKAWA、二〇一六)

［大正時代の忍術研究］

❖山田雄司

◉はじめに

明治末から大正期にかけて、西欧からの影響を受けて民衆の間でも急激な近代化が進み、「科学」への関心が芽生えた。霊魂という日本の伝統的存在に対しても「科学」による検証が行われ、心霊学や催眠術ブームが巻き起こった。竹内楠三『学理応用催眠術自在』『実用催眠学』『心理作用読心術自在』といった書物が相次いで出版され、小野福平の大日本催眠術奨励会、桑原俊郎の精神研究会、山口三之助の帝国催眠学会などの研究会が活動していた。

そして、千里眼・テレパシー・念写・透視などの超能力の存在は、世の人々の注目の的となって超能力ブームを巻き起こし、精神療法・霊術が大流行して「意識」による神秘的治療が巷にあふれた。こうした現象に対し、福来友吉（一八六九〜一九五二）や田中守平（一八八四〜一九二九）らが真理の解明に挑んだのであった。[1]

こうした現象が巻き起こる背景には、日清・日露戦争にともないナショナリズム意識が高揚したことや、資本主義の急速な発達により都市下層民の発生や農村の崩壊などの社会矛盾が表面化し、物質万能主義に抵抗して伝統的精神世界を再評価しようとする動きがあったことも指摘できる。

明治四十四年（一九一一）に立川文明堂から小型講談本の立川文庫として『諸国漫遊　一休禅師』が出版され、その後明治四十七年に第四十編『真田三勇士　忍術名人　猿飛佐助』が出版されると忍術ブームが巻き起こった。[2]さらには尾上松之助主演の「児雷也」「猿飛佐助」といった忍術映画が上映されると大流行し、子供がまねして社会問題にまでなった。こうした中、忍術研究にいち早く取り組んだのが伊藤銀月（一八七一〜一九四四）だった。

◉一、伊藤銀月による忍術研究

伊藤銀月は秋田市に生まれ、十七歳のとき県立秋田中学を中退して上京、その後各地を転々とし、二十七歳のとき「万朝報」記者となった。伊藤は「忍術の新研究」（「東京朝日新聞」一九〇九年五月二十日〜二十九日）、「妖術の研究」（「東京朝日新聞」一九〇九年五月三十日〜六月三日）を連載し、忍術に関する最初の著作として『忍術と妖術』（梁江堂、一九〇九年）を出版した。そこでは、忍術について、「極度に忍耐する術でさうして極度に努力する術」であって、「一種の心身鍛練法」であるとしている。そして忍術には第一から第四までの重なる練習があるとして、第一「呼吸を整へる練習」、第二「身軽く動き足疾く歩く練習」、第三「変と難とを堪へ凌ぐ練習」、第四「武芸柔術其他器械的練習」をあげ、蝦蟇となり、鼠となり、木に化し石に化する等の神変不可思議も皆ここから出るのだとしている。

忍術により蝦蟇や鼠に変身できるわけではなく、忍術とは物理的・心理的かつ数理的なものであり、忍術の本質を明らかにして、その日常生活への応用を説いているところに伊藤の特色があり、それは『現代人の忍術』（巧人社、一九三七年）につながっていく。

また、『忍術の極意』（武侠世界社、一九一七年）によれば、伊藤の研究上、根拠とした資料は以下のものである。

（一）越後国長岡の志士谷村伊八郎氏が、其の家に蔵せられる甲賀流の忍術伝書に依り、談話及び筆記を以て示教せられたもの。

（二）種々の断片的記録、諸書の抜萃、及び古老の伝説に依つて集め得たもの。

（三）寛保年間に於ける、伊賀流の忍術者名取兵左衛門（青龍軒と号す）の伝書『正忍記』を読んで、得来つた所のもの（上野図書館蔵）。

ここで興味深い点は、現在では『万川集海』が忍術研究の中核とみなされているが、まだ『万川集海』は世に知られておらず、『正忍記』を中心に研究している点である。

伊藤が意図したのは、忍術に対する誤解を正すことで、大正時代になって講談本や映画などが流行り、そこで披露される忍術はまったく事実と異なっているとして、「科学的」に忍術を解明しようとしたのであった。

◉二、さまざまな忍術本

伊藤の忍術研究に続き、大正時代には相次いで忍術に関する本が出版された[3]。そしてそれは版を重ねて多くの人の読むところとなった。武揚軒健斎『即席活用忍術気合術秘伝――附・変現自在幻術の極意』（東京催眠術学会、一九一七年）は三週間たらずに一万部売れて改訂版も出版された。こうした本も「科学的」視点から忍術の解明が行われている。本書においては、「学術上より研究したる忍術」として、「文明発達の今日にありて科学の進歩は哲学――理学――化学――等の立脚地より奇術も――魔法もすべて解決せらるゝに至つたこの神秘的忍術なるものもその科学的の解決を与ふるのも敢て困難ではない」と述べている。そして、忍術とは「物理的作用と心理的作用を適法によりて活用する術」で、「忍術を行ふには必ずや呪文や結印を行ひて心力集中法（心理作用）をなし然して後ち、忍術用の人工的道具や之の術を行ふに必要なる補助的器物や物体を応用するのである」としている。

また、森破凡『膽力養成忍術虎の巻』（芳文堂書店、一九一七年）では、忍術とは耐え忍ぶ術であることを強調しているのが特徴的である。耐え忍ぶことによって自己修練が成し遂げられるとしているのは、時代状況を反映していると言えよう。

> 忍術とはその文字の如く、忍ぶの術なり、忍ぶとは、能く苦戦悪闘の難事に逢ふて、これを耐《こら》へ忍ぶの術なれば、決して消えて失くなるが如き妖術にはあらず、さりとて亦、キリシタンバテレンの邪術にもあらぬを、往々世人は、忍術と隠身術とを混じ、自来也に於ける蟇の術の如く、印を結べば忽ちその身は怪しき動物と変じ、或時は霧を吹き、或時は風を呼びて、其身を遁るゝが如き、神秘不可思議なる信念を存するの輩は、能く忍術の忍術たる所以を察《しり》て、熟《よ》くこの術を応用せば、即ち膽力《たんりよく》養成の楷梯となり、寸善尺魔を斬ッ除《はらい》て、天下無敵の豪傑となれるの虎の巻なり。

そして、双竜軒『神秘開放変化自由忍術魔法秘伝』（神国武芸研究会、一九一七年）では、忍術という個体修練により、肉体と精神が鍛えられ、それが日本人に遺伝されているとしている。

> 我邦では数百年来、忍術や魔法と云ふ如き、個体的修練の結果、肉体でも精神でも鍛へられてゐた遺伝があつた所為である、岩見重太郎、宮本無三四、荒木又右衛門、由井正雪、塚原卜伝、伊東一刀斎、其他の多くの魔法使ひの物語や、剣士の奇蹟に類する奮闘努力の講談は、実に日本帝国の国宝である、之れあるが為に我々日本人は、いつの場合でも最後の肉弾となつて奇勝を占むる確信を有してゐる、忍術は忍耐術である、魔法は精神の錬磨である、二者相待つて、謂ゆる日本魂を鍛へあげる根本的素質となつてゐるものである。

日清・日露戦争を経験し、三国干渉により臥薪嘗胆という言葉が喧伝され、社会全体で耐え忍ぶことの重要さが説かれていた。そしてさらに第一次世界大戦に直面して、忍術は忍耐術であり、日本魂を鍛えるための根幹であるとする言説がなされるようになったのである。忍術のどの面に注目するのかといった点は、当時の社会状況を強く反映しているのである。

◉おわりに

明治時代後半までは、江戸時代以来の蝦蟇に変身したり消えたりする摩訶不思議な忍術が引き継がれていた。大正時代になると立川文庫や映画の影響で、忍術ブームが巻き起こったが、大正時代は「科学的」観点から諸現象を解明しようとする試みが行われていたことから、忍術に対しても「科学的」視点が向けられるようになり、忍術を合理的に解釈しようとする試みがなされた。その代表的人物が伊藤銀月であった。伊藤は忍術について、心身鍛練法であって、物理的・心理的かつ数理的なものであるとして、その日常生活への応用を説いた。それ以降も忍術に関する本が続々と出版されたが、その多くは忍術を現代社会にどのように活かしていったらよいかといった視点で書かれている。また日露戦後には、忍術の耐え忍ぶ面が強調されるようになり、乃木希典は忍術の大名人であり、忍術は忍耐術であって、日本魂を鍛えるために有用であるとの言説も行われるようになった。

注

（1）一柳廣孝『催眠術の日本近代』（青弓社、一九九七年）。
（2）『大正の文庫王　立川熊次郎と「立川文庫」』（姫路文学館、二〇〇四年）。
（3）福田慶太「まぼろしの忍術古珍本」（『日本史の闇を支配した「忍者」の正体』別冊宝島二〇三二号、宝島社、二〇一三年）には大正時代に出版されたさまざまな忍術研究本が紹介されている。

［前近代中国の軍事技術と忍者の忍器］

❖髙村武幸

一般に日本で忍者が最も活躍したとされる室町時代・戦国時代は、世界史・東洋史の視点からみると、大航海時代といわれる時期を迎えたヨーロッパの勢力がアジアに進出し、またそのアジアでも海上交易の伸展がみられた、「世界の一体化」の時代であり、日本でも通商や軍事衝突を通じて近隣諸国や欧州との交流が行なわれた。

忍者の用いたとされる兵器の中に、火薬を用いたと考えられるものがあることはよく知られている。例えば、映画やドラマの時代劇などで、忍者が姿を消すにあたって煙幕をさく裂させるシーンなどがあるが、有名な忍術秘伝書の、藤林保武『万川集海』（一六七六）にみえる火薬忍器としても、抛火矢（手投炸裂弾）・飛火炬（火薬付の矢）・埋火（仕掛け地雷）などがみられる。

よく知られている通り、火薬は世界三大発明の一つともいわれ、中国発祥であり神仙思想において、不老不死のために使う丹薬作成の副産物として生み出されたとされる。唐末から宋代（十世紀）に木炭を混ぜた黒色火薬が完成したようで、北宋期の兵学書である曾公亮・丁度『武経総要』（一〇四三）に製法が記されている。日本にも文永・弘安の役（一二七四・一二八一）などを通じて、火薬武器が知られるようになった。明代の兵書・茅元儀『武備志』（一六二一）に掲載された火薬武器をみると、炸裂弾類（投石機で飛ばすものが多い）・火薬付の矢・地雷類など、先に掲げた忍者の忍器とかなり共通点が多く、忍器は文永・弘安の役以来の軍事的な交流の結果である、と考えたくなるようなものも多い。

とすれば、忍者が用いたとされる「忍器」の中にも、そのような近隣諸国や欧州との交流の影響の痕跡がみられるかどうかを、特に近隣諸国の中でも中国を中心に検証しておくことは意味のあることだろう。

中国との比較を試みる前提として、中国の兵器や戦術・戦略を含めた広義の軍事技術は、春秋時代（前八～前五世紀）の末期から戦国時代（前五～前三世紀）にかけて、大規模集団戦や城郭都市攻防戦の増加を背景に発達した部分が大きい点を理解しておく必要がある。もちろん、個々の兵士が用いる個人用の兵器が基本となるが、それらの兵器を装備した兵士が、数万から数十万の単位で、広大な地域に展開し、あるいは堅固な城郭を持つ都市を巡って、攻防を行なったのである。

具体例を示してみよう。今から二〇〇〇年ほど前の漢王朝の時代、木や竹の札に文字を記した「簡牘」が用いられていたが、それが今日、大量に発掘されている。その中でも、甘粛省や内モンゴル自治区で出土したものは、辺境駐屯軍の書類が多く、そこから軍隊の編成が詳細に判明している。辺境駐屯部隊は上級指揮官である都尉（現代軍隊でいえば連隊長、大佐相当）のもと、機動戦闘部隊の騎兵集団と警戒監視担当部隊の候望組織とに分かれ、候望組織は中級指揮官の候（中隊長、大尉相当）や下級指揮官の候長（小隊長、准尉相当）・燧長（分隊長、下士官相当）からなる、まるで現代の軍隊をほうふつとさせる組織を編成して運用されていた。このような軍隊が、野戦や城郭都市攻防戦を戦ったのである。

このようにみてくると、忍者の忍器と、中国の兵器が似ているということについて、少し疑問がでてくる。忍者はゲリラ戦や隠密行動を得意としているとされる。一方、中国の軍事技術は隠れようもない数千・数万の大軍が組織的に攻防を行なうにあたって発達してきた。とすると、そもそも中国において集団戦・城郭都市攻防戦にも多く用いられた火器と、忍者の活動において使用される火器がよく似ているというのは、両者の使用目的が違うということを考えると、不可解といえる。藤田和敏氏によれば、こうした忍器は必ずしも戦国時代の現実に即している部分ばかりではないという。

もちろん、用途が異なっても結果的に似るということはあり得る。しかし、火薬使用のもの以外でも、梯子や、水路をわたるためのやや大型の渡河器具なども、『万川集海』に記載されたものとよく似たものが、中国の『武備志』に載っている。これらは中国では城郭都市攻略戦などに用いられたものであり、素人目にみても、どうもゲリラ戦や隠密行動に適した道具とはいいがたいものが多い。このようにみてくると、少なくとも『万川集海』に載っている忍器のうち、『武備志』記載の兵器と似ているものは、実際に忍者が使ったものが載っているとは思えなくなってくる。いい方を変えると、『武備志』と『万川集海』の類似点の多さは、結果的に似た、ということでは説明できない、といえる。

✶

この『武備志』という書物は、日本に伝来しており、しかも寛文四年（一六六四）に日本でも印刷されて刊行されている。『万川集海』ができる十二年前のことである。当然、兵器の図版なども載っている（別添図版参照）。すなわち、『武備志』は中国にしかない書物ではなく、日本でもみられたものであり、『万川集海』の筆者も読んだ可能性が否

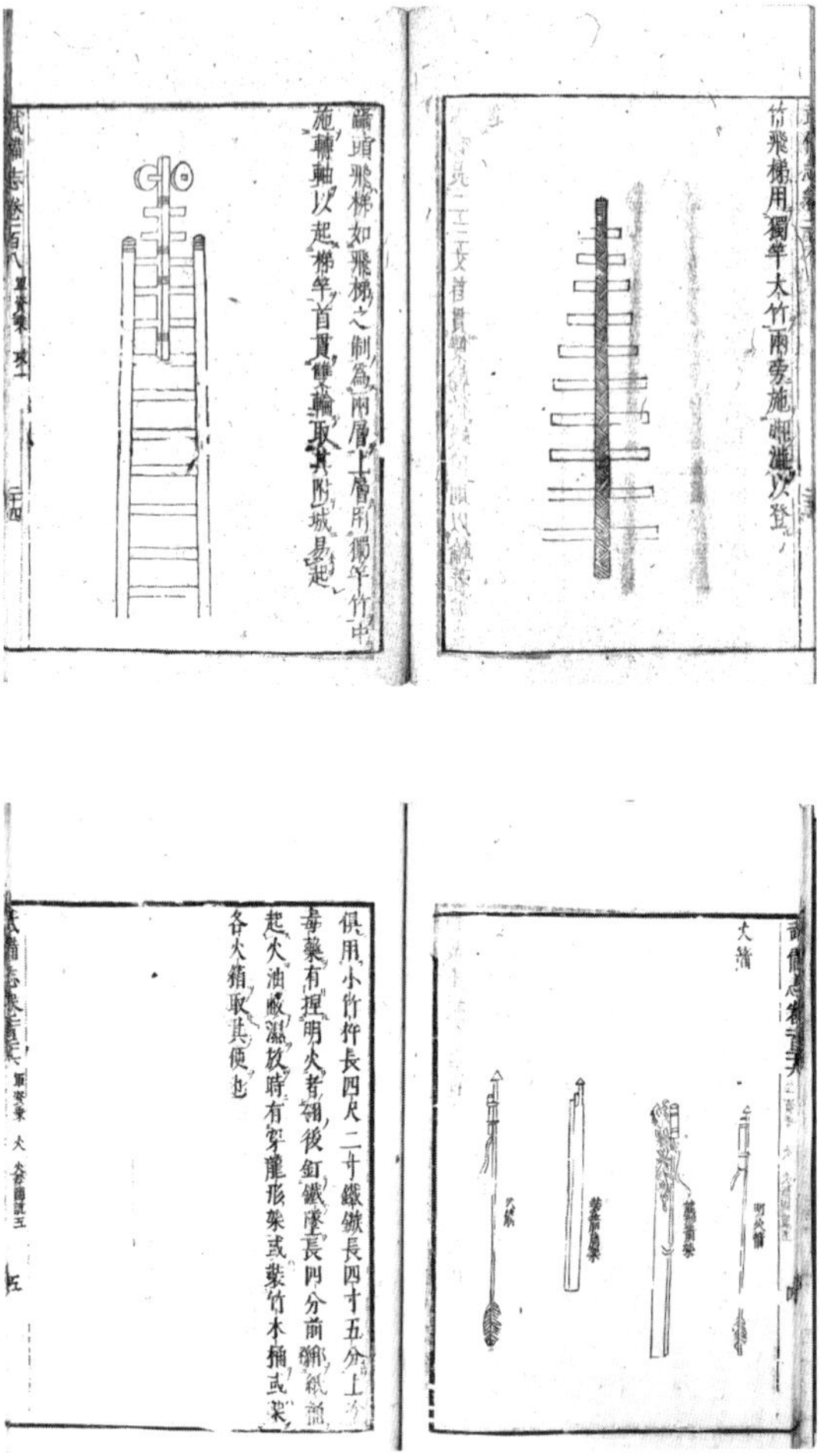

日本・寛文四年刊行『武備志』（公益財団法人東洋文庫所蔵）

定できないのである。とすれば、『万川集海』に載る忍器のうち、『武備志』類似のものは、忍者が実際に利用していたというよりは、『武備志』の記載をとりこんだもの、とみなす方が正しいのではなかろうか。

また、『万川集海』には、兵学書をはじめとする漢籍の影響が随所にみられる。とすれば、忍器については実用品ではなく『武備志』にヒントを得て創作されたものも多々あるとしても、他の漢籍の影響がみられる部分は様々な漢籍からの引用であり、全て『武備志』に頼ったものではない、という可能性が残る。

しかし、これも詳しくみてみると、忍者ファンの方々には残念なことだが、原典からではなく『武備志』から引用した、という可能性は否定できない。というのは、『武備志』には歴代の有名な中国兵法書のダイジェスト版が掲載されており、『万川集海』に引用された程度の内容はほとんど載っているようである。もちろん、『万川集海』の筆者が、原典をみずに『武備志』だけをみていたとまで断言することはできないが、兵器の図版などを参考にしたのであれば、ダイジェスト版もかなり参考にしたと考えるほうが自然であろう。

このようにみてくると、『万川集海』からみる限り、前近代中国の軍事技術が忍器に与えた影響としては、『万川集海』のフィクション的な部分の源流になったものの、現実的な面ではさほど大きいものとはいいにくい、と考えておくのがよいだろう。

もっとも、それで『万川集海』が無価値な書籍だということには全くならない。むしろ、日本で漢籍がどのように受け入れられたか、という一つの事例として、非常に重視すべき例だといえるのである。

なお、前近代中国にも忍者のような諜報に従事した人々の活躍がなかったわけではない。むしろ、戦国時代には盛んだったといえる。例えば司馬遷『史記』には、戦国時代の王族や大臣に仕えた「食客」の活動が垣間見られるが、その中に、諜報活動的なものもある。戦国・魏国の公子である信陵君のもとには、彼が抱えた「客」によって他国の正確な機密情報まで伝わってきていたというし、斉国の孟嘗君が抱えた「客」にはコソ泥のような者もいて、孟嘗君がその潜入・物品盗取の技能で危機を脱した話（鶏鳴狗盗）

もある。ただし、そうした人々の姿はあまり明確ではない。中国では、『孫子』十三篇兵法に説かれるように、諜報を実施するのは当然であって、それに従事した人々を格別取り上げて史書に記録を残したり、フィクションにまで仕立て上げるような発想が薄かったのであろうか。

筆者は中国古代の秦・漢時代（前三〜後三世紀）を専門とするため、そこから一〇〇〇年以上ものちの時期については門外漢であり、ましてや日本史に関連する部分は基本的な点での誤解なども多いと思うが、問題提起の一つとしてみていただければ幸いである。

参考文献

永田英正『居延漢簡の研究』（同朋舎、一九八九年）
藤田和敏『〈甲賀忍者〉の実像』（吉川弘文館、二〇一二年）
村井章介『世界史のなかの戦国日本』（ちくま学芸文庫、二〇一二年、原著一九九七年）
籾山明『漢帝国と辺境社会――長城の風景』（中公新書、一九九九年）
藪内清『中国の科学文明』（岩波新書、一九七〇年）
湯浅邦弘『よみがえる中国の兵法』（大修館書店、二〇〇三年）

※ここに掲載した日本で寛文四年に刊行された『武備志』の図版は、公益財団法人東洋文庫所蔵のものを、同文庫の許可を得て掲載したものである。

「日中における漢字の意味の比較――「忍」を中心に」

❖趙　剛

同じ漢字を使う国として、中日両国は長い友好交流の歴史があった。漢字がいつ日本に伝わったか、その年月は確かなものではないが、『日本書記』に見られる漢文の使いこなしぶりから見れば、少なくとも西暦七二〇年頃までに、漢字文化はすでに日本に深い影響を与え、漢字は一般的に使われていたと考えられる。

同時に、中国文化が日本に受容された過程は長かった。『後漢書・東夷伝』に記述された、紀元五十七年倭の国の使いが洛陽に赴き、漢の光武帝に謁見し金印を頂戴した時期から、『三国志・魏書倭人伝』にある紀元二三九年卑弥呼が魏国から銅鏡と金印を貰った時までの間約一八〇年間、日本に関する歴史記録はすべて中国の史書によるものであった。その後、中国大陸は魏晋末期の戦乱期に入り、海の向こうにあった日本への興味が薄くなり、史書における日本に関する記載は約一五〇年間の空白があった。

日本が再び中国の史書に現れたのは『宋書・倭国伝』であった。『宋書』によると、日本は四世紀に大和朝廷を樹立した。五世紀前後には倭国の五人の王（賛、珍、済、興、武）が使いを遣わし、中国の朝廷に位を求めた。中国が全面的に日本に影響を与えたのは唐の時代であった。紀元六三〇年に犬上御田鍬が初代遣唐使として唐の国に遣わされたが、八九四年に菅原道真が遣唐使を中止するまで約二六〇年間の間、日本は約十八回にわたって留学僧を中国に派遣した。彼らは唐の進んだ制度、文化、宗教などを学び日本に伝えた。文字は知識を伝播する道具として、当時の日本社会に重要な影響を与えた。

しかし、近代、特に明治維新後、中日両国の文化交流は中国から一方的に日本に影響を与えるものでなくなった、日本文化も同様に中国に影響を与え、ある意味においては双方の影響力が逆転した。そこで中日両国は文化の面において互換性が生じ、各々の特徴が現れている。

日本では漢字に音と訓がある。中国の漢字「忍」には「しのび」の訓が当てられているが、もともと中国で作られた漢字「忍」と和語の「しのび」はぴたりと一致するものではない。

たとえば「しのび」の語意として代表的な「目立たないようにすること」は、「忍」の字にはもともとない意味である。よって、日本の「忍者」イメージが伝わる前のある年代以上の中国人にとって「忍者」は単に「我慢する人」であり、「糖尿病忍者（糖尿病治療のために食事を我慢する人）」といった使われ方をしていたのである。

にもかかわらず、「しのび」の漢字に「忍」を日本人が選んだ理由は、あるいは「忍」に「しのび」の訓を日本人があてた理由はどこにあるのか。

本稿は、根本に戻って、中日両国の「忍」「しのび」のそれぞれの意味を丁寧に確認し、なぜ「忍」は「しのび」なのか検証するものである。

◉一、「忍」の中国語の意味について

「忍」の中国語の意味は主に以下の三つである。

一つ目は「忍耐」である。『説文解字』に「能也、従心声。忍義為忍耐・容忍。心為形符、刃為声符」とあるように「忍」は忍耐を意味する。

「忍」の字が最初に書物に使われたのは中国最古の歴史書『尚書』である。夏の桀王の暴虐について『尚書』「湯誥」は以下のように記す。

> 夏王徳を滅らし、威を作し、以て虐をこれ万方の百姓に敷く。これ万方の百姓、その凶害に罹り、荼毒に忍びず。并びに無辜を上下神祇に告ぐ。
>
> （夏王滅徳作威、以敷虐于爾万方百姓。爾万方百姓。罹其凶害、弗忍荼毒、并告無辜于上下神祇。）

夏の桀王が天の意志に背いていたずらに威張り、民衆がその暴政に耐えられなくなり、天地の神にその悪を告げたという意味である。

『論語』「八佾」にも同じような用例が見られる。魯の大夫季孫子が天子しか許されていない八佾《いつ》の舞を自分の家の庭で舞わせたときの孔子の言動は次のようなものであった。

孔子、季子を謂う。八佾庭に舞わす。是を忍ぶべくんば、孰《いず》れをか忍ぶべからざらん。
（孔子謂季氏、八佾舞於庭、是可忍也、孰不可忍也。）
（孔子は季氏を批評した。季氏は天子のみ許された八佾の舞を自分の家の庭で行った。もしこのようなことでも耐えられるならば、どんなことでも耐えられよう（自分は耐えられない）。）

このように外的な要因に対して、耐え忍ぶのが「忍ぶ」の第一の意味である。

二つ目は「我慢」することである。『荀子』「儒效」に「志《こころ》は私《し》を忍びて、然る後に能く公《こう》：行は性情を忍びて、然る後に能く脩《しゅう》」（志忍私、然後能公：行忍性情、然後能脩）とあるように、「心に私欲を我慢できてから公正になり、行いは性情が我慢出来てから整う」という意味である。自分自身のなかで我慢するという内的な克己心に関係する。

三つ目は「残酷」という意味である。漢の賈誼の政治論を収めた『新書《しんじょ》』「道術篇」は「惻隠人を憐み、これ慈と謂う。慈を反すを忍となす」（惻隠憐人謂之慈、反慈為忍）と記す。惻隠の心を持って他人を愛することがすなわち「慈」である。「慈」の対義語として「忍」がある。つまりむごいこと、無慈悲なことを指す。

以上のような三つの「忍」の意味をさらに整理するために「忍」の字を使った熟語を見てゆく。日本語でも「忍耐」「隠忍」「残忍」などは使われるが、それとは違う熟語を取り上げる。

第一の「忍耐」に関連して、「耐え忍ぶ」の意味を含む熟語は中国では以下が見られる。

忍詬：恥に耐える。清末の社会小説である劉鶚『老残游記続集遺稿』第四回に「これから三爺を呼び、銭がないが故できない原因を教え、そして、彼のために恥を耐えてきた理由を伝えて、決断してもらう」とある。

忍辱負重：屈辱に耐え、責任を負う。『三国志』「呉書」陸遜伝で陸遜が将軍らに「国家が諸君を屈して相い承望しむる所以は、僕が尺寸の称すべきありて、能く辱を忍んで重きを負う故なり」（国家所以屈諸君使相承望者、以僕有尺寸可称、能忍辱負重故也）と述べる。「能く辱を忍んで重きを負う故なり」とは「一時の屈辱を忍んで、重責を負えるからである」という意味である。

忍無攘詬：『離騒』は讒言によって朝廷を追われた屈原が詠んだ詩で『楚辞』を代表する作品である。『離騒』に「心を屈して志を抑え、尤《とが》めを忍び詬《はじ》を攘わん」（屈心而抑志兮、忍尤而攘詬）の一節がある。暫く屈辱を耐え、無実の罪の晴れをまつのである。

第二の「我慢」に関係して、次のような熟語がある。

忍性：『孟子』「告子下」に「心を動かし性を忍ばせ、その能くせざる所を曾《ぞう》益せしむる所以《ゆえん》なり」（所以動心忍性、曾益其所不能）とある。趙岐は注に「忍性とは人のもつ本性を堅忍不抜に辛抱強くさせること」（所以動惊其心、固忍其性、使不違仁）と書いた。『荘子』「列御寇」には「性を忍びて以て民に視《しめ》し、而して信ならざるを知らず」（忍性以視民、而不知不信）とある。「忍性」とは性情を自制する意味である。清末の武侠小説『児女英雄伝』第三十七回に「この子は無論自制が足りないが、あの娘も情には心使いが至らない、ともに非があるのだ」という用例もある。

忍忍：『後漢書』「文苑列伝」（崔琦）に「客、その志を哀れみ、実を以て琦に告いで曰く『将軍、吾をして子《なんぢ》に要《もと》めしむ、今君の賢者なるを見て、情懐《じょうかい》忍忍たり、亟《すみやか》に自ら逃るべし、吾も亦たここにおいて亡《のが》れん」とある、李賢注には「忍忍、猶忍びざるなり」と説明する。

忍涙：杜甫の『奉送郭中丞兼太僕卿充隴右節度使』漢詩に「漸く衰え那《なん》ぞ此に別れん。涙を忍びて独り情を含む」「漸衰那此別、忍涙独含情」とある。「だんだん年をとって衰えてきたからといってどうしてここでお別れできましょう。涙をこらえて独り心のなかで思いいだく」と「涙をこらえる」の意である。

第三の「残酷」に関する熟語は以下のものである。

忍人：『左氏伝』「文公元年」には商臣という人物を太子に立てるかというときに「且《か》つ是《こ》の人や、蠭目《ほうもく》にして豺声《さいせい》、忍人なり。立つべからずと」（且是人也、蠭目而豺声、忍人也、不可立也）と「それにこの人（商臣）は蜂のような目つきで山犬のような声をだす残忍な人です。太子に立ててはいけません」と「忍人」が「残忍な人」の意味で使われている。なお現代中国語でも用いられる時がある。

忍心は二種の意味があり、先に紹介した「我慢」の意味があるほか「心を鬼にする」の意味がある。『詩経　大雅』「桑柔」には「維《こ》れ彼の忍心は、是れ顧み是れ復す」（維彼忍心、是願是復）とあり朱熹が「忍、残忍也」と注を残している。

そのほか、忍は重要な仏教用語でもあり、宗教と密接な関連がある。例えば、

忍土：婆娑世界（現世世界）を意味する。梵語であった「婆娑」は「忍」と意訳され、または「堪忍世界」の意味を持つ。『悲華経』「諸菩薩本授記品」には「何因縁故名曰娑婆、是諸衆生忍受三毒及諸煩悩、是故彼界名曰忍土」（娑婆が忍土）と記してある。また中国南朝時代の梁の沈約の『光宅寺刹華銘』には「方当銷巨石於賢劫、拯未来於忍土」とあるがこれも仏教語である。

忍辱草：にんにくである。仏教の典籍には雪山に草があり、その名は忍辱と言い、牛羊これを食べ、即ち醍醐となるという（『涅槃経』二七「獅子吼菩薩」）。唐の宋之問の詩「游法華寺」には「晨行踏忍草、夜誦得霊花」とある。

忍辱鎧：袈裟の別名である。忍辱はすべての災害を防げるために、甲鎧を喩えとした。『法華経』「勧持品」一三では「悪鬼はその身に入りて、吾を罵詈毀辱す。我等は仏を敬信して、当《まさ》に忍辱の鎧を著《き》るべし」（悪鬼入其身、罵詈毀辱我。我等敬信仏、当著忍辱鎧）とある。

以上の分類からわかるのは「忍」の字は古代語でも現代語でもすべて心の中の世界を表すのに使われるということである。まさに民間のことわざのように、「忍の字は心の上に刀を置く」のである。中国語で「忍」は主に自己の情緒を抑えるのに使う表現である。

◉二、「忍」の日本語における「忍」の意味について

（一）日本における「しのび」の語意

中国語と比べて、日本語の「忍」の意味は更に多様である。まずは「忍」の読み方も幾つかあり、そして使い方も多様である。

日本語の「忍」漢字の音読は主に二つある、それぞれ呉音「ニン」と漢音「ジン」である。訓読には三つありそれぞれ「しのぶ」「しのばせる」「しのび」である。

「しのぶ」には「忍ぶ」以外に「偲ぶ」という字があるが、これは上代ではもともと「しのふ」と濁らず、別語である。意味も「過去や遠くにいる人物を思い慕うこと」であり今回の考察から外す。

和語「しのぶ」の本義は「気持ちを外に出さないようにする」ことである。

たとえば『万葉集』巻十七の平群氏女郎が大伴家持に贈った歌（3940）に

万代《よろづよ》に心は解けてわが背子《せこ》がつみし手見つつしのび（志乃備）かねつも

とある。「いつまでも（仲良く）と、誤解が解けて、あなたがつねった手をみるたび、恋しさにたえられません」という歌であり、「しのび」は「恋心を抑える」意味で使われている。なお原文は万葉仮名であり「しのび」には「志乃備」の字があててあり、「忍」の字は使われていない。

ただし、中国語の「忍」＝「忍耐」「我慢」も早い時期に日本に入ってきたようである。

同じく『万葉集』巻十六の作者不明歌（3795）は、女が男に求婚する、

辱《はぢ》を忍《しのび》辱《はじ》を黙《もだ》して事もなく物言はぬさきに我は寄りなむ

という歌がある。「恥を忍び、恥と知っていて、はしたないことを言うよりも先に私はなびき寄りましょう」という意味である。万葉仮名では「辱忍　辱尾黙」である。この歌は漢籍に明るい知識人によるものとみなされており、中国語「忍辱」の影響があると思われる。

我慢することや耐えることは、「しのぶ」の意味のひとつとしてその後定着する。『栄花物語』巻二十六「楚王のゆめ」で、院源座主が娘を亡くした藤原道長に「仏だに凡夫におはせし時、堪へがたき事を堪へ、しのひがたき事をよくしのひ給てこそ、仏ともなり給」と仏を例にあげて諭すのだが、ここで「しのぶ」に我慢や忍耐の意味があるのは明白である。

日本語の「しのび」の特徴である「動作を目立たないよ

うにする。隠れたりして人目を避ける」の意味は平安期にはよく見られる。「しのぶ」で「隠れる」「目立たないようにする」の意味では四段活用しかなく、この意味での上限と関係していると思われる。

『古今和歌集』（九一三年頃成）の巻十三恋歌三（613）の詞書に在原業平が「しのびなる所なりければ、門よりしもえ入らで、垣のくずれより通ひける」とある。

『蜻蛉日記』上「安和元年」（九七五年頃成）には「しのびやかにと思ひて、人あまたもなうて出て立ちたる」（目立たないようにと思って、供の人もなく出てきた）などの用例がある。

なお「しのぶ」はもともと上二段活用であったが、「偲ふ」が「偲ぶ」と音韻変化しかつ意味の接近から語形も接近して、「忍ぶ」も四段活用になっている。

『平家物語』巻十二「六代」には北条時政が「平家の子孫京中に多くしのんでありときく」と述べている。

「忍びの者」を「しのび」と呼ぶのは南北朝頃かと推測する。『万川集海』など『日本書紀』に天武天皇が多胡弥という忍びを使ったとするが、実際の記録にはない。聖徳太子が大伴細人という「志能便」という忍びを使ったという説も記紀にはない。神武天皇に仕えた道臣命《みちのおみのみこと》は実在し、武功を立てるが忍術をつかったわけではない。『日本書紀』推古天皇九月に「新羅之間諜」が登場するが「うかみ」とふりがながついている。

職能としての「しのび」の発生は鎌倉末期であり、その頃に「忍び」の名称ができたと考えるのが自然かもしれない。

以上のように、「しのび」は「思いをこらえる」ことが本義でそこから「我慢」や「忍耐」の意味も入ってくるようになった。平安頃より、「目立たぬように、こっそり」という意味も発生する。ここでは「思いをこらえる」＝「人に知られないようにする」という和語の意味からの派生と考えておく。

（二）「忍」の神道背景

本稿では「忍」が「しのび」に使われるようになった理由に神道的な背景を想定する。神道において「忍」の字は「オシ」と読み、そして神の名前によく使われている。

天忍日命《おしひのみこと》、天忍雲根神《あめのおしくもねのかみ》、天忍男命《あめのおしおのみこと》、天忍女命《あめのおしひめのみこと》、天忍人命《あめのおしひとのみこと》などがある。

そして、神道の中に隠身という言葉がある。『古事記』には、「天地《あめつち》初めて発《あらは》れし時、高天原に成りし神の名は、天之御中主神《あめのみなかぬしのかみ》。次に高御産巣日神《たかむすひのかみ》。次に神産巣日神《かむむすひのかみ》。此の三柱の神は、並《とも》に独神《ひとりがみ》と成り坐《ま》して、身を隠《かく》しき」とある。

関連して、本居宣長は『古事記伝』でここの「隠身」を「かくしたまひき」と読んでいる。つまり神は人の目には見えないが、実際存在して、そして人に尊敬されるべきと宣長は見ているのである。このように身を隠して人の目を忍ぶ行為が神道で尊ばれていることは「しのび」の自称にも影響を与えたに違いない。身を隠すことは決して卑しいことではなく、尊ばれる行為だからである。歴史的な「忍び」が呪術的なものと結びつくこと、たとえば「隠形の術」が摩利支天と関係した秘術であることは山田雄司「「しのび」の実像」（『忍者文芸読本』）が説くことだが、用字の方面からもいえることではないかと考える。

参考文献

『辞源』（商務印書館、一九八一年）

『康熙字典』（上海辞書出版社、二〇〇八年）

『現代漢語大詞典』（上海辞書出版社、二〇一〇年）

『日本神名辞典』（神社新報社、一九九四年）

『日本国語大辞典』第二版（小学館、二〇〇三年）

本居宣長『古事記伝』（岩波書店、一九四〇年）

許慎編『説文解字』（中国書店出版社、二〇一一年）

諸橋轍次『大漢和辞典』（大修館書店、二〇〇〇年）

佐伯有義監修『神道大辞典』（臨川書店、一九八六年）

『忍者文芸読本』（笠間書院、二〇一四年）

［藤田西湖の忍術研究］

川上仁一

「藤田《ふじた》西湖《せいこ》」は、現代では余り世間に知られていないが、知る人ぞ知るという異才の人であった。西湖は八歳からの雅号であると自著にあり、本名は勇であったと記す。

大正から昭和の時代にかけて活躍した、忍術研究のパイオニア的存在であり、実演と共に忍術を紹介した、稀有の能力を有する人物である。

自ら「最後の忍者」を称してマスコミに頻繁に登場し、武術や忍術の書なども著している。

明治から大正の時代には超能力や霊術で、大正末頃からは忍術の講演活動を中心に名を立てていった。

藤田氏の足跡を辿ると、大きくは、霊術家・忍術家・武術家という姿で捉えられ、実践者であると共に真摯な研究者でもあった。

戦前・戦中は、時局との関連で軍部にも深く関わり、武道や忍術、思想の教育を行なっている。

戦後は武道界の重鎮として貢献し、昭和三十年代の忍術ブームの中で注目され、雑誌取材などを通じて忍術研究の成果を紹介した。

戦前からの著書や取材記事などによると、藤田氏は忍術を軍事探偵術（スパイ術）と位置付け、忍術秘伝書『万川集海』を柱にして忍術を解説している。そこでは術技の解説だけに留まらず、自ら行なったとする修行法や、「忍道」として、忍術の本義の精神を述べている所に特徴がある。「殪れても尚已まざる」堅固な精神を説き、「忠」は時代を越えて、社会や人にも必要であり、「忍道」の心として、忠を尽くす「忍耐」であると意義付けた。

◉一、人生から伺う忍術研究の背景

誇張や創作が含まれ、真実の確認が困難なケースも多々有るが、自伝である『最後の忍者』（日本週報社、一九五八年）を主な拠り所に、その経歴と戦前の著作から、藤田氏の忍術の背景を概括してみる。

時代の背景もあるが波乱の人生であり、常に世間の注目を浴びながらの、如何にも「忍術家」らしい、謎ある異能の人物だった。

自伝では明治三十二年（一八九九）に東京の浅草で出生し、幼時より、優秀だが腕白で強烈な個性を発揮したとする。六歳の頃より祖父につき忍術修行を行い、十三歳の時に祖父が亡くなり道統を継いだという。この間には関東の行場である、武州三つ峰の山中で山伏修行も行なったそうだ。

幼時より不思議体験を持ち、今日に超能力といわれる千里眼を発揮して、世間の注目を集める。折しも明治末頃は、心霊や催眠術、幽霊などの精神世界の研究が盛んに行なわれた時代であり、少年期の藤田氏は注目されたのだろう。

幼年時代からの、稀有な千里眼や透視術の特殊能力は、修験道や忍術、武術の修行により益々磨かれ、旺盛な学究心から、様々な学問を研鑽し知識も得ながら世間を賑わせる。

二十歳前には法律も学びたいと数校の大学に入学するも、事情により退学となり、結局大正八年（一九一九）日大の宗教科を卒業する。その間にも武術だけでなく、易学から歌舞音曲、茶道、生花、絵画等々に至るまで修得し、博学多識の求道者であった。

忍者はあらゆる職種にも変じ、他より悟られぬ活動を行なうため、各種の技芸や職種の知識を習得する必要性が有る。藤田氏は天賦の才の上に努力を積み、身を以てこれを証明している。武道では二十歳前に師範級の実力を有し、警察関連で柔剣道の指導を行ないながら、複数の新聞社の社会部記者として働いていたようだ。

父君の職（警察官）や、千里眼能力発揮で関わる人脈より、若いが才有り優秀な者として世間の引立てがあったのであろう。この頃の、情報を得る記者活動は、その後の幅広い交遊の基となったのではと推測される。

大正時代は、講談本の立川文庫が幅広く読まれ、特に「猿飛佐助」などを主人公とした忍者物が流行した。これを魁として映画や小説でも忍者関連が夥しく創作され、忍術ブームの様相であった。併せて大正六年（一九一七）には伊藤銀月（一八七一～一九四四）が忍術の解説書『忍術の極意』を発行し、類書もそれ以前から種々出版されていた。

　同時期に活動した藤田氏は当然に閲読し、何らかの影響も受けたのではと考えられる。

　大正十年（一九二一）頃には記者を辞め警察や軍関連の武道師範をしながら、結社を作り政治活動も行った。才や実力だけでなく、常に人が集まる人間的魅力の有る性格だったのだろう。

　藤田氏はまた、当時に盛行してきた不思議現象を解明し実践する、「霊術」（心霊術・法術・催眠術・心身鍛錬術など）の方面でも、活躍する。「修霊鍛身会」を創り、大正十一年（一九二二）頃には「国本教会」なる宗教をも立てている。ここでは藤田式修霊鍛身法を中心に、心霊術や精神療法などを指導し、忍術はその一部分だけであった。

　この頃より、霊術と併行して各地で忍術の実演を伴う講演会も開催し、反響を得るようにもなっている。演ずる内容は昭和になっても同様であるが、中国の気功のようなものを主に、霊術と共通するものも多い。

　本来の忍術は、大衆の前で演じられるものではなく、致し方ない所ではある。


　昭和前後の時期には、霊術より発展して皇漢医学を主に研究を重ね、昭和四年（一九二九）には自ら創始した、一切の真理を探究する組織「研真会」より医療書を上梓している。

　このような広汎な活動の中で、政・官・財の有力者とも親しく交流するようになり、「忍術家の藤田」として各界への存在感も示すようになっていった。

　昭和の激動の時代となると、豊富な人脈の中でも殊に軍部との交流が深まる。

　霊術の時代から携わった、陸軍戸山学校だけでなく、士官学校、陸軍大学などの最高学府でも武術や戦闘の指導を行なうようになっている。これは、人格と共に、相当な学識と実力を有していないと務まらない職である。

　昭和六年（一九三一）満州事変が勃発すると、軍の要請により、特殊任務を遂行したり、将校や情報機関での特務（諜報・暗号解読・変装・暗殺・忍び込みなど）の教育に従事したという。

　昭和十一年（一九三六）には千代田書院より『忍術秘録』を発行し、当時も映画や小説で盛んに取上げられた、虚構の忍術を正すべく実体を紹介した。この書では忍術は、軍事探偵を目的として工夫され発達したものとして説いている。それまでの忍術解説書では取上げられたことの無い、伊賀・甲賀の忍術秘伝書『万川集海』を骨子として著しているのが注目される。

藤田氏の軍部での活動の中で特筆すべきは、日本で唯一無二の秘密戦士養成機関、「陸軍中野学校」での教育である。

中野学校は諜報、宣伝、防諜の専門要員を養成する機関であり、昭和十三年（一九三八）の設立時から関わり、精神教育と忍術、武術の教官を務めている。伝統の忍術を、近代戦に活用すべく工夫し指導したようだ。

同時期に『忍術とは』（東京講演会出版部）を発行しており、「忍道」として忍者精神も解説している。

昭和十七年（一九四二）には『忍術からスパイ戦へ』（東水社）を著したが、以後は自伝以外の専門的な忍術解説書は出されていない。

戦後は、武道の研究と振興を中心に尽力し、史料に基づく古武道の専門書を多数著している。

昭和三十年代の忍者ブームの時代からは再び注目され、「最後の忍者」としてメディアにも度々登場し、忍術の実体につき実演と共に講じる活動を精力的に行なった。

◉二、忍者・忍術観の特徴と功績

藤田氏の忍術解説に関する著作は、主要部分のほとんどが『万川集海』に依拠している。

祖父より伝承したとする、忍術の具体的内容は不明であるが、『万川集海』以外の史料を活用している部分は余り見当たらない。

藤田氏以前の忍術解説書は、多くは『正忍記』に拠るが、技法だけでなく精神論を説く藤田氏には、『万川集海』は纏まった史料として、具体的であり好都合だったのだろう。

忍術は日本の武道精神から到達した、精妙な武術として解釈しているが、内容には近年の格闘術のようなものは全く登場しない。

時代の反映もあるが、軍事探偵を目的とする術として忍術を解説し、処世や健康といった、一般生活の中での忍術活用論は少ない。また、実証的な歴史に関しても記述は僅少であり、専ら技法や精神論を述べている。

「忍術の忍は忍耐の忍なり」とし、あらゆるものに打克ち、死んでもやり抜く心が「忍道」の精神であると強調する。

実践していたとする過酷な忍術修行を基に、技芸修得や学究の努力、波乱万丈の豊富な人生経験から来る信念でもあったのだろう。

この忍者精神は、忍術秘伝書でも冒頭に記される事項であり、藤田氏の独創とはいえないが、昭和三十六年の、雑誌『中央公論』(一九六一)の記事の中では更に進め、如何なる艱難をも克服し実行する「尽忠報国」の心としても説いている。

「忠」の心は古い価値観ではなく、主や国に止まらず、社会や人に対しても必要であるとする解釈である。

忍術の精神や技術は、時代に即し工夫すれば、時を越えて活用可能とするのは、近代の忍術研究者の共通意見である。

「忠」は真心を尽くして忠実なことを意味するが、忍術の技法だけでなく、忍者精神にまで意義付けた藤田氏の研究は、人としての普遍的な価値観を呼び起こすものである。

✴

藤田氏は実際に自ら心身を鍛錬し、実践しながら研究し、発表もなした稀有の人物であった。深遠を覗くように謎多い生涯を通じ、正しく名実共に「最後の忍者」の呼称に相応しい活動を行なった。

戦後、衰退した武道の復興だけでなく、世人の持つ荒唐無稽の忍術観から脱却して従来の認識を改め、実体を探究する研究に大いに影響を与え貢献したといえる。

収集した多種の資史料からも術技を研鑽し、資史料を散逸しないよう整理保存し、後世の研究に資せられたことは最大の功績である。

今年は藤田氏の没後六十年の節目に当る。

世界中で忍者が持て囃される時代であるが、「未だ未だ全く解っていないな!」と、稀代の傑物、「最後の忍者、藤田西湖」は呟かれていることであろう。

❖トークセッション……

海峡をこえる忍者——日韓をつなぐ

荒山徹×金時徳×吉丸雄哉

吉丸　本日司会を進行させていただきます。まず、このような場を設けるにあたって、多くの方にご協力いただきました。御礼申し上げます。

なお、今回は前近代の話も多いので、朝鮮人という言葉を朝鮮民族の意味で使わせてもらいます。また「文禄・慶長の役」は、ちょっと舌が回らないので「朝鮮の役」と話す場面があるだろうことご了解ください。

さっそくですが本題に入ります。荒山先生の小説は、日本人のところに朝鮮人が現れて、そしてドラマが展開していくことが多いのですが、今回はまさしくそれを地で行くようです。荒山先生も金時徳先生もそれぞれ傑物で、この顔合わせが実現できただけで私は、柳生十兵衛対宮本武蔵ぐらいの感動を得ています。

今日のイベントの狙いを三つ挙げさせてもらいます。まずは荒山先生の小説の魅力を皆さまに伝えたい。私が大ファンでして、それを皆さんに分かってもらいたい。忍者のリアリティーが非常にわれわれを引き付ける一方、小説の中の忍者像が、われわれをひきつけるのもまた事実です。

荒山先生の作風をご存じない方に簡単に説明しますと、山田風太郎的な忍法小説です。魔法的な、超能力的な、超人的な忍者像ですね。そういう忍者像を、われわれは忍者文化の一つとして大事にしていかないといけないのでは。そういった堅苦しいことを抜きにしても、この面白さをみんな分かってほしい、ファンを増やしたいという思いがまずあります。

二つ目は、ちょっとまじめな話になりますけど、忍者研究というか忍び研究ですね、そういう前近代における、それぞれの軍事における諜報戦の問題です。荒山先生は時代小説ですので、それぞれ戦争の中に忍びを描くわけです。それで戦いの中には、お互いの調略戦が出てきます。日本の場合は大体「忍び」と言って、韓国の場合は「間諜」と、中国も同じですね、この字を使うそうです。やはりこれの話を聞きたい。今日は金時徳先生がお越しですので、忍びが行う諜報とか潜入とか破壊、暗殺などの活動というのが、両国でどのように行われていたかという。

韓国では今でも間諜が、リアリティーのある問題でして、われわれが忍術書を読む以上に、情報収集に関することにはセンシティブだそうですが、今日は取りあえず歴史面においてそれぞれを比較していきたい。
もうあと一点。荒山先生の小説は、朝鮮人あるいは朝鮮半島が出てきます。そういったテーマの荒山先生の小説自体が時代小説の中でどのような位置を占めて、なおかつ韓国における現代的な時代小説と比べてどうなのか。また、古典的な軍記あるいは小説と比べてどのような特徴があるのか知りたいのです。
金時徳先生はいわゆる朝鮮軍記のことを研究して、その朝鮮軍記に見られる戦争の論理を解き明かしてこられた人でして、一種現代の朝鮮軍記と言える荒山先生の小説を金時徳がどう見ているのか知りたくて、今日お呼びしました。
いきなりハードな話をしてもいいのですが、ちょっと軽めに、お二方にそれぞれ伊賀市の印象を聞こうと思います。まず荒山先生からお願いしていいですか。先生の小説には伊賀市も、上野も登場するのがありますね。

荒山　伊賀に来るのは二度目なんですが、一度目は夏の盛りで、ちょっとダウンしましてホテルでずっと寝ていただけで、今日が二度目なんですが。ここが忍者の発祥の地なのかという、いわく言いがたい感動に震えながら駅からここまでやってまいりました。

吉丸　では、昨日ソウルからお越しになった金時徳先生に、上野の町の印象を聞きたいんですけれども。

金　昔ながらの城下町の風情がよく保存されている、いい町だなという印象です。留学の時から、学会などで地方に行くと、時間を空けて歩くのが好きでしたが、当時の経験を思い出すならば、山梨と似たような気がしました。古い駅を降りると、向こうに山があり、城下町の古い町並みがあり、そこにお寺がある、いわば昔のいい日本って感じ。それは戦火をよく免れたおかげですが、またそのために、今日いろんな先生から聞いたのですが、若干活気がないようにも見受けられるのは残念ですね。せっかくこんないい町が残っているのだから、もっと宣伝されてもいいのではという印象が受け取れます。

吉丸　ありがとうございます。それではお二人の先生の代表的な作品をそれぞれ挙げまして、その内容に即して話をしていこうと思います。荒山先生の処女作が『高麗秘帖』

でして、入り口でお求めになれますけれども「朝鮮出兵異聞――李舜臣将軍を暗殺せよ」という副題が付いています。今から十四~十五年前の作品になるわけですね。

過去の朝鮮を扱った時代小説を書く人は少ないです。時代小説は一分野あって、日本の場合、本屋へ行くと棚の大きな部分を占めていますね。推理小説と時代小説は非常に売れ行きがいいジャンルです。それでも、あえて朝鮮史と絡めて書く人は少ないです。なぜ荒山先生が朝鮮・韓国に興味を持って、その小説を書くに至ったかを伺いたいです。

荒山　二十五歳まで韓国・朝鮮には興味がありませんでした。新聞記者になりまして二年目に、神奈川県の川崎支局に赴任したんですが、そこで在日韓国・朝鮮人の方たちが指紋押捺拒否運動というのを起こしていまして、それの取材に関わりました。それはもう廃止されたんですが、その当時、外国人登録証には人差し指の指紋を押す必要があったんです。それを彼らは何とか廃止しようという運動を起こしていて、それを取材する過程で、日本という国に対する彼らの、いわく言いがたい憎しみみたいなものを感じまして、一体私の生まれた国は隣の国とどんな関係を過去に結んできたのかということが、非常に気になりまして、それを調べていくうちに深みにはまってしまって、歴史にからめ取られてしまったということですね。

吉丸　留学は語学留学という形だったのですか。

荒山　はい。日本で語学学校に通ったんですが、なかなか身に付かないものですから、行ってしまえと思いました。

吉丸　それは何年ぐらいのことですか。

荒山　一九九六年です。

吉丸　九六年ですか。なるほど。

荒山　八八年がソウルオリンピックでしたので。

金　九六年といいますと、韓国は一番いい時代でしたね。独立以来、一番成長していた時期です。その二年後にはIMF経済破綻がありましたので、バブルの最後にいらっしゃったわけですね。

吉丸　日本人だと同学年で一緒に大学で韓国語を学んでいる方は何人ぐらいいたのですか。

荒山　その当時で五十~六十人いたでしょうか。

吉丸　そうですか。延世大学でしたか。

荒山　語学堂という。はい。

吉丸　延世大学というのは、日本で言うと慶應っぽい感じですね。ちなみに、金時徳先生は高麗大学で。日本の早稲田っぽい感じ、ちょっとバンカラっぽい大学だと。

金　みんなお酒好きな大学なんですね。（笑）

吉丸　「マッコリ大学」というのが別名と聞いています。話を戻しますが、最近荒山先生は韓国に年にどのぐらいの割合で行かれていますか。

荒山　二、三回は行っていると思います。

吉丸　それは、資料集めとか現地調査とかですか。

荒山　そうですね。資料集め、ほとんど書店で時間を費やします。あとは地方に足を伸ばして、次回の作品の取材をするというか。

吉丸　留学の時に既に『高麗秘帖』のアイデアとか、それを書く意識というのはあったのですか。どのぐらいで、小説にしようと思ったのですか。

荒山　留学は丸一年だったんですが、後半ぐらいですかね、日本に戻って、もう職もないし、これからどうやって生活していこうと思った時に、小さい頃から小説を読むのが好きだったものですから、どうせだったら朝鮮の歴史を書いてみたいと思ったのが、留学中の後半ぐらいからでしょうか。

吉丸　それまで読んでいた時代小説とかがあって、好きな作家、好きな作品というのがありましたか。

荒山　時代小説よりも、主にミステリーですとか、国際謀略小説ですとか、ハードボイルドとか、そういったものだったんですが。時代小説ですと隆慶一郎*さん、それから柴田錬三郎*さんですね。

吉丸　奇想というか、着想の感じが似てますね。なるほど。

内容に入りまして、ちょっとこれは、今スライドに映っ

隆慶一郎（一九二三〜一九八九）　時代小説家。前田慶次を主人公にした『一夢庵風流記』や関ヶ原以後の徳川家康が影武者であったとする『影武者徳川家康』、柳生家六代から見た徳川家を描く『柳生非情剣』など。

柴田錬三郎（一九一七〜一九七八）　時代小説家。『眠狂四郎』『御家人斬九郎』などが代表作。『猿飛佐助』『赤い影法師』など忍者小説もある。ハードボイルド調の作風で知られる。

ているのは、この本（『高麗秘帖』）の背表紙に書いてある、本の解説文です。「文禄元年（一五九二年）太閤秀吉は二十万の大軍を朝鮮出兵させ、首都ソウル、ピョンヤンを占領したが、朝鮮水軍を率いるたった一人の将軍によって撤退を余儀なくされた。その名は李舜臣、五年後、雪辱に燃えて再出兵した藤堂高虎*は舜臣を暗殺すべく忍びの者を派遣、一方、無益な戦を憎む小西行長は舜臣を救うべく使者を送った。日朝の愛憎を越える迫真の人間ドラマ」。戦局で言う、慶長の役のほうですね。われわれ地元の者になじみの深い藤堂高虎が関係あります。

　朝鮮の役に関係した三重県の関係の者だと、九鬼氏ですね。水軍で行った九鬼嘉隆*が関係しました。藤堂は、まだこの時期は宇和島です。朝鮮の役を扱った小説だと加藤清正が中心人物になることが多いです。先生の場合だと、小西行長が中心人物になることが多い。『高麗秘帖』は、藤堂高虎なので、地元サービスではないですが、藤堂高虎をクローズアップした理由とか、藤堂高虎に持っている印象を聞かせてもらえますか。

荒山　最初に、日本軍の武将の誰かが李舜臣を暗殺するために忍者を派遣するという設定を考えて、そしてその武将をいざ誰にしようと思って、ざっと出兵武将の名前、経歴などを調べていった時に、一番忍者を派遣しそうな男が藤堂高虎だったんですね。それで、その時は藤堂高虎が後に伊賀の領主になるということは知らなかったんですが、何か勘のような出会いだったんだと思います。

吉丸　金先生にお聞きしますが、日本の武将たちの知名度は、どういう感じですか。この加藤清正、小西行長とか、誰が有名で、どれぐらいのレベルの武将なら、ちょっと戦

藤堂高虎（一五五六～一六二〇）戦国末期・江戸初期の大名。文禄の役には豊臣秀保の代理として、慶長の役には伊予国板島（宇和島）藩主として出兵。関ヶ原以後伊予今治藩主となり、さらに津藩の初代藩主となった。

九鬼嘉隆（一五四二～一六〇〇）九鬼水軍を率いて、織田信長や豊臣秀吉のために戦った武将。志摩国の大名。文禄の役で脇坂安治・加藤嘉明とともに水軍を編成し、李舜臣率いる朝鮮水軍と激戦を繰り広げた。

小説なんですが、意外なことに、今の日本人には、さっぱり忘れ去られています。しかし、戦前までは盛んに読まれていて、早稲田大学編集部の『通俗日本全史』シリーズにも『朝鮮征伐記・朝鮮物語』が入っているほどですが、あれを読んでも藤堂は知名度が低い。だから、逆に現代の小説には利用されやすい面もあるんですね。解釈の色が付いていないので。

吉丸　ありがとうございます。小説を見てもらうと、細かい地図が付いています。これに関して現地取材とかなさいましたか。小説を書く際に現地取材はいつもなさっていますか。するならどの程度なさっていますか。

荒山　ほとんど、これが朝鮮半島で、漢江なんですけども、この辺りは大体歩きました。韓国は昔はバス網がすごく発達しているので、バスと徒歩でほとんど歩きました。

吉丸　皆さん、本を買って見てください。もっと見たいでしょう（本をかざす）。あと先生の小説で特徴的なのが、参考文献がすごく多いことです。本の終わりあたりに参考文献があって、これは一ページ分ですけど、多い本だともう二ページ、三ページぐらいずっと参考文献が載っています

荒山徹氏

史好きな人には知られているというのは。

金　韓国と日本、共通して有名なのが加藤清正と小西行長なんですね。その次ぐらいになるのが、小早川隆景、黒田長政の辺りでして、水軍に絞っていいますと、海外では加藤清正と間違われることの多い加藤嘉明が一番有名で、次に九鬼嘉隆と藤堂高虎が出る感じです。正直、メジャーな武将ではありませんね。

朝鮮軍記物とは、江戸時代から明治初期まで著された、主に「壬辰戦争」、文禄・慶長の役のことをテーマにした

よね。私は研究する側なので、調べたことには必ず典拠を載せないといけないですが、小説はそういうルールもないですし、参考文献がないほうがむしろほとんどだと思います。普通は何を自分が見て書いたかを明かしたくない、本当のことは言いたくないという気持ちがあると思います。
　先生の場合は、開けっぴろげに書いてあって、研究者としては非常にためにもなるのですが、元ネタをオープンにしてしまうのは、何か考えがあってのことなのですか。

荒山　執筆の動機の一つに、日本人の読者に韓国のことをよく知ってもらいたいというのがありまして。そうすると、この小説を読んで終わるのではなくて、何を読んで私がこういうものを書いたかということを知ってもらえれば、じゃあ次はこの資料を読んで朝鮮の歴史に入っていけるんだなという、一つの手引きみたいな感じにして掲載したものですが。

金時徳氏

吉丸　そういう非常な親切があるのですね。江戸時代に読本というジャンルがあって、これは荒山先生がお書きになられている時代小説と同じで、史伝体伝奇小説、歴史を扱った伝奇小説です。簡単に言えば『八犬伝』とか『椿説弓張月』とか。そういうのを見ると、長々と参考文献が書いてあります。
　ところが、細かく調べると、本当になぞったような重要な資料だけ抜いてあったりします。そういうことを先生は、ここで聞くのは何ですけれども、なさらない？

荒山　いいことをお聞きしました。（笑）

吉丸　江戸時代の場合は、参考文献の半分は威嚇です。こんなに私は本を見ているのだ、みたいな。

荒山　はったりみたいなものですか。

吉丸　そうですね。簡単に言うとはったりなんです。

金　文学研究の基本というのは、作者の話を信じないということなので、恐らく何か隠されているだろうなあと思いつつ読みます。あと、もう一言申し上げますと、アルゼンチンにボルヘス*という小説家がいましたよね。ホルヘ・ルイス・ボルヘスという有名な。あのボルヘスのスタイルが先生に似ていると感じました。というのは、本当に存在する文献と偽りの文献とを交えながら、これらを参考にしたとおっしゃるのですね。どこまでが本当で、どこからが偽りなのかが分からない。読んでいると、嘘の文献からの注釈に本当の文献の内容を使うなど。騙されますね。危ない（笑）。

吉丸　それを見てミスリードされて、それも荒山忍法にかかっているという。『高麗秘帖』ですが、意外なのは日本の忍び同士が戦うことです。どうして朝鮮対日本にしなかったのでしょう。実際には朝鮮対日本でも戦うのですが、日本の忍者同士の戦いをメインに据えたのは。

荒山　これは私の初めての本なんですけれども、もちろん日本の忍者対朝鮮の忍者というふうにしたかったんです。ですから、藤堂高虎の放った忍びを朝鮮の忍者が李舜臣を守るという図式にしたかったんですが、限られた時間で資料を当たった結果、朝鮮半島に忍者の痕跡がちょっと見つからなかったんです。書かないと生活していけませんので、無職でしたから、留学して戻ってきたので。じゃあいっそのこと、それを阻止する忍者も日本の忍者にしてしまおうと。そうすると、朝鮮忍者を探す時間が省けますし、何で日本の忍者に、朝鮮の武将である李舜臣である俺が助けられるんだという、そういう何か葛藤のドラマも生まれるので、これはうまいことを考えたなと。（笑）

吉丸　一石二鳥でしたね。大変面白くて、ものすごく評判になった、すごい新星が出てきたと評判になった小説ですね。もし荒山先生の小説をお読みでない方がいたら、『高麗秘帖』から始めるといいと思います。

ホルヘ・ルイス・ボルヘス（一八九九〜一九八六）　アルゼンチン出身の作家・詩人。該博な知識に基づいた幻想的作風の短編小説で知られる。代表作は『伝奇集』『エル・アレフ（不死の人）』など。

この対談のために、あらためて読んだのですけれども、今の作風に慣れたファンから見ると、とてもおとなしいなという感じです。今となると、ものすごい大展開、忍法の大展開があるのに比べて、まだまだかなり普通の歴史小説、時代小説に近い感じだなという印象を受けますね。

金 私は、フェイスブックをやっていますが、知り合いの韓国人の戦国時代ファンがいまして、今日先生と対談すると話したら、この本の翻訳本を面白く読んだと、ぜひ伝えてくれと頼まれました。

荒山 そうですか。ありがとうございます。

吉丸 韓国でも翻訳されています。この次が『魔風海峡』という作品ですが、『高麗秘帖』と比べると、だいぶ印象が変わります。一つまず、もともとは単行本一冊ですが、文庫は上下巻になって、上巻が「死闘！ 真田忍法団」と副題があって、解説読みますと「慶長の朝鮮征伐は泥沼と化し、秀吉も死の床に伏していた。徳川家康を牽制するためにも、豊臣家にとって財政の立て直しが急務であった。一千年前、欽明帝が朝鮮半島の任那日本府に残した隠し財産を探せ。密命を受けた真田幸村は、真田忍団と共に釜山に渡る。一方、その動きを察知した家康は、服部半蔵に追跡させる。日朝の忍者が威信をかけて戦う圧倒的時代巨編」とあります。

下巻は「血戦！ 高麗七忍衆」で「真田幸村主従を待ち受けていたのは、王子・臨海君率いる高麗忍者の想像を絶する妖術戦だった。霧隠才蔵、筧十蔵が倒され、さらに根津甚八にも危機が。明からの独立を勝ち取るために、欽明帝の隠し財産を求める臨海君、彼を利用しようとする服部半蔵、そして真田家を策すため、財宝を希求する幸村、猿飛佐助らが剣と頭脳と忍術の限りを尽くす大作堂々の完結」とあります。われわれ日本人にとって、真田幸村が出てきて、真田十勇士が出てきた時点で、どの程度のフィクションか見当がつくようになっています。リアリスティックに展開すると思う人間はいなくて、もう逆に想像性ですね。伝奇小説の想像性を楽しんでくださいというのが、もうスタートの時点で分かります。

小説家のひとつのありかたとして、たとえば『高麗秘帖』の時点から、ちょっと伝奇性を抑えて普通の時代小説家ですね、それになってしまう。もっと司馬遼太郎的な時代小説家になってしまう手もあったとは思います。それとは一種逆方向に花開いていかれたわけです。これはどのような心境ですか。

荒山　私は子どもの頃からアニメ・特撮のファンでして、当然その中に忍者が含まれるわけです。幼い頃の四歳ぐらいの写真を見ると、ヘルメットをかぶった写真があるんです。これは自分では記憶になくて、母親にこれは一体何だと聞くと、お前が好きだった「忍者部隊月光*」のヘルメットを買ってやったのを覚えてないのかというふうに言われまして。ですから、最初のあれが忍者部隊だったんですね。それから「科学忍者隊ガッチャマン*」で科学忍者が出て、「ウルトラマン」にも「宇宙忍者バルタン星人*」という宇宙忍者が出てくる。で、「仮面の忍者赤影」という、忍者尽くしで育ったようなものですから、それが二作目になって炸裂してしまったのかもしれません。

吉丸雄哉氏

吉丸　サブカルチャー的な忍者のパワーを集約したという感じですよね。この中にも巨大仏像が出てきて襲ってきたりする、解説にもありますけど、「仮面の忍者赤影*」だっ

忍者部隊月光　一九六四年から一九六六年までフジテレビ系で全一三〇話が放送された、国際放映製作の特撮番組。忍者部隊は、革ジャンパー、ヘルメット、背中に日本刀という独特のコスチュームで任務を遂行する。

科学忍者隊ガッチャマン　タツノコプロが制作したSFアニメ。一九七二年から一九七四年までフジテレビ系で全一〇五話が放送された。五人の科学忍者隊が世界征服を企む秘密結社ギャラクターと戦う。

宇宙忍者バルタン星人　初代ウルトラマン第二話に登場して以来、数多くのウルトラシリーズに登場して、ウルトラ戦士のライバルとして人気を博している異星人。分身の術をつかい、「宇宙忍者」の異名をもつ。

たり、何だったり、他にも様々な忍者作品の要素がまじっています。

学術的な話になりますが、三重大学が忍者を研究しだした時に、対象の名称の話になりました。忍者研究は忍者研究ですが、そのまま忍者研究と使っていいものか。言葉として、「忍者《にんじゃ》」と呼ぶのはかなり新しいです。『万川集海』とかにも「忍者」の字はありますが、一般的ではなくて、大体「忍《しの》びの者」と言っていて、忍者というのが定着するのは、戦後になってからです。研究の手法として、リアルな忍者のことを「忍び」と呼んで、フィクションの忍者のことを「忍者」と呼んだらどうだと私は提案しています。

先生では『魔風海峡』は「忍者」と書いていますが、最

仮面の忍者赤影　原作は横山光輝の忍者漫画。特撮テレビドラマ『仮面の忍者 赤影』として実写化され、一九六七年から一九六八年まで関西テレビ及びフジテレビ系列で全五二話が放送された。横山版は正統派の忍者漫画だが、テレビ特撮版は、空飛ぶ円盤「大まんじ」、巨大なロボット「金目像」、あるいは怪獣が登場し、奇想に満ちた世界観で人気を博した。荒山徹作品に強い影響を与えている。

新作の『忍び秘録』もそうですが、「忍び」のほうをよく使われていると思うのですが、「忍びの者」、「忍び」と比べて「忍者」という語感というのを、どのように受け止められていますか。

荒山　全く区別はしていません。その時々の環境に赴くままに、この『忍び秘録』というのは、編集者が付けてくださったタイトルですね。

吉丸　ただ全体的に見て、先生のものだと「忍び」というのが多いなという、これですね。あとは朝鮮には忍びはいないということで、これは忍者というのが出てきて、最初の頃は、この『魔風海峡』もそうですけども、「朝鮮忍者」みたいな言い方が増えてきますけど。最近はもう「朝鮮妖術師」とかが使われていることが多いです。それはやっぱり、忍者よりはそっちのほうが面白みがあるという？

荒山　忍者の枠を越えた術を使い始めてしまったので、ちょっと収まりがつかなくなってしまったかなと。

吉丸　忍法は幅広いですけど、それよりももっとスケールのでかいことを表現しているという。

今まで、『高麗秘帖』と『魔風海峡』という二つ朝鮮の

役をモデルにした小説を見てきました。これは金時徳先生に教えてもらったのですが、『高麗秘帖』と『魔風海峡』の関係が、*『懲毖録《ちょうひろく》』と『壬辰録』*二つの関係と同じじゃないかと。『懲毖録』は、史書でして、朝鮮の宰相柳成龍が文禄・慶長の役を記録したものです。日本には一六九五年に訓読が伝わってきて、これは実は朝鮮にとって大問題になるのですが、とにかく伝わって、日本でも知られています。

もう一方、『壬辰録』は文禄・慶長の役をテーマにした古典小説です。これの説明を金時徳先生にお願いします。

金　ちょっと説明が長くなると思いまして申し訳ありませんが、先生の『高麗秘帖』を読んで最初に感じたのが、『壬辰録』という朝鮮時代後期の写本小説群がありますが、この作品は『壬辰録』の現代日本語版のようだということでした。というのは、まず『懲毖録』という本は、私は二〇一三年に校勘注釈本を出版していますが、基本的に壬辰戦争七年のことを収めた史書です。壬辰戦争に関する本としては、韓国・中国・日本の三国で最も広く読まれた本だったと思っています。

一方で、日本の朝鮮軍記物と言われるものは、三つの系統を集大成したものです。一つ目は、日本側の情報を収めた十七世紀初期の小瀬甫庵『太閤記』、そして、中国の*『両朝平壌録』と言って、明朝が四つの外国・反乱軍と戦った記録なんですけど、それが十七世紀の初期に日本に

『懲毖録』　史書。朝鮮王国の宰相柳成龍《リュソンリョン》による文禄・慶長の役（壬辰倭乱）の記録。一六〇四年頃の成立。日本軍の侵攻前の朝・日関係から、戦いの推移、日本・朝鮮・明との外交交渉など、詳細に記した一級史料。日本では元禄八年（一六九五）に京都で和刻本が刊行され、この件がのちに問題となり正徳二年（一七一五）に朝鮮は書籍の日本への輸出を禁止した。

『壬辰録』　『懲毖録』を元に朝鮮時代に作られた小説群。日本でも元禄八年（一六九五）に『懲毖録』の和刻本である『朝鮮懲毖録』が刊行されて以来、「朝鮮軍記物」と呼ばれる一群の写本・刊本小説が成立したが、それに類似する現象が朝鮮にもあった。

『両朝平壌録』　諸葛元声《しょかつげんせい》著。一六〇六年（万暦三十四）序。文禄・慶長の役（壬辰倭乱）のことを記した、中国・明朝の早い時期の記録。日本と朝鮮にも紹介されて、両国の関連文献に多大な影響を及ぼした。

入ってきまして、今の蓬左文庫に収蔵されます。堀杏庵という儒学者がそれを読んで、『朝鮮征伐記』*という本を書きます。徳川幕府の御用学者だった林羅山も『両朝平壌録』を読んで『豊臣秀吉譜』*を書いています。あと、一六九五年に京都で『朝鮮懲毖録』が出版されますが、これは朝鮮側の情報。この三つが集大成されて誕生したのが日本の朝鮮軍記物ですので、十八世紀以来の日本の壬辰戦争関係の本からは、当然『懲毖録』の影響が確認されるわけです。その影響が一番よく表れているのが、江戸時代最大のベストセラーと言われる『絵本太閤記』*という本です。岡田玉山という大絵師が描いた本です。

　ですので、今の韓国・中国・日本で、壬辰戦争の物語に登場する人物やその評価が大体同じなのは、『懲毖録』の力によるものといえます。『懲毖録』では、李舜臣はいい武将で英雄、小西行長は、ある意味朝鮮に近かった、などの位置づけがなされていますが、あのような人物評価が受け入れられたのです。『高麗秘帖』の内容も、大前提となるファクトは『懲毖録』の記述に基づいていると言えます。

　それで『壬辰録』の話なんですけど、壬辰戦争の後、日本における『平家物語』や『太平記』のように、あの『懲毖録』の内容を基にして、いろんなバリエーションが生まれてきます。先生の『十兵衛両断』*の六五頁にも書かれていますね、二十種近くの写本があると。主に漢文で書かれたものとハングルで書かれたものがあって、漢文で書かれたものは、割と『懲毖録』の内容に近い。そこに想像が混

堀杏庵《ほりきょうあん》**『朝鮮征伐記』**　江戸時代初期の儒学者堀杏庵が記した文禄・慶長の役の記録。直前に日本に入ってきた『両朝平壌録』と、小瀬甫庵《おぜほあん》『太閤記《たいこうき》』を元に一六三三～三五年（寛永十～十二）の間に執筆。万治二年（一六五九）に刊行された。

林羅山『豊臣秀吉譜』　林羅山による豊臣秀吉の伝記。幕府の命により編集した『将軍家譜』（七巻七冊）の一部。漢文体。寛永一九年（一六四二）頃成。

『絵本太閤記』　武内確斎《たけうちかくさい》作・岡田玉山《おかだぎょくざん》画の読本。七編八四冊。寛政九～享和二年（一七九七～一八〇二）刊。豊臣秀吉の一代記。岡田玉山の精緻な挿絵が特徴。禁令に触れ、文化元年（一八〇四）に絶版されたものの、広く読まれた。

じってきて、そこに作者の技量が発揮されるわけです。そういった点が、先生の技法に似ていると感じました。

　ハングルの方はかなり史実から離れてきていて、明朝の風水師と朝鮮の風水師が戦うとか、朝鮮の武将たちが壬辰戦争の報復のために日本を攻め、江戸城を占領するなど、ある意味、荒唐無稽な内容になっています。そこで私が感じたのは、『高麗秘帖』と『魔風海峡』、『壬辰録』の、より『懲毖録』に近いバージョンと遠ざかったバージョンにそれぞれ当たる気がするということです。

吉丸　荒山先生、今の『懲毖録』と『壬辰録』はどのぐらい把握して、意識とかはしていたこともありますか。

荒山　『懲毖録』は、そこの参考文献に挙げてありますが、本当に参考の第一にしたような、平凡社の東洋文庫からも出ていますので、書店に行けばすぐ読めると思うんですけども。『壬辰録』はその当時は存在を知らなかったので、今聞いて、やはり私もそういう流れに連なるものなのかなと。

吉丸　ありがとうございます。ちなみに、江戸時代の「実録」*というのと似てるなと。出版できない本でも写本なら流布させてもオーケーだというのが江戸時代のルールでした。この『壬辰録』というのも、朝鮮では基本的に出してはいけないから写本だったのですか。

金　というか、基本的に小説の出版はあまりなされていなかったのですね。最近、韓国では小説の研究がちょっとしたブームになってきていて、最初のハングル小説が出版された年代が段々遡っています。しかし、中国の明時代や

荒山徹『十兵衛両断』　角川文庫、二〇一三年十二月刊。初版は新潮社、二〇〇二年六月刊。「十兵衛両断」「柳生外道剣」「陰陽師・坂崎出羽守」「太閤呪殺陣」「剣法正宗遡源」の五編を収めた連作集。

「実録」　実録体小説。江戸時代の文学ジャンルの一つ。事実に虚構をまじえた読み物。出版できない内容で写本として貸本屋を媒介して流通した。因みに、古代日本や中国・韓国・ベトナムには王朝や国王・天皇の事績を『〇〇実録』として綴る伝統があるが、それとは別である。要するに、「実」の記「録」という名の虚構というのが、江戸時代の実録（体小説）の特徴といえる。

日本の江戸時代のように盛んに刊行されるようになるのは、十八世紀以降ですね。中国や日本に比べると商業出版の歴史は短いです。ですから、小説が写本として流通したということに政治的なことはあまり関わっていないと思います。

あと、「実録」のお話をしましたので若干付け加えますと、私は先生の小説の中でも、『魔岩伝説』が一番面白いと思いましたが、一方では怖いとも感じました。ここまで韓国のことを知り尽くされていて、ここまで把握していらっしゃるのかという驚き。この『魔岩伝説』に、偶然にも蝦夷地の話が出てきますね。江戸時代には「実録」というジャンルがありますが、要するに、実録という名の虚構です。秀吉のことなども、危ない話は写本の実録で流通されます。江戸時代の出版社は、その内容を、処罰されないように穏便に変えてから出版したりしました。

ところで「実録」のうち、江戸時代には稀にも作者が処刑されたものがあります。『北海異談』*という本です。北海の異なる話という意味でしょうね。この小説には、ロシアと朝鮮が組んで日本を攻めてくる計画が述べられています。これは、文化露寇、もしくはフヴォストフ事件といった、本当にあった事件を元にしています。一八〇〇年を前後して、クリル列島南部でロシアと日本が頻繁に接触することになり、ついには、一八〇六年と一八〇七年に武力衝突に発展します。それで日本中が大騒ぎになります。要するに、ロシアが朝鮮を占領し、朝鮮からの通信使にロシアのスパイが交じっていて、日本を侵略するためのデータを集めようとしている。だから通信使の派遣を停止させるべきだ、と。

しかも、長崎・出島のオランダ人も幕府に情報を伝えてきたということになっています。つまり、ロシアは既にヨーロッパを占領し、今回は金と銀と米が豊かな日本を攻めようとして、朝鮮と共同作戦を展開するつもりだと。朝

『北海異談』　一八〇〇年前後に相次いだラクスマンやレザノフらロシア人の来航やロシア船の樺太騒動などを扱った、大坂の南豊亭栄助《なんほうていえいすけ》という講釈師による実録体小説。一八〇七年（文化四）成立。ロシア船との海戦など想像的要素が多く含む。幕府の禁令に触れ、作者は処刑された。

鮮としては、壬辰戦争の報復がしたいという目的がある、と。だから今、日本の武将は何をすべきかというのがこの小説のプロットです。

　こういった内容でも、写本ではよかったのですが、出版しようとしたら、作者は処刑され、出版人は江戸から追放される羽目になります。本を書いたという理由で処刑されるというのは、江戸時代においてはかなり珍しいケースですね。

吉丸　手鎖という、山東京伝なんかもそうですが、手に手錠をして五十日ぐらい謹慎をするというのが、大体作者のあれですね。

金　ですから、文豪の馬琴も、フヴォストフ事件に関しては、メモは取っていますが、小説化はしなかった、あるいは、できなかった。ともあれ、この『魔岩伝説』の執筆認識というのが、偶然にも『壬辰録』や朝鮮軍記ものそれにつながっているというふうに私は思っています。

荒山　ありがとうございました。いろいろと韓国を舞台にして韓国人も登場させたんですが、初めて韓国の方から評価をいただきまして、どうもありがとうございます。

金　『高麗秘帖』は韓国で結構読まれましたね。ただ、『魔風海峡』は翻訳されないでしょうね、恐らく。

吉丸　『魔風海峡』が翻訳されない理由というのが、任那*日本府に関連しますか。

荒山　任那日本府というのは韓国では完全否定されていますので、これが実在するという話は、あまり受けないんだろうなというふうには思っています。

金　ただ、個人的には、だから、かえってこの小説が翻訳されたらどうかとも思います。面白いし、普遍性もあると思われるので、私がもう少し有名になったら、帯に推薦文を書いて翻訳させてもいいと思いました（笑）。

吉丸　帯を書いて。他の作品は、もう問題なく『魔岩伝説』だったら出版できそうだという。

任那日本府　『日本書紀』などに記録がある六世紀中頃に朝鮮半島南部の伽耶の一部を含む任那にあった倭国の出先統治機関。現在の学界では、存在・名称・組織の実態などに関して諸説ある。『三国史記』のような韓国の史書にも「任那」という名称は見受けられるが、『日本書紀』など古代日本の史書の記述とは全く異なっており、韓国ではその存在を認められていない。

金　それは柳生の話でして、話がちょっと小さくなってしまいますね。どうでしょうかね。

吉丸　なるほど。分かりました。『魔岩伝説』ですが、他の荒山先生の作品と違うと思うのは、ミステリー要素が強いことですね。他の朝鮮の役を扱ったものだと、結末がある程度分かるし、変える手もあるのかもしれませんけど、変えないことになりますね。「李舜臣を暗殺せよ」と言っても、李舜臣が最後どうなるのかは大体の人は知っているわけです。史実は分かって、いくら小説といえども、朝鮮軍が逆襲して江戸を占領するのはあり得ないことはわかる。

それに比べて、『魔岩伝説』は、最後の最後まで、謎がどうなるのか、この戦いの決着がどうつくのか、誰が生き残るのか、歴史によほど詳しい人を除いて、主要の人物すらどうなるか分からないのが、ちょっと違います。

逆に言えば時代小説は、あらかじめある程度のことが決まっている制約の下で書かれているわけですよね。『壬辰録』をもとに芥川龍之介が『金将軍』という小西行長が殺される話を書いていますが、これは完全に架空です。時代小説家としてどのぐらいの目安で虚構を交ぜていくか。伝奇作者としていろんな架空のことを交ぜていっても、どこら辺までが自分としては小説として線引きできるのかと。もうこれ以上書いたら自分としては小説でなくなってしまうというのが意識できるポイントがありましたら教えていただきたいのですが。

荒山　小説はかくあるべしと言う方もいろいろいらっしゃるんですが、私は小説は小説でなくなっても小説だと、それが小説だと思っています。どこまでが虚構かという問題ですと、虚構をほんのちょっぴりだけ入れるんですね。それで、あとはもっともらしい言葉遣い、もっともらしい背景、もっともらしいことを書き連ねながら、その中に植えた虚構の種を、芽を出して、花を咲かせていくという手法を取っておりますので、最初の種はすごい小さいものです。

吉丸　それが成長して、読み終わる頃には大きく花開くわけですね。やっぱり全く離れてしまうと、時代小説というよりは架空戦記ですよね。そういうふうな感じになってしまって、それはそれで楽しみがあるのかもしれませんけれども、ある程度史実にもとづいて、斬新な解釈や、想像の上では可能な歴史の選択というものの、可能性を見せてみせるというところに面白みがありますかね。

荒山　そうですね。維新の元勲の桂小五郎、木戸孝允ですね、あれが巨大ムカデに食われるという話を書いたことがあるんですが（『処刑御史』幻冬舎文庫、二〇〇八）、それも史実に違わずに終わってしまったというのが、私の一つの自慢なんですけれども。

吉丸　なるほど。そういう小説があるんですね。

また『魔岩伝説』に戻りますが、これを金先生が評価しているのは、これが朝鮮側の小説であったり、伝説だったり、あるいは社会問題というのを、非常にうまく取り入れている点と聞きました。日本側の話としては、鈴木伝蔵*による朝鮮通信使殺害事件が振り出しになっている。また、

鈴木伝蔵による朝鮮通信使殺害事件　一七六四年（宝暦十四年・英祖四十年）の第十一次通信使の際に、対馬藩士鈴木伝蔵が通信使随員崔天崇を殺害した事件。鈴木伝蔵は死刑となった。唐人殺しと呼ばれて評判となり、演劇の題材ともなった。

朝鮮で大変有名な春香伝をうまく使っていると前にうかがいました。

金先生から『魔岩伝説』の巧みさすごさをあらためて伺いたいのですが。

金　なるべく小説の結論に触れないようにしながら。

吉丸　触れたら駄目ですよ。ミステリー色が強いですから。

金　この小説について最も感心したのは、「唐人殺し」という文献群の内容がうまく利用されているなというところです。通信使が日本に来る際は、必ず密貿易も行われました。そこで意見の食い違いが生じ、鈴木伝蔵という人が朝鮮の崔天崇《チョイチョンジョン》という人を殺す事件が起きて、大問題になります。

先生はそれに新井白石*という江戸時代の反逆の文人を登

新井白石（一六五七～一七二五）江戸中期の儒者、政治家。低い士分の出身ながら学問で出世し、徳川家宣、家継に仕え、間部詮房とともに正徳の治の一翼を担った。武家諸法度の改正、貨幣改鋳、朝鮮通信使礼遇の改革などに尽力した。多岐にわたる学問を修め、また詩人としても高名だった。

場させました。私の考えでは、日本の歴史でこのような人は二人いまして、一人が菅原道真*で、それから新井白石です。日本は世襲貴族や武士がずっと権力を握ってきたので、自分の能力だけで上り詰めた人は少ないですね。それも、「武」じゃなくて「文」で。

荒山　もう十年ぐらい前に書いたものなんですが、本当に韓国の方に評価してもらってうれしいという以外には、言葉はないですね。それにしても、自分は無手勝流でいろいろ書いてきたんですが、しょせんは伝統の流れの末に位置するんだなというのは、今までの話から分かって、それもうれしく思っています。

金　ちょっと疑っているのは、村上春樹さんが、自分の父親が国語教師だったが、自分は父親が嫌いだったので日本の小説は読まなかったと、初期の随筆でずっと書いています。しかし、最近になって、実はそうではなくて、『雨月物語』とか好きだと告白していますよね。最近、防衛大学校の井上泰至という知り合いの先生が『雨月物語』の注釈書を出版したのですが、それが、あり得ないほど売れていると、村上さんに感謝しなければならないといっていました。荒山先生は、あと十年、二十年経ってから、実はあれこれ、読んでいました、と告白なさるのではないかと、密かに予測しています（笑）。

吉丸　末尾を見ると、二ページ半という非常にたくさんの資料があって、いかにこれは見て書いているかということでして。テーマとしては、戦国の激しい戦いに比べると、江戸時代でのそういう探り合いは、テーマとしては地味なんですが。私とかの江戸時代をやっている者にとっては、マニアックな換骨奪胎というか、それがひしひしと感じる感じでして。確かに先生の傑作の一つですね。

荒山　先ほど盧*先生の話（先だって行われた盧《ノ》永九《ヨング》先生の講演）で、ワルチャ（無頼集団）の一人で、洪景来の名前が挙がったんですが。これも、この中に出てくるので、おやっと思いながら聞いていたんですけれども。

菅原道真（八四五～九〇三）　平安初期の公卿、学者。学者の家の出身ながら、右大臣まで任ぜられるが、藤原時平の中傷により大宰権帥に左遷され配所で没した。学者・漢詩人としても優れ、のちに学問の神天満天神としてあがめられる。

金　うまく絡められているんですね、この小説に。

荒山　そうなんです。

金　十九世紀は、反乱の世紀ですね。日本でも韓国でも、清もそうでして、ある意味、その決着というのが、日清戦争の端緒となる、韓国の甲午農民戦争ですね。

荒山　日清戦争というのは私もすごく関心があって、いずれ書きたいなと思っているんですが。ただ、日本人にとっては、日露戦争のほうが関心が行ってしまって、日清戦争がいかに日本人とかアジアにとって重要だとかというのは、あまりまだ分かってないようなところが。

金　そうですね。日本は近代化して以来、中国のことを見下げ続けているので、ヨーロッパと戦って勝った日露戦争は偉いが、中国に勝ったのは、別に偉くもなんでもないというような認識を多くの日本人が持っていると思います。でも、江戸時代の流れから見るならば、日清戦争は「すごい」事件でしたね。政治的には対等だと信じていても、文化的には尊敬していた中国が、アヘン戦争以来崩れかけ、日本がとどめを刺した、と。そういった意味で、当時の日本人にとってはかなりの衝撃でしたね。

吉丸　金先生は、そうやって歴史のことをよく把握なさっていて、またその透徹した歴史観をもって、いろんな朝鮮軍記のことを見ていらっしゃる。このあたりで今日のテーマの一つになっていた、現代的朝鮮軍記の一つとして荒山先生の小説をとらえるとどうなるかという、ちょっと剣呑なテーマに行こうと思います。金先生の『異国征伐戦記の世界』*に書かれていますが、日本が外征する場合の論理があるという。

金　この本で扱っている対象は三つです。最初は壬辰戦

盧先生の話　鼎談に先だって行われた韓国国防大学校盧永九先生の講演「朝鮮の俠客文化と近代変容」。

金《キム》時徳《シドク》『異国征伐記の世界　韓半島・琉球列島・蝦夷地』（笠間書院、二〇一二年十二月刊）　敗戦後の日本では、前近代の日本は海外諸国との戦争をあまり経験せず、「軍記」「戦記」と呼ばれる戦争文学の題材も専ら源平合戦など内戦だったと思われてきた。この本は、前近代の日本が経験し、また、想像した海外諸国との戦争にかかわる文献を広く発掘し、「征伐」という概念のもとにそれらを分析したものである。

争、あと島津家の琉球王国征服、三つ目がロシアとの戦いです。それで、学者や小説家が自分の文章を構成する論理とは何だったのかを追ったわけですが、あの論理とは二つなんです。自分の国から他の国を攻める場合は、向こうの国に攻められるべき罪がある、自分たちは天の意思を代行してあの国を征伐するに過ぎないという征伐論理があります。一方、外から攻撃を受ける場合、例えば、蒙古襲来ですね。あの場合は、攻められる側には自動的に反撃・自衛の戦争としての正当性が与えられます。そういう二つの論理があるということを書いております。

例えば、西部劇を見ますと、良い白人と悪いインディアンが登場します。映画の中では、インディアンは悪いと言われるのみで、どうして白人がインディアンに攻められているかは説明されない。そもそもの理由は、白人がインディアンの領土を奪っていったからですけどね。

芥川龍之介の作品のなかに『桃太郎』という短編小説があります。これは、善良な鬼ヶ島の鬼たちを桃太郎が征服したという内容です。福澤諭吉もこれと同じことを言っていまして、自分の子弟のために書いた『ひゞのをしへ』に見えます。『桃太郎』の話は本当に悪い話だと、何も悪いことをやっていない鬼を攻めて物を盗む泥棒の話だと。そもそもは、鬼というのは攻めてくる存在だというのが前提にあって、桃太郎が反撃する行為が正当化するわけなんですね。ただ、ある時期から、そもそもの理由が忘れ去られ、ただ文明の日本が野蛮の鬼たちを攻める内容になってしまった。

壬辰戦争の場合、秀吉は二つの論理を提示します。自分の恨みは中国・明にある。自分は中国の皇帝になりたい。琉球と朝鮮がその先鋒になってほしいと。それを拒否するのは怪しからんと。だから攻める。これが小瀬甫庵『太閤記』や堀杏庵『朝鮮征伐記』などに見える論理です。

あと、これが面白いですが、実は日本は朝鮮を含む外国から何十回も攻められてきたと、そういう歴史があるという主張があります。そこから架空の歴史を作られていきます。例えば聖徳太子と新羅の戦いに関する話がありまして、新羅の国王が日本国を狙って鉄人のスパイを送る。それで、日本側がスパイを殺して、報復のために新羅を攻めたと。そこで任那日本府やら何やらが始まるというような、架空の論理を重ねていきます。

世界のどこの国も、自分の国は善良で外国は悪いと主張します。自分の国は悪いので他の国を侵略しました、とは誰も言いません。日本もそうですし、中国もそうです。チベットしかり、ウイグルしかり、モンゴルしかり。韓国の場合も、自国が起こし、参加した戦争に関して、絶対悪い評価はしない。アメリカもそうですね。アメリカほど被侵略意識の強い国はないでしょう。イギリスから独立しようとして、イギリスからの侵略を受けるんですね。あれをいまだに教育し続ける。世界中で戦争を展開していながらも、基本は攻められる国でありつづける。

私の書いた本のあとがきにも書きましたが、私があの本を書いたきっかけとなったのは九・一一テロでした。攻められるアメリカ、そこからアメリカの暴走が始まったんですね、アフガニスタンやらイラクやらリビアやら。すみません、話が長くなりました。

吉丸　金先生の広い研究の話を聞きますと、書かれている物語が、どのような理由で戦が始まっているのかというと、今言っていただいたような防衛の論理だったり、本当に自分たちが懲らしめるんだという論理だったりしますね。

私の印象では、荒山先生の小説はかなりニュートラルな印象です。逆に言えば、ちょっと物足りないのかもしれません。秀吉が出てきて、秀吉自身が何かしゃべる場面というのがありますかね、ほとんどないじゃないですか。

荒山　秀吉が自分の？

吉丸　どういう理由で攻めるのだみたいなのを、滔々と語るみたいな。

荒山　そうですね。あまり善悪というのは、やってませんね。

吉丸　逆に、それをやっちゃうと何か色が付いちゃうというか、面白くなくなっちゃう？

荒山　小説の面白さは、きっと映画だと尺が決まっていますので、善悪をはっきりしないと収まらないんでしょうけども、小説はそうではないので、あまりこっちを一方的に悪に染めてしまうと、あまり大人っぽくない小説になってしまうような気がして、そこのところにはすごく配慮しています。

金　実は、私は江戸時代の文献の流れから見ていて、先生が今後何をお書きになるのかなを予想しています。江戸時代には、先生のテーマに即した文献群が三つあります。一つは太閤記物といいまして、秀吉が主人公になる文献群です。二つ目は朝鮮軍記物といいまして、壬辰戦争に特化した戦記があります。三つ目が唐人殺し物ですね。先生は今、朝鮮軍記物と唐人殺し物はたくさんお書きになりましたが、まだ太閤記物は、意図的にさけていらっしゃるような印象を受けます。しかし、吉川英治*や司馬遼太郎*がそうだったように、日本の大歴史小説家はいずれ『太閤記』を書くんですね。いずれ先生もお書きになるんじゃないかなという予想をしていますが、どうですか（笑）。

荒山　もう十分この壬辰の乱は書いたつもりですので、もっと日本と朝鮮半島の戦争的な関わりで言うと、まず白村江*があり、元寇*があって、今回の壬辰の乱があって、日清戦争の四つがあるので、この四つは書きたいなとは思っているんです。ですから、秀吉はもう。

金　もう朝鮮軍記物は極めたと。

吉丸　これはライフワークとして取り組んでいただければ。ただ思うのは、吉川英治も司馬遼太郎も、それぞれ秀吉は描きますが、朝鮮の役は軽く流していますね。

金　江戸時代も全く同じで、両方を描く作家って意外と少

吉川英治（一八九二～一九六二）　小説家。伝奇小説・叙事的歴史小説などで広く大衆の支持を得た。代表作に『宮本武蔵』『新書太閤記』『新・平家物語』など。

司馬遼太郎（一九二三～一九九六）　歴史小説家。代表作に『竜馬がゆく』『燃えよ剣』『国盗り物語』『坂の上の雲』など。資料収集を重視した実証的な作風で知られる。

白村江《はくすきのえ》　六六三年に朝鮮半島南西部の錦江《クムガン》河口付近で日本・百済軍と唐・新羅軍によって戦われた会戦。日本・百済軍が大敗した。百済は滅亡し、日本は朝鮮半島での外交拠点を失ったのみならず、朝鮮半島からの追撃の脅威に備えなければならなくなった。

元寇　元（蒙古）と高麗の連合軍が、日本を侵略のため文永十一年（一二七四）と弘安四年（一二八一）博多に来襲した戦役。蒙古・高麗の兵で征日本軍は構成されていた。軍事力による応戦と季節的な大風による被害によって、征日本軍は二度とも敗退した。

ないんですね。太閤記物を書く人は、壬辰戦争については『朝鮮太平記』*のような本があるからそちらを読んでくださいと。朝鮮軍記物を書く人は、小田原の乱あたりから筆を執り、そこから宣戦布告や一五九〇年の通信使、渡海の話に移ってしまう。日本国内の問題にはあまり触れない。例外的に触れるのは、秀次の問題とか石川五右衛門*程度ですね。太閤記物と朝鮮軍記物の両方を書く作家って、江戸時代にはあまり例がない。近代もそうですね。そんなにいないですね。

吉丸　できないんですよね。普通の人にはなかなか荷が重いという。

荒山　両方やると、やっぱり大変なんですよね。

吉丸　どうもありがとうございます。大きな話が続いたので、視点をミクロのほうに移していきたいと思います。大きな戦略の話をしてきましたけれども、忍者、忍びですね。間諜の話をしていきたいと思います。金先生にお聞きしたいのですが、いろんな記録に日本軍の忍びの活動というのは、どのように残っていますか。

金　私も広く読んだわけではありませんが、例えば、小瀬甫庵の『太閤記』を読んでいますと、一五九三年二月の幸州山城*の闘いの記事に伊賀忍者が登場します。『太閤記』によりますと、明側は一日目に勝ったが、取りあえず山城に戻ります。夜明け前、敵陣の状況を窺うために、日本側が忍者を遣わします。そしたら、明軍は日本軍を怖がって、掃除までしておいてとっくに逃げてしまったと。それで日本軍が難なく城を占領したという話です。これは伊賀の忍とはっきり書かれていますね。

一方の『懲毖録』には、日本の忍者というか、スパイの

『朝鮮太平記』　馬場信意《ばばのぶのり》による文禄・慶長の役を扱った史書。宝永二刊（一七〇五）刊行。一六九五年に京都で刊行された『朝鮮懲毖録』の影響を強く受けている。

石川五右衛門　文禄三年（一五九四）京都三条河原で釜煎りの刑に処せられたという伝説的盗賊。伊賀流の忍術を学んだ大盗賊として、実録体小説や演劇で活躍する。

幸州山城　ソウルの西部にある城。この城に立て籠もっていた朝鮮軍を、一五九三年二月十二日に日本軍が攻撃したが敗退した。江戸時代の朝鮮軍記物には「安南城の戦い」と見える。

話は出てこないんですが、日本側がどういうふうに朝鮮の人たちを雇ってスパイとして活用していたかが書かれています。『懲毖録』の作者である柳成龍本人が、日本のスパイとなった朝鮮人を捕まえて尋問する記事がありますが、その記録によって組織の運営の大体が把握される

それから、十八世紀にも、対馬藩は朝鮮人をスパイに雇っています。『東医宝鑑』*という朝鮮側の医学書がありますが、五代将軍綱吉はこの本が好きでした。ところで、この本には韓国語で書かれていて、日本人には意味の分からない植物名や動物名が出てきます。その正体を探るべく、対馬藩に命令します。対馬藩は倭館に使者を派遣して、朝鮮の人たちを買収する。彼らが朝鮮全国を駆け回って標本を取ってきたのです。その標本に基づいてカラー版の動物・植物図鑑を作るのです。その図録が現存しています。この話は田代和生『江戸時代朝鮮薬材調査の研究』に詳しいです。

あと、これはスパイとは若干違う話かもしれませんが、最後の通信使の訪日が実現される前に五十年近い空白期がありました。この空白期間中の十年間、両国の通訳担当の間でやり取りされた秘密文書が最近、長崎県対馬文化館で確認されました。両国の通訳の人たち、対馬の朝鮮語通訳と釜山の日本語通訳の間でやり取りされた、漢文とハングルと候文で書かれた手紙群です。日本から朝鮮側に送ったものは残っていませんが、朝鮮が日本側に送ったものは残っています。手紙の末尾には、これを読んだあとは必ず焼却してください、捨ててくださいとの朝鮮側のお願いの言葉が書かれていますが、日本人のことなので、しっかりそれを保存するのですね。ハングルで書かれた手紙には翻訳まで付けて。このような行為も、ある意味、スパイとしての行動ですね。

吉丸　ありがとうございます。ちょうど、この『魔岩伝説』が一七六四年の通信使、唐人殺しと、その後の一八一

『東医宝鑑』　朝鮮時代の医書。二十三編二十五巻。許浚《ホジュン》著。日本の侵略を受けて荒廃した人民を救う目的で、伝来していた韓・中両国の医書を集大成して一六一三年に刊行した。その評価は海外でも高く、中日両国でも刊行された。二〇〇九年にユネスコ記憶遺産に登録された。

一年の最後の第十二回の通信使ですね、その間を描いている。その空白の期間を、今言ったところがちょうど小説になっているという。

金　そういった点にも感心しました。

吉丸　目の付け所が違いますね。日本の場合は職業として、職能としての忍者というのが存在しましたが、それは朝鮮の軍隊では存在しなかったのですか。

金　そうですね。軍隊の組織の一部として存在するだけで、特定の集団や地域がその職を世襲するような感じではありません。軍隊は基本的に国が掌握してしかるべきだとの考えですね。

吉丸　日本の場合は、職業として代々伊賀者であるとか、隠密として藩あるいは幕府で働くというのがありましたけども、そういうのはないということですね。日本ではどうしてそうなっていると思われますか。何かちょっと違うなと思いますか。

金　確かに戦国時代には、職としての忍者には存在意義があり、それに、それぞれの地方特有の事情というのも介入したことでしょう。江戸時代に入ると、本当はその存在意義はなくなるはずですが、それが伊賀などいくつかの地域には生き残った。時代の名残ですね、ある意味。

吉丸　そうですね。本当に私、常々忍者は天狗みたいなものだということを言っていて。誰もが知っているけれども、その実態を知っている人間はあまりいないと。しかし現実に存在して、たとえば伊賀者は藤堂藩の寛政の一揆の時には偵察に行っていますし、黒船が来たらその調査にも行っています。ただ、普通の人はそういうことを全然知らなくて、知っているのは、お芝居に出てきて御家の重宝を盗んだりする、一種泥棒としての不思議な術を使う悪人としての忍者みたいなものというふうな。

金　あと、石川五右衛門とか。

吉丸　そうですね。石川五右衛門とかもそうですね。

金　ですから、そういう面で、本当にあった江戸時代の伊賀忍者というのは、ある意味、地域アイデンティティー的な存在、あるいは、ある種の「生きている化石」として、半分偶然残ったのでしょう。それと、江戸時代や近代以降の大衆文化における忍者という存在とは、区分けして考えないといけません。今、私たちが知っている忍者のイメージというのは、大正時代の立川文庫[*]の所産ですね。

吉丸 そうですね。立川文庫だと『猿飛佐助』ですね。

金 「忍者文化」と一言でいうけど、そういったギャップが存在するのですね。

吉丸 ちょっと先に進んで、『忍び秘録』[*]という最新刊の話になりますが、この二つ目が「三 くノ一大奥潜入」で、これが象徴的だなと思うのが、最初の辺りに派手な柄をした、くノ一が潜入して、ベテランの忍者に怒られるのですね。ベテランの忍者が実は猿飛佐助で、そんな格好していたらすぐ見つかるだろう、という。くノ一が懲らしめられるのかなと思ったら、猿飛佐助のほうがやられてしまうという。あれが忍術対忍法みたいな感じで、忍法が勝つところが、荒山先生の忍法好きのあらわれの気がします。その忍法のロマンというのを、ちょっと教えていただきたいのですが。

荒山 この「三 くノ一大奥潜入」ですか、これは原タイトルは「忍びのモノグラム」と言いまして、ルイ・ヴィトンの柄の忍者装束のくノ一が出てくるんですね（笑）。で、猿飛佐助を「ヴィトンの術」というので倒すんですけども（笑）。私の映画で見た、例えば服部半蔵で一番好きなのが藤山寛美[*]がやっていた服部半蔵で、大友柳太朗[*]に「半蔵、こっちへ来い」と呼びつけられると、正座したまま廊下をすうっと進んでいくんですね。大友柳太朗がびっくりして「どうしたんだ」と言うと、ここに算盤を付けていたとい

立川文庫 明治末期・大正期に大阪の立川文明堂から刊行された小型講談本。詳しくは本書の「猿飛佐助と忍者像の変容」論文参照。

荒山徹『忍び秘録』（角川文庫、二〇一三年十二月刊）「服部家秘録 阿蘭陀くノ一渡海」「服部家秘録 三くノ一大奥潜入」「密書「しのぶもじずり」」「韓流夢譚」を収まる連作集。「服部家秘録 阿蘭陀くノ一渡海」は原題「服部半蔵秘録 金髪くノ一絶頂作戦」（初出、小説新潮二〇〇三年五月号）。「服部家秘録 三くノ一大奥潜入」は原題「忍びのモノグラム」（初出、小説新潮二〇〇八年十月号）。

藤山寛美（一九二九～一九九〇） 戦後昭和の上方喜劇界を代表する喜劇役者。舞台に映画に活躍した。

大友柳太朗（一九一二～一九八五） 新国劇出身で戦後の東映時代劇映画で数多く主演を務めた剣豪スター。

う。確か井上梅次*の映画だったと思うんですが。

忍者をすごくリアルに、生々しく、影の存在として書くのもありなんですけれども、そういうふうにちょっと何かかわいらしくチャーミングに使ってみるのも私自身好きなものですから、こういう小説になったりしますね。ですから、本当に子どもの頃から忍者、忍者、忍者でしたから、やっぱり基本的に忍者好きなところが、あっちこっちに出てくるんだろうなと思っています。

吉丸　ありがとうございます。作風として、この『忍び秘録』は本当に最近のもので、それより前の、今日紹介した『高麗秘帖』や『魔風海峡』とかと比べると、何か雰囲気が違うというか、明るく突き抜けた感じがします。

荒山　重々しいものを書こうとは思うんですが、なぜでしょうかね。最近暗いことが多いので、ちょっと明るいものを、明るい忍者物もありかなと思ってはいます。

金　でも、「阿蘭陀くノ一渡海」などは、明るいというか色っぽい。そういう意味で作風の変化があるような。

荒山　そうですね。これは済州島にオランダ人のヘンドリック・ハメル*の一行が流れ着いた史実を舞台にして。

金　虚を突かれましたね。そういうふうに繋がってくるのかとびっくりしました。それ以上は言えませんけど。

吉丸　そうなんですね。話が分かってしまうので、これ以上言いませんが。

金　ただ「密書『しのぶもじずり』」あたりを読むと、『高麗秘帖』のような歴史小説に戻られたような気がしなくもないですけどね。

荒山　これ、まだ本になっていなかったのを去年、本にしたものですから。

吉丸　印象として、ちょっと一つパロディー化というか、「韓流夢譚」とかは『風流夢譚』*がベースですし、何かを

井上梅次（一九二三～二〇一〇）　映画監督。該当作は『黒の盗賊』（東映、一九六四）のことか。

ヘンドリック・ハメル（一六三〇～一六九二）　オランダのホルクム出身の船乗り。難破して済州島に流れ着き、十三年間李氏朝鮮で幽閉されたが、日本に脱出したのちに、帰国を果たし、滞在記録を『朝鮮幽囚記』として残した。

ベースにしていることが多いなというのと、それぞれ、こう言ったら何ですけど、時事問題ですね、このハメルの『朝鮮幽囚記』を元にした「くノ一渡海」とかは拉致問題だったり、この「しのぶもじずり」は竹島・独島の問題だったりを扱っていると思います。そういう時事的なものは、何か時代小説に生かそうとか、それの着想の元になったりしますか。

荒山　韓国と日本の関係が常に時事的なので、歴史を扱っても、どうしてもそうなってしまう。自分としては現代の日韓関係を絡めるつもりはないんですけれども。でも、どうしても、二千何年間にわたる歴史がありますので、どこを切り取っても現代とつながってしまうようなところはあると思います。自分としては意識してやっているわけではないんですけれども。

吉丸　私は荒山先生の小説が大好きで、韓国の人にもどんどんどんどん読んでもらいたいと思うんですけど。市場調査というわけでもないですけど、韓国の時代小説のマーケットとか、どんな感じですかね。テレビドラマで言うと、*「朱蒙《チュモン》」のようにたくさん歴史ドラマが作られていますが、それに割って入るにはどうしたらいいでしょうか。

金　最近、歴史ドラマが盛んに作られているかのように見えるでしょうけど、韓国ではファクション（FACTION）といいまして、ひと昔の歴史ドラマとは異なるものだという評価がなされています。と言うのは、『朝鮮王朝実録』のような正史に基づいた歴史ドラマは、大体製作し尽くされたという考えがあるようでありまして、正史の代わりに、日本で言う*「竹内文書」や「東日流外三郡誌」のような変な本を原作とする場合が増えてきたのです。

『風流夢譚』　中央公論の一九六〇年十二月号に掲載された深沢七郎の短編小説。夢の設定とはいえ、天皇・皇后・皇太子・皇太子妃の処刑の場面が描かれたため、右翼による社長宅襲撃事件がおこった。

朱蒙《チュモン》　二〇〇六～二〇〇七年に韓国のテレビ放送局ＭＢＣで放送されたテレビドラマ。高句麗初代王とされる朱蒙を主人公とした韓国の史劇ファンタジー。日本でも二〇〇六年以降、何度かテレビ放送されている。

「竹内文書」「東日流外三郡誌」　ともに古代について書かれた偽書。韓国にも『桓檀古記』など、類似する偽書が多い。

吉丸　偽文書ですね。

金　はい。*古史古伝というものですね。

吉丸　古史古伝ね。

金　そうです。日本の古史古伝に通じる『桓檀古記』のような本が韓国にもありまして、ああいった本に基づいて小説や脚本を書くケースが増えています。一方では、本当の歴史とは異なっても構わない、見栄えがよければＯＫといった考え方も見受けられます。だから最近、三国時代を背景としている『大王の夢』といった歴史ドラマが放送されましたが、その中に、現代のウエディングドレスを着た人が出演したりしていて、製作者にその理由を聞いたら、ただ単に美しい姿を映したかったと（笑）。これが実情で、正統的な歴史ドラマはあまり作られなくなりました。

あと、小説の領域では、『刀の歌』（日本語版「孤将」）を書いた*金薫《キムフン》さんぐらいが正統の歴史小説を書いています。

吉丸　日本だと割とバランスよくリアル系な歴史小説から、荒山先生のような伝奇色の強いものまでラインナップがそろって、歴史小説というのが小説の主流になっています。

金　他の国では歴史小説を読むはずの男性の人たちがお酒を飲むので、本を買うお金がないのだと冗談にしたりします（笑）。あと、韓国の人口に比べて、行われているプロスポーツの種類が多過ぎて、本にまでお金が回らないというのもあるでしょう。

古史古伝　日本の古代史で基本史料である「記紀（『古事記』と『日本書紀』）」とは著しく異なる内容歴史を伝える文献を一括して指す名称。学界からはそれらは偽書と見なされている。

金薫《キムフン》　韓国の小説家。一九四八年生まれ。壬辰戦争の際に活躍した李舜臣を主人公とした『刀の詩』は、韓国で五十万部以上売れるベストセラーとなった。日本語訳のタイトルは『孤将』。

『三国史記』と『三国遺事』　『三国史記』は高麗時代中期に編纂された古代韓国の紀伝体史書。三国時代から統一新羅末期までを対象としている。『三国遺事』は、『三国遺事』に不備だった内容を補うため、僧一然《イルヨン》が十三世紀末に編纂した史書。仏教にかかわる内容や古代韓国語の歌を万葉仮名のような方法で写した「郷歌」を収めるなど、独自な内容が注目される。『三国史記』と『三国遺事』の関係は、日本における『日本書紀』と『古事記』の関係に類似するといわれることが多い。

荒山　日本ですと史料がすごく豊富に残っているんですけども、韓国の場合、古代史にしても『三国史記』*と『三国遺事』しかない。高麗時代についても『高麗史』*と『高麗史節要』の二種類しかない。ところが日本に行くと、日記は残っている、文学作品もある、神社やお寺にビジュアル系の史料もいっぱい残っているということで、復元が可能なんですけれども。韓国ですと、朝鮮王朝が始まってからの史料はあるんですけども、それまではほとんどないと。そうすると、小説とかドラマにしにくいというような状況が。

金　そうですね。秀吉の侵略以前のものは余り残っていませんね。それ以後の文献だとかなり残っています。それで、荒山先生のお話のように、秀吉の戦争以前の時代については、フィクションになってしまう場合が多いですね。でも、現在、東アジアは民族主義の時代なので、どうしても古代史をテーマに歴史ドラマを作りたがるのですね。それも、華麗なる古代という夢を見たがる。

　もう一つの理由としては、日本に比べて漢文で書かれた文献が圧倒的に多く、固有文字のハングルで書かれた文献の数は、仮名文字のそれに比べると少なすぎます。だから、小説や脚本を書いている若い世代には、文献への接近度が悪いというのもあります。そういう面では、韓国ではここ十年、漢文学の研究がかなり盛んになっていまして、「茶母」*（日本では「チェオクの剣」）のようなドラマは、このような漢文学研究の発展によるところが多いのですね。なので、これからは面白い歴史小説やドラマが増えてくるのではないかという期待を持っています。

吉丸　ちょうど時間となりましたので、最後に総括に入ろ

『高麗史』と『高麗史節要』　『高麗史』は朝鮮王朝初期に編纂された高麗王朝の史書。一四五一年成立。『高麗史節要』は『高麗史』の節要を目指して一四五二年に編纂された史書。実際は『高麗史』とは独立に編纂された。そのため、両方の記事は必ずしも重複せず、互いに参照する必要がある。高麗時代の文書・文献は殆ど消失している現在、その価値が高い。

「茶母」　韓国のMBCで二〇〇三年七月二十八日から九月九日まで放映したテレビドラマ。全十四話。日本では「チェオクの剣」というタイトルで知られている。

うと思います。どの順番にしましょうか。ちょっと話しにくいですか。じゃあ私のほうから。

事前に、こういうトークイベントの場合は打ち合わせをして、大体のことを決めておくので、落ち着いて進められます。ただ今回は、昨日、金先生に来日していただいて、荒山先生と金先生が顔を合わせるのは今日が初めてでした。私はお二人とそれぞれ打ち合せはしていたので、今日は盛り上がると思っていましたが、無事に進行し、私が知りたかったことについて、それぞれ見解・見識が得られてよかったです。

荒山先生は、日本の時代小説家の中でもひときわ光る個性があります。他にないものを持ってらっしゃるんですね。今、日韓の関係は問題になっていて、日本・韓国というのは、普通の人には生半可な根性では触れられない分野ですが、それを真摯にやっているわけですよね。荒山先生の小説を見れば、日本人と朝鮮人が戦っているわけです。そういう小説を韓国人の金時徳先生に読んでもらって、会話してもらう企画をするとは図太いと荒山先生は思ったかもしれません。しかし、このように話をしていけば、お互いの文化や歴史のことが分かっていき、また忍者研究も深まっていくことが、今日のお話で分かったのではないか。私は非常に満足しております。

金　先生ご自身もおっしゃっていますし、先生は、日本では推理小説家的な、ミステリー作家的な、山田風太郎的な位置付けをされているような気もしますが、実は、私は先生の作品世界から森鷗外的なものを感じます。鷗外に『佐橋甚五郎』*という小説がありますよね。先生の作品は、『佐橋甚五郎』の一〇〇年ぶりの再来のように感じられて仕方ありません。この小説の中で、鷗外は一つの謎を懸けています。本当ではない話をしておいて、関連する情報を待つというふうな結末ぶりですが、あの謎に答えるために先生が登場されたのではないかと、私は密かに思いました。こういった点から、日本の文学界・文化界において、先生の作業を評価していく必要があると、外国人の私です

『佐橋甚五郎』　一九一三年に書かれた森鷗外の短編歴史小説。慶長十四年に朝鮮から来た使者の一人喬僉《きょうせん》知《ち》を、徳川家康はかつて逐電した佐橋甚五郎と疑うが…。

が、提言します。

荒山　ありがとうございます。話の途中にも触れましたけども、私がこういう小説を書くようになったのは、もっとお隣の国のことを知ってもらいたいという動機から出発していますので、忍者や忍法、それから怪獣です妖術ですとか出しているんですが、そういうものを入り口として、もう少し隣の国のことを、歴史でも文化でも知っていただければなと思っています。今日は金先生から初めて本場のご講評をいただきまして非常に感激しております。どうもありがとうございました。

（二〇一四年二月二十二日。於ハイトピア伊賀）

荒山徹先生著書紹介

高麗秘帖（祥伝社文庫）

文禄元年（一五九二）、太閤秀吉は二十万人の大軍を朝鮮出兵させ首都漢城（ソウル）、平壌（ピョンヤン）を占領した。が、朝鮮水軍を率いるたった一人の将軍によって撤退を余儀なくされた。その名は李舜臣（イスンシン）。五年後、雪辱に燃えて再出兵した藤堂高虎は、舜臣を暗殺すべく忍びの者を派遣。一方、無益な戦を憎む小西行長は舜臣を救うべく使者を送った！　日朝の愛憎を超える迫真の人間ドラマ。

定価：九四六円　ISBN-13: 978-4396330873

二〇〇三年一月（初版一九九七年七月）

魔風海峡（祥伝社文庫）

慶長三年（一五九八）、前年からの朝鮮出兵も日本大苦戦のまま、秀吉を死の床に伏していた。突如、呼び出しを受けた真田幸村は、豊臣家再興を策す石田三成から驚くべき特命を拝した。「千年前、欽明帝が朝鮮半島に遺した任那日本府の隠し秘宝——百八体の黄金仏を発掘移送せよ！」忍びの勇士たちを引き連れ、幸村は朝鮮へ発った。一方、その計画を察知した家康側は、いち早く服部半蔵を半島へ派遣、半蔵は王子・臨海君、朝鮮忍者・檀奇七忍衆と手を携え、黄金仏の奪取を謀った。はたして秘宝の行方は？　凄絶極まる日・朝忍法決戦の決着は…。（「BOOK」データベースより）

定価：上巻六六九円、下巻六八九円。

ISBN-13: 978-4396331856　ISBN-13: 978-4396331863

二〇〇四年八月（初版二〇〇〇年十二月）

魔岩伝説（祥伝社文庫）

折しも朝鮮通信使が五十年ぶりに来日する直前、対馬藩の江戸屋敷に曲者が侵入した。幕閣が放つ剣士柳生卍兵衛の魔手から若き遠山景元が救ったのは、なんと朝鮮の女忍者だった。彼女が仄めかす徳川幕府二百年の泰平を震撼させる、李氏朝鮮と家康の密約とは？　国禁を犯し、朝鮮に渡る景元とその追っ手たち！　史実の裏で繰り広げられる壮大無比な傑作時代伝奇！

定価：七四三円　ISBN-13: 978-4396332853

二〇〇六年四月（初版二〇〇二年九月）

❖第二部……
「忍者」像の形成と現代文化

猿飛佐助と忍者像の変容

吉丸雄哉

はじめに

戦国時代が終わり、忍びの者が主だった活動を終えて、人々の目につく場所からいなくなったのち、忍術をつかう忍者は文芸・芸能作品で知られるようになった。江戸時代に成立した話形は、「忍者が忍術を用いて貴重なものを盗って戻ってくる」ものや「悪人が忍術をつかってお家の乗っ取りや天下国家の転覆を謀る」ものであった。いずれにしても、忍者は後ろ暗い存在として描かれており、現在の忍者像とは大きく異なる。

虚構の忍者像の転換に大きな役割を果たしたのが、猿飛佐助である。猿飛佐助はそれまでの忍者と異なり、正義の心を持ち、諸国を漫遊しつつ、武士と争い、他の忍者と忍術競べを行った。忍者が悪役だけでなくなり、正義の忍者も登場するようになったのは猿飛佐助の影響が大きい。

猿飛佐助は大正期の立川文庫《たつかわぶんこ》により多くの人に知られるようになった。立川文庫の研究は足立巻一『立川文庫の英雄たち』（文和書房、昭和五十五年）が決定版と見なされ、その内容が定説となってきた。しかし猿飛佐助および立川文庫とその類作に関して、『立川文庫の英雄たち』後の高橋圭一、旭堂南陵、新島廣一郎らの研究により、その不明や誤解が解消されている。また筆者も足立巻一説とは違った意見を持つ箇所がある。

本稿は、立川文庫とその類作が文学史で果たした役割と、『立川文庫の英雄たち』以降の研究で判明したことを紹介する。特に猿飛佐助の成立とその流布を整理し、また立川文庫の猿飛佐助像の特徴を分析し、忍者小説史上にもつ意義の考察を目的とする。

なお本稿では、史実上の忍者を「忍び」「忍びの者」と表記し、虚構の忍者を「忍者」と表記する。

一、立川文庫について

立川文庫とは、明治四十四年（一九一一）から大正十五年（一九二六）にかけて大阪の立川文明堂立川熊次郎により、刊行された二〇一編におよぶ小説群をいう。各編の筆者名は雪花山人や野花山人だが、実際は講釈師二代目玉田玉秀斎とその妻山田敬、その長男阿鉄らによる集団制作だった。講談にもとづくがしゃべったままの速記ではなく創作的要素の多い書き講談である。「たちかわぶんこ」と巷間呼ばれてきたようだが、立川熊次郎の姓は「たつかわ」であり、学術的には「たつかわぶんこ」と呼ぶべきだろう。

出版の全貌はまだまだ不明な点が多いが、立川文庫の出版年譜は更新がつづけられ、姫路文学館図録『立川熊次郎と「立川文庫」』（平成十六年）収録の「立川文庫刊行一覧」が現時点でもっとも詳しい。それによれば明治四十四年一月刊の『一休禅師』から二〇一編『最後の大活動　霧隠才蔵』（大正十五年十月）まで刊行されたとする。増刷は昭和二年まで続くが、新規の出版事業は大正六・七年で終えていたようである。また旭堂南陵『明治期大阪の演芸速記本』は山田阿鉄一家による速記の状況を明らかにし、また実物を確認したうえで立川文庫など当時の速記本の書誌を紹介する[1]。

ここで立川文庫の書誌学的な特徴を紹介しよう。立川文庫はクロース装（表紙用布装訂）で、四六判半裁の縦一二・五糎×横九糎の大きさが最大の特徴である。講談本は明治二十年代の四六判（縦一八糎×横一二糎）が明治三十年代に入って色刷表紙の菊判（縦二二糎×横一五糎）に移行する。それが固く小さなクロース装での出版に移行する。立川文庫の表紙に蝶蝶の型押しがある。蝶は玉田の家紋に由来する。講談本に四六判半裁クロース装が用いられたことは、明治四十三年三月から東京の三教書院から発行された古典名作を扱った袖珍文庫の影響が言われている。表紙に銀杏の模様が型押しされ「いてふ本」と呼ばれた。立川文庫刊行の直前の明治四十四年一月より大阪の金正堂書店・文祥堂書店相版でクロース装の「講談文庫」が刊行されていた[2]。直接の影響は断定できないが大阪でもクロース装の刊行が可能だったことが立川文庫刊行の前提となっている。

立川文庫の書誌学的な特徴は「いてふ本」にはじまる四六判半裁クロース装の様式に従う。「天金」「背文字が金文字」「六号活字」「本文二三〇頁から三〇〇頁ほどの分量」がそれにあたる。色とりどりの表紙も「いてふ本」の影響で立川文庫に関しては「赤青黄緑藍色をつかった色とりどりの表紙」が使われている。地味な表紙を少しでも目立つようにしようとした工夫だろう。「いてふ本」や講談文庫のように、立川文庫は当初は上質紙をつかっていたが、のちにザラ紙に移行した。定価は当初二十五銭のちに三十銭に値上がりした。二十五銭だと米価から換算して大正二年ごろで現在の九〇〇円に相当する。

立川文庫が成功すると他の出版社からもクロース装講談本が続出する。立川文庫でなくともこれらの様式をもった講談本は当時の読者に立川文庫と認識されていたようである。

武士道文庫（博多成象堂（大阪）、大正元年から六年頃）、怪傑文庫（日吉堂（東京）、大正四年より）、史談文庫（岡本偉業

堂（大阪）、大正二年より九年頃のちに五栄文庫に）、新著文庫（岡本増進堂（大阪）、大正三年から五年頃に多い）、五栄文庫（五栄館書店（東京））、大正文庫（駸々堂書店（大阪）、大正五年頃より）、天狗文庫（榎本書店（大阪）、大正九年頃に参入）がそれにあたる。また非時代物のクロース装文庫に活動文庫（山中嵓松堂（大阪））、探偵文庫（名倉昭文館（大阪））、大川文庫（大川屋書店（東京））があった。値段は怪傑文庫が十五銭のほかは、二十五銭が多かったが、徐々に値上がりし、大正九年ごろには立川文庫も三十銭になっている。

旭堂南陵は一家の原稿が「岡本偉業館・岡本増進堂・柏原奎文堂・博多成象堂・名倉昭文堂・島の内同盟館・此村欽英堂・駸々堂・積善館・中川玉成堂・松本金華堂・立川文明堂」に出ていたことを指摘している。[3] 立川文庫制作にかかわっていた池田蘭子の自伝体小説『女紋』（河出書房新社、昭和三十五年）では、武士道文庫、史談文庫、新著文庫、大正文庫も玉田玉秀斎一家が原稿を出していたとする。[4]

立川文庫でよく言われるのは、「旧本に二銭で新刊本と交換」（佐藤松次郎、昭和三十年七月十日『新大阪新聞』「古本界に立川文庫本ブーム」）するシステムである。『立川文庫の英雄たち』が紹介しておおよそ定説になっている（一〇四頁）。しかし旭堂南陵が池田蘭子の証言などをもとに「旧本に三銭で旧冊と交換」が正しいと述べており、[5] 今後そのように訂正されるべきであろう。

立川文庫自体、大正六・七年頃を最後に新規の刊行を止めており、その他のクロース装の講談本も天狗文庫を最後に昭和初頭には消えてしまい、かわりにA六版を中心とした色刷紙表紙の講談本が読まれるようになった。大正八年に玉田玉秀斎が亡くなり、その後山田敬・顕・唯夫ら制作の中心者が相次いでなくなったことが立川文庫に新刊がなくなった最大の理由であろうが、すでに大正六年頃に粗製濫造・需要過剰によりクロース装講談本が売れなくなったではないかと考えている。いわゆるアタリショックと同じことが起こったのではないだろうか。[6] クロース装本は表紙が地味である。「いてふ本」や初期の立川文庫のように誰にでもよく知られた作品や人物を扱っているうちはよかった。だが猿飛佐助のように忍術を使って活躍する場面もなく、流行にあやかって「忍術名人」と銘打った作品も多かった。同じキャラクターを使い回したほうが人気が出るはずだが、そうではなく、キャラクターを変えつつ同じストーリーを展開させたのも、マンネリズムの証しであった。そのため飽きられてしまい、再版以上の需要がなかったかと推測する。また競合する色刷表紙講談本が二十銭であったのに比べて、クロース装本は三十銭であり、価格競争でも立川文庫系のクロース装にする利点が失われていたのかもしれない。先の「新刊本と旧本を交換」もあながち嘘でなく、新古本だった可能性もあるかもしれない。

立川文庫系のクロース装講談本は講談速記（講談を速記者が聞き取って文章にする）ではなく、講談の筋に従って文章を新たに記した書き講談であることが特徴である。創作的要素が多く加わり、独自の読み物となっている。書き講談は速記本初期からあったことを旭堂南陵が指摘しており「書き講談の視点から立川文庫は論じられない」というが(7)、後述の松本金華堂版猿飛佐助と立川文庫版猿飛佐助の違いを考えると、書き講談でなければ立川文庫の人気はなかったように思われる。

二、猿飛佐助と玉田玉秀斎――立川文庫にいたるまで

足立巻一が猿飛佐助は玉田玉秀斎の創造した登場人物であると主張し、池田蘭子『女紋』がその説を補強していた（二〇四―二〇六頁）。しかし、高橋圭一の猿飛佐助に関する一連の論文により、猿飛佐助は江戸時代の実録に名前があり、玉田玉秀斎が無から創造したのではないことがわかってきた。高橋圭一は「忍者と豪傑」において猿飛佐助と霧

隠才蔵が明和期（一七六四～七一）以前に成立していた『厭蝕太平楽記《えんしょくたいへいらくき》』や幕末頃に成立した『泰平真撰難波秘録　本朝盛衰記』（京都大学附属図書館蔵）に見えることを指摘する。(8)「新撰実録泰平楽記」（文政八年成、大阪城天守閣所蔵）や天保四年成の実録『真田三代実記』に猿飛佐助の名前が見えることを岡本良一が紹介している。(9) 近年では実録『真田三代実記』天保四年成本の実見例を旭堂南陵が報告している。(10) 足立巻一は岡本良一が紹介した資料の信憑性を疑っていたが、高橋のいうように『厭蝕太平楽記』か『本朝盛衰記』の影響があると考えていいだろう。

『厭蝕太平楽記』では猿飛佐助を「忍び」とはしないが、『厭蝕太平楽記』以降の難波戦記物実録では、猿飛佐助や霧隠才蔵は軍事偵察や放火を行う。近世実録は、軍事偵察や放火といった歴史的な「忍び」の姿を描いたのも特徴である。

明治以降の作品に関し、高橋圭一は神田伯龍『難波戦記』『難波戦記　冬合戦』『難波戦記　夏合戦』（博多成象堂、明治三十一～三十二年）に霧隠才蔵が見えるとし、東京講談の『真田幸村伝』（明治三十年）に「申酉八郎」と「霧隠才造」の名前を見ている。(11) また高橋圭一と旭堂南陵のふたりとも神田伯龍『難波戦記　後日談真田大助』（博多成象堂、明治三十四年）に猿飛佐助を認めている。また旭堂南陵は「真田漫遊記」ものの西尾魯山講演『真田昌幸』『真田幸村』『真田大助』（岡本偉業堂、明治三十五年一月）にも猿飛佐助と筧十蔵の登場を認めている。(12) 玉田玉秀斎講演、山田酔神速記『真田幸村漫遊記』（中川玉成堂、明治三十六年四月）が玉田玉秀斎本の初出なので、(13) 猿飛佐助は玉田玉秀斎の創造した登場人物という説はもはや正しくないと言って間違いないだろう。

とはいえ、真田幸村を主役とする話の脇役であった猿飛佐助を主役に据え、大活躍させたのは玉田玉秀斎の功績といって間違いないだろう。玉田玉秀斎の立川文庫第四十編『猿飛佐助』（大正二年一月）が「猿飛佐助」というキャラクターを広める決定的な作品であったことは確かだが、ほぼ同内容の作品がそれより前に刊行されている。足立巻一『立川文庫の英雄たち』で、玉田玉秀斎講演・山田唯夫速記による松本金華堂版『真田家三勇士　猿飛佐助』(明治四十三年頃刊か)の大正二年五月再版本を見ている。足立巻一は金華堂版『猿飛佐助』と続編にあたる『由利鎌之助』とさらに続く『霧隠才蔵』の内容がまとまって立川文庫版『猿飛佐助』にまとめられたと見ている。[14] 池田蘭子の自伝体小説『女紋』(河出書房新社、昭和三十五年)で、松本金華堂よりも早く立川文庫に猿飛佐助が登場したように書いているがそれは誤りである。

池田蘭子は松本金華堂は広告のみ先に出したとする(『女紋』二〇一―二〇八頁)。『女紋』の刊行時には足立巻一は広告のみ見て松本金華堂現本を見ていない。つまり池田蘭子の記述は松本金華堂の講談本に猿飛佐助の広告があるが、実際に刊行された本は知られておらず、実際の刊行は疑わしいというこの時点での足立巻一の知識と一致しているわけである。これは『女紋』をそのまま鵜呑みにできない証しである。または足立巻一から助言や知識を得て書いた証しといえるのかもしれない。

松本金華堂版と立川文庫版の猿飛佐助は筋は一致するがまったく同じ内容ではない。足立巻一も指摘するが松本金華堂版は速記の原型が残る講談口調で書かれているのに対し、立川文庫版は書き講談であって、金華堂版の冗漫さが解消され短くなっている。また、松本金華堂版が色刷紙表紙の菊判本であり、立川文庫はクロース装の四六判半裁本だった。内容より様式の違いが人気を分けたといえよう。

三、立川文庫の猿飛佐助

立川文庫では第五編『智謀　真田幸村』に猿飛佐助は初めて登場する。

真田家の郎党にてしのびの達人たる猿飛佐助が、幸村の出丸に立かへりまして、佐「明十三日藤堂高虎の同勢が茶臼山へ朝駆けをかけるにより、この段御注進をいたします」といってきた。

と軍事偵察を行う。そのほか

（真田大助が合図すると）佐助「こころえたり」と猿飛は、かねて用意の鉄砲の火蓋を切つて、ドンと一発地雷火の口火にうちこむと、なにかはもつてたまるべき、五十余丁の長畷に伏せたる地雷火は（大爆発して、関東勢を撃破する）

と軍勢の一武将として活躍するが、おおよそ『本朝盛衰記』といった近世実録やそれをもとにした講談に沿った人物造型や役割だといえる。高橋圭一によれば、二代目旭堂南陵の講談『難波戦記』（『神戸新聞』大正六～七年頃）第八十六席に爆弾を投げて忍術で姿を消す霧隠浅右衛門が描かれているという[15]。

立川文庫第四十編『猿飛佐助』（大正二年（一九一三）一月刊）は忍者像の転換をもたらした作品である。講談といった芸能、あるいは実録やそれ以前の歴史小説では、忍術をつかう者は配下のひとりであって主人公ではなかった。それが主人公となり、前近代の妖術使いのように後ろ暗いところがないことは画期的であった。

なお江戸時代の草双紙である『児雷也豪傑譚』では、児雷也が主人公になって活躍しているが、児雷也は義賊であっても盗賊・強盗である。また作中でも忍術ではなく妖術を使っており忍術使いと見なされたのは大正以降である。(16)江戸時代では妖術使いの範疇であり、正義の忍者とはいえず、現在の正義の忍者像へ影響を与えたのはやはり猿飛佐助というべきであろう。

以下に立川文庫『猿飛佐助』の梗概を記す、

信州の郷士鷲塚左太夫の子として生まれ、十一歳から三年間戸沢白雲斎の修行をうけ、忍術を譲られる。十五歳のときに十六歳の真田幸村の臣下となる。三好清海入道ら幸村の家臣七人の嫌がらせを忍術ではねのける。奥女中の楓にちょっかいを出す伊勢崎五郎三郎を懲らしめる(十九歳)。楓からは好かれて、佐助は気乗りしないが、二十五歳になれば妻帯することになる。曲者の正体を話すように言われるが猿飛佐助は断る。三好清海入道らによって五郎三郎の悪事が判明する。伊勢崎親子は離反し、平賀源心のもとへ行く。佐助は忍術で仲違いさせ、源心に伊勢崎親子を殺させる。伊勢崎の遺臣松田源五郎が不忠者のため成敗する。平賀家の豪傑金剛兵衛秀春と戦う。平賀源心をなぐって懲らしめる。真田は平賀を滅ぼし海野口城をとる(二十歳)。天正十年に秀吉が開いた信長の法会に幸村らも上洛する。加藤虎之助(清正)・福島市松(正則)らのちに賤ヶ岳の七本槍の武将と真田七勇士が争う。

佐助と清海入道に三年間の諸国漫遊の暇が出る。浜松で元武田家の武将で徳川家に降参して町人になっている山野辺丹後を清海入道が痛めつける。徳川の榊原康政や大久保忠隣、鳥居元忠、本多平八郎（忠勝）、井伊万千代（直政）らと三好清海入道は争う。山野辺丹後の首を佐助が落として、三好清海入道を解放する。

鈴鹿山麓で盗賊の由利鎌之助を降伏させ義兄弟になる。

京都南禅寺で石川五右衛門と佐助が術を競う。

伏見藤の森の荒れ寺で塙団右衛門と知り合いになる。

大阪城内で由利鎌之助が亀井新十郎（茲矩）と後藤又兵衛と槍試合をする。

摂州花隈で戸沢白雲斎の子である山城守と佐助が試合をする。

須磨の浦辺で豪傑荒川熊蔵清澄と出会う。

岡山で宿屋の主人殺しの罪を偽修験者になすりつけられ、由利鎌之助が捕まる。佐助は偽修験者雲風群東次の師の霧隠才蔵に会って、仲間になるように説得する。

宇喜多家の家臣花房助兵衛と会って、真犯人を渡し、鎌之助は解放される。三人は義兄弟の誓いを立てる。

関ヶ原の合戦のあと、長州萩で霧隠才蔵が武士の髻を切り、井上五郎兵衛と争う。

伊佐で争う男女の割って入り、戦うが男は真田の穴山岩千代で、自殺する女をとめにはいったところだった。事情を聞いて、真田親子のいる九度山へ向かう。のちに大阪の陣で活躍し、秀頼の九州落ちに従った。


よく猿飛佐助が甲賀流を学んだと記述されるが、これは立川文庫にはなく、松本金華堂版に記されていた特性である。立川文庫版のもとになった松本金華堂版『猿飛佐助』は海野口城奪取ののちの幸村上洛ですぐに中編へ引き継ぐとして終わっている。松本金華堂版『猿飛佐助』のあらすじは立川文庫とほぼ同じなので、今は内容の伝わらない松本金華堂版『由利鎌之助』『霧隠才蔵』も立川文庫版『猿飛佐助』に含まれる残りの部分だったのだろう。金華堂版の分量をみると、もともと猿飛佐助に関する講談は、海野口城までだったのかもしれない。

海野口城以降のストーリーであるが、幸村上洛から、西国への漫遊になると、話はパターン化し、行く先ざきで豪傑と争い、ときにはそれらと義兄弟の契りを結ぶという話がひたすら続く。『猿飛佐助』は立川文庫第四十編の作品である。猿飛佐助は架空の人物だが、そこに出てきて、佐助と戦ったり、仲間であったりする人物は実在する。よく知られた歴史的人物なのである。大久保彦左衛門（三、三十、括弧内は立川文庫登場編番号）、真田幸村（五、二十八）、秀吉（八、十三、三十五）、後藤又兵衛（十）、塙団右衛門（二十一）、荒川熊蔵（三十七）ら各編の主人公が『猿飛佐助』に登場し、すでにそれらの作品を手にとっていた読者を喜ばせたに違いない。

足立巻一は立川文庫では「世の権力に反抗し、これをやっつけ、あるいはからかう人物が多い」「強力なものへ単身向かって打ち勝つ勇者が多い」「物語が「漫遊」によって展開されるものが多い」ことを指摘している（『立川文庫の英雄たち』七四・七五頁）。

史実に従うため、話が作りやすいように地方に出た時の逸話とするのであろう。猿飛佐助に関する編は、九十三猿飛佐助漫遊記、九十三忍術名人猿飛佐助南海漫遊記、一〇八真田間者猿飛佐助江戸探り、一一九忍術名人猿飛佐助東北漫遊などの「漫遊記」があり、マンネリズムではあるが、有効な作劇法として用いられた。

なお、立川文庫二〇一編のうち、四十が猿飛佐助（大正二年）／五十五が霧隠才蔵、八十一忍術名人戸沢山城守（大正三年）／九十三猿飛佐助漫遊記、九十七伊賀流忍術百々地三太夫、九十三忍術名人猿飛佐助南海漫遊記、一〇四忍術漫遊熊野太郎、一〇六忍術名人永井源三郎、一〇八真田間者猿飛佐助江戸探り、一一一忍術名人梵字太郎、一一七忍術名人甲賀流元祖甲賀雷助、一一九忍術名人猿飛佐助東北漫遊、一二〇関東大阪秘密探り霧隠才蔵漫遊記、一二一

忍術名人甲賀雷助東国漫遊記、一二二忍術名人魔風来太郎、一二五忍術名人難波合戦猿飛佐助大活動、一二六忍術名人難波合戦霧隠才蔵大活動、一二七忍術名人荒獅子五郎、一二九忍術名人豪傑島津熊若丸（大正四年）／一三一忍術名人伊達梵字丸から一六四忍術名人堀帯刀まで大正五年に刊行された三十四作品のうち、忍術物でないのは十一作。大正六年一六五編から一八〇編のうち三作品、大正七年以降一八〇編から二〇一編のうち九作品の忍術名人が生み出された。

なお忍術映画は大正三年に浅草常磐座で公開された『児雷也』が嚆矢と言われる。大正五年頃には牧野省三監督尾上松之助主演の忍術映画が人気となり、忍者映画ブームがおこった。忍者映画は牧野省三と松之助が大正八年に袂を分かつと、松之助の映画も早くも大正九年には人気に陰りが見えるようになる。これも粗製濫造が原因であった[17]。忍術映画の流行により、忍術小説への参入が増えたのだろうが、先述のとおり粗製濫造で市場が飽和する。小説と映画の娯楽としての競合もあったかもしれない。忍術映画も小説と同様に粗製濫造が原因で衰退したのも皮肉である。

表現面で映画の影響が小説にあったように感じる。後出の立川文庫作品は「猿飛佐助も仕方がないから、椽側へ進み出て口中に呪文を唱へ九字を切ると、忽まちその姿は煙のごとくボーッと薄くなった」（一七〇忍術名人立花家三勇士鷲塚力丸、大正六年）と初期の『猿飛佐助』とくらべて忍術がより視覚的に表現されるようになった。

今に至るまで猿飛佐助と霧隠才蔵しか残っていないのは、「忍術名人」と銘打っても、猿飛佐助や霧隠才蔵ほど全面的に忍術をつかっていないためであろう。作品の終わりになって猿飛佐助や霧隠才蔵が友情出演した作品でも、そのことが結果として、その作品の主人公の価値を下げているように感じる。商売としては人気のあるキャラクターを全面に出してそれが活躍する作品を書き続けるほうがよいはずだが、ストーリーに変化少なく登場人物名を変えることで新作のように見せかけていたように感じる。

次から次へと豪傑が出てきて、それと争う姿は、現在の少年漫画誌と似た点があって面白いが、立川文庫は現在の少年漫画あるいは吉川英治らが『少年倶楽部』に書いた少年小説と決定的にちがう点がいくつかある。吉川英治は『神州天馬侠』の武田伊那丸など少年小説では必ず少年を主人公にしたが、立川文庫では主人公は基本的に成人である。また『神州天馬侠』では咲耶子のような美少女が彩りをそえるが、立川文庫では女の登場人物が大きく筋に関係することがあまりない。昭和三十四年に東映動画スタジオが猿飛佐助を題材に『少年猿飛佐助』を作成するが、子ども向け作品であれば、感情移入しやすいように、子どもを主人公とするという手段が立川文庫には用いられなかった。

四、猿飛佐助の画期と丁稚の英雄

猿飛佐助はそれまでの後ろ暗い忍者像を転換する画期的な正義の忍者だった。それではなぜ猿飛佐助という正義の忍者が登場するようになったのであろうか。

立川文庫は武士道を強調する。立川文庫は四十編『猿飛佐助』が登場する前に、副題に「武士道精華」の副題がついた作品が十一編存在し、その後も「武士道精華」は「忍術名人」と並んで、立川文庫の登場人物の、武士道にのっとった人物を登場させるのが特徴である。

天竺徳兵衛や仁木弾正といった江戸時代の「忍術譲り場」が野心も一緒に譲られたのに、戸沢白雲斎による猿飛佐助への忍術免許皆伝の場面は大きく違う。

老「イヤ、今朝は其方に我が妙術の極意を伝へる、有難く頂戴に及べよ」と一巻の巻物を取出し　老「コリヤ佐助、之を汝に与へる間、生涯肌身につけて身の行を謹めよ、或は戦いを為すにつけても、英雄豪傑に出合ふ際にも、此の中に認めてある事を弁へて居れば、決して遅れを取る事はない」と懇ろに教訓を垂れ、件の一巻を手渡しする。

そのときに白雲斎は、

コリヤ佐助、折角三ヶ年の間習い覚へし忍術も身の行い悪ければ役に立たぬ、呉々も忠孝の道な忘れなよ。

といわゆる忍びの正心を説くのだが、『万川集海』など忍びの正心を説く忍術書を玉田玉秀斎らが知っていて取り入れたのではないだろう。佐助自身も、

佐助「三ヶ年の永の年月、日夜御教導下されし御恩は、海よりも深く山より高く、お礼は詞に尽くされませぬ、必ず御教訓を守り、師匠の御名を汚す様な事は仕らず、此の段御安心下されます様」

と模範的回答をする。

猿飛佐助が忍びが正心を持った人物なのではなく、そもそも武士道精神を持った人間であることは、奥殿に侵入した賊の正体を言うように言われた佐助が「猿飛佐助は武士でござる」、「幾等仰せあつても同じ事、猿飛佐助は武士でござる」と繰り返すことからわかる。塙団右衛門は「真田家には忍術の大名人猿飛佐助幸吉なるものありと聞き及ん

で居た」と言い、石川五右衛門は「見受ける処義に強き武士《さむらい》」と佐助を評価している。忍術を身につけた武士という評価である。忍びの術を身につけながらも、武士の心をもった侍が佐助の本質だが、結果として正義の忍者という新しい忍者像が佐助から広まっていった。

立川文庫および佐助が何を重視しているかは立川文庫『猿飛佐助』のなかから、他にもいくつかうかがえる。そのひとつが武士道のなかで重要な主君への忠である。少年向け小説のためか、猿飛佐助が作中で直接人を殺す場面は少ない。不忠者の伊勢崎五郎兵衛・五郎三郎親子と平賀源心を争わせて、平賀源心に伊勢崎親子を殺させる。しかし、伊勢崎の臣下の松田源五郎が平賀に下ると「七十人の中で誰一人主人の仇と切り込む者がないとは、情ない奴等だ、ヨーシ不忠者の松田源五郎を真二つに遭せて遣ろう」と松田源五郎は佐助自身が殺している。松田源五郎はそもそも伊勢崎の家臣であってたいした存在ではない。にもかかわらず手を下した理由はその不忠にある。

他に佐助自身が殺しているのが山野辺丹後という旧武田の臣下で徳川に降伏して町人になった人物である。三好清海入道が山野辺丹後と争い、大久保忠隣や本多平八郎、井伊直政ら徳川の家臣とも争い、三好清海入道はつかまる。猿飛佐助がそれを救う際に山野辺丹後の首は落とすが他のものとは争わない。『猿飛佐助』では武士道の道徳に反する不忠という行為が厳しく咎められるのである。

立川文庫の主な読者が当時の大阪の商家で働く丁稚たちであったことは『立川文庫の英雄たち』にも紹介されたことである（一〇三頁）が、道徳の面からみてもよく理解できる。猿飛佐助は丁稚の理想を生きているからである。十歳で修行の開始は、丁稚奉公のはじまりと同じである。戸沢白雲斎は佐助に対して、

我家には祖先より代々伝はる一つの妙術あり。世に所謂忍術之れなり、今日本に於て此の術を極めたる者、怍山

城守と其の他数人ある、我れ年来諸国を漫遊致し、如何にかして天晴なる少年を見出し、此の術を譲らんと思へども、目鏡に叶いしもの嘗てなし、然るに（佐助がそれに相当した）

選ばれた少年であることを告げる。商家に集められた丁稚らにも自らが選ばれた者であるとの自尊心を刺激したと思われる。

戸沢白雲斎の元に弟子入りしてからの猿飛佐助は、

人学ばざれば智なし、玉磨かざれば光りなし、佐助は図らずも鳥居峠に於て、奇体の老人より昼夜の別ちなく、一心不乱に武術を教はった、夫れが為め僅か三ヶ年で天晴なる腕前となり、尚も勇み励んで、怠らず勉強している。

と勤勉さが強調され、理想の丁稚像といっていいだろう。

三好清海入道ら朋輩が布団で簀巻きにしようとする嫌がらせは丁稚朋輩が新入り歓迎によく行う嫌がらせだったのだろう。楓という女中を助けたことで佐助は好意を持たれるが、佐助自身が楓に心を奪われることはない。それでも楓に好かれた佐助は婚約を真田昌幸から命じられる。これも女性とは距離をおかねばならなかった丁稚らにとって理想的な振るまいだったと感じられる。

『猿飛佐助』に見られる特徴が、敵対していた登場人物が仲間になって義兄弟の誓いを立てることである。由利鎌之助は朝倉の残党と称して、鈴鹿山麓で盗賊を行い、軍用金を集めていた。槍の名手であり、ただの盗賊ではない。

猿飛佐助と力比べをする（五四頁）のだが、

猿飛「貴様ほどの腕前なら、今戦国の世の中で、然るべき大名に仕へなば二千石や三千石は思いの儘だ、然るに主家再興に名を借り、軍用金を集めるとか味方を募るとか、人聞きの良い事を云つて、窃かに栄華をしようとは不心得千万縦しんば真実主家再興を計るにしろ山賊夜盗の汚名を受けては、志を貫く思いもよらず、汝に限らず昔より斯る例は沢山あれど、誰一人目的を達した者は嘗てない、今日只今より本心に立ち帰り、真人間となれ、否と云へば只一刺しだぞツ」

由利鎌之助「イヤ、恐れいつた、貴殿は何れのお方かは知らないが、腕前と云ひ情けある御言葉、鎌之助深く後悔した今日より心を入れかへ、以後は聊かたりとも不正な事は仕らず」

と由利鎌之助は降参し、

悪に強きものは善にも又強し、由利鎌之助は猿飛佐助、三好清海入道とは兄弟の約を結んで大喜び（五六頁）

と仲間になる。

また霧隠才蔵でいえば、

霧隠才蔵は元蘆名下野守の浪人、百地三太夫から忍術を習った。石川五右衛門とは兄弟分。

「豊臣の天下を覆して、一国一城の主とならんとの考へを起し、不義の業とは知りながら、他に方法のなき儘、斯く味方に山賊を働かせ、密かに軍用金を集め、時節の到来を待つて居たのである」

佐助「今日より心を入れかへ、我と同じく真田家の臣となる気はないか」
霧隠才蔵も始めて夢の覚めたる心地

（七八頁）

がして「尚も懇々誡しめた上、才蔵を自分の義弟となし、改めて此処に義兄弟の誓を立て、才蔵は酒肴を取出して厚く饗応す」と仲間になるのである。

立川文庫は武士道精神を鼓吹する内容である。もう武士の世の中でないにもかかわらず、そのような内容の小説が受入れられた理由は、読者層であった丁稚らにとって望ましい道徳が述べてあり、佐助が理想とされる登場人物であったからにほかならない。佐助は丁稚の英雄だったといえよう。

五、猿飛佐助の孫悟空モデル説の検討

足立巻一は猿飛佐助の人物造形が孫悟空の影響を受けていると述べる。孫悟空と猿飛佐助の「猿」が名前のみならずキャラクターに共通し、三好清海入道が猪八戒で、真田幸村が三蔵法師に対応して、諸国を巡る点が似ているという。また講談のたねとして『西遊記』『三国志演義』『水滸伝』があったほか、立川文庫に関係しては山田酔神の愛読書が『西遊記』であったとする（『立川文庫の英雄たち』「西遊記の影」）。

足立巻一が猿飛佐助と孫悟空の類似を最初に指摘したのは『歴史の人気者』（昭和三十年）である。[18] 池田蘭子の『女紋』で、明確に孫悟空をモデルにして作ったと書いてあったことが説の定着に決定的だった（女紋二〇四―二〇六頁）。

佐助は孫悟空をモデルに玉田玉秀斎が創作したというこの足立巻一説が長い間定説だった。だがそもそも玉田玉秀

斎の猿飛佐助創作説は二項のように正しくない。

よって、猿飛佐助が孫悟空をモデルに作られたとも言いがたいだろう。まず池田蘭子『女紋』だが、松本金華堂版『猿飛佐助』の広告の件のように、足立巻一の影響が大きく、客観的な事実を述べたか、信憑性に疑問がある。足立巻一にモデル説を教えられそのまま書いた可能性が高い。

モデルに認めがたいもう一つの理由は、佐助の話と西遊記とに明確なストーリー的な類似が見られないことである。具体的な詞章の引用があれば、西遊記を元にしたといえるが、そのような箇所が見当たらない。また佐助のつかう忍術が孫悟空由来といえない。佐助がつかう変化や隠形の術は、江戸時代の忍術使いも使ったもので、孫悟空でないと使えないわけではない(19)。また孫悟空の術では有名なたくさんの小さな分身の術を出す術を佐助はつかわず、また他の近世小説でもそれは使われない。伝統的な忍術だけをつかっている。キャラクターを大まかに見れば似ているといえば似ているが果たしてモデルにして創作したといえるかどうか。少なくとも日本文学研究では詞章の引用やストーリーの明確な一致がない場合は、典拠関係を認めない。

個人的には漠然とした類似性を感じるが、相違点も多い。そのひとつが猿飛佐助と孫悟空の精神性の違いである。猿飛佐助のほうが行儀よく、忠義の心が強い。孫悟空のように三蔵法師に強くコントロールされる必要が佐助にはない。性格の面でも大きな違いがあるといってよい。以上のように猿飛佐助が孫悟空をモデルにしたという説は慎重に検討すべきだろう。

まとめ

以上のように主君への忠義を大切にする猿飛佐助は武士的な登場人物に忍術を身につけた存在であり、それまでの後ろ暗い面のある「忍び」や「忍術使い」像とは大きくことなる新しい忍者であった。

立川文庫など講談速記本の猿飛佐助が選ばれた存在で、主君や家そして仲間を大事にすることが当時の読者層であった丁稚には理想の姿として好まれたといえる。

猿飛佐助は玉田玉秀斎の独創した人物だと思われていたが、それ以前にも実録や講談に登場する人物であることが最近の研究でわかっている。従来は孫悟空の影響が大きいと言われてきたが、これに関しては相違点も多く、さらなる検討が必要であろう。

立川文庫のような四六判半裁のクロース装の講談本は立川文庫の人気により、それまでの菊判講談本にかわって大正期に広まるが、本の値段などの理由のため、昭和初期には色刷表紙のA六版の本に交替する。

講談や立川文庫など講談速記本の『猿飛佐助』から、忍者が正義の登場人物となり、作品の主人公となったため、その後の忍者作品では正義の心を持つ忍者が主人公となるのが当たり前になった。その意味では猿飛佐助は忍者文芸史上できわめて重要な存在であった。

注

（1）四代目旭堂南陵（執筆時は小南陵）『明治期大坂の演芸速記本基礎研究』正（たる出版、平成六年）。

（2）足立巻一『立川文庫の英雄』（文和書房、昭和五十五年）の「考説立川文庫」（六六―七一頁）のほか、姫路文学館「大正の文庫王　立川熊次郎と「立川文庫」」図録（姫路文学館、平成十六年）二八頁。

（3）前掲注1書、「二代目玉田玉秀斎と速記本」一〇一頁。

（4）池田蘭子『女紋』（河出書房新社、昭和三十五年）二一八頁。

（5）旭堂南陵「明治末～大正期大阪講談本の世界――立川文庫を中心に」（吉川登『近代大阪の出版』、創元社、平成二十二年二月）が紹介する（一四九・一五〇頁）、尾崎秀樹・宗武朝子『日本の書店百年』（青英舎、平成三年）中の尾崎秀樹・宗武朝子による池田蘭子インタビュー。

（6）一九八二年の時点で約三二億ドルに達していた北米における家庭用ゲームの売上高が、ゲームソフトの供給過剰や粗製濫造のため一九八五年にはわずか一億ドルにまで減少したことをアタリショックと呼ぶ。

（7）注5前掲書の「講談速記本と立川文庫」一四九頁。

（8）高橋圭一「忍者と豪傑――猿飛・霧隠・塙団右衛門」（『文学』七巻六号、岩波書店、平成十八年十一月）。高橋圭一「江戸の猿飛佐助」（『地域創成研究年報』五号、愛媛大学地域創成研究センター、平成二十二年八月）。

（9）「猿飛佐助考」（『岡本良一史論集』上巻、清文堂、平成二年所収。初出は、昭和三十五年六月十六日付大阪版朝日新聞朝刊）。

（10）注5の旭堂南陵前掲書。江戸末期の写本で『真田三代実記』（天保四年）の巻之二に猿飛佐助の名前が登場している。おまけに「右の猿飛、根ノ井両人の郎党間諜《しのび》の妙じゅつを得たる曲者なりとぞ」と忍術使いである記述までしてある（一三九・一四〇頁）。

（11）注8前掲の「江戸の猿飛佐助」。

（12）注10前掲書、一四〇・一四一頁。

（13）注10前掲書、一四〇頁。玉田玉秀斎速記本で最初に猿飛佐助が登場する『真田幸村漫遊記』に関して『立川文庫の英雄たち』が明治四十二年刊行としたのを訂正する。

（14）注2前掲の『立川文庫の英雄たち』一七八―一八一頁。現在では松本金華堂版『猿飛佐助』は国立国会図書館所蔵本が近代デジタルライブラリーでも公開されている、玉田玉秀斎講演『天正豪傑　八重垣主水輝秀』（明治四十五年六月。三刷。筆者架蔵）の広告に三つの名前がある。

（15）注8前掲の高橋圭一「忍者と豪傑」。

（16）吉澤英明『講談作品事典』中（「講談作品事典」刊行会、平成二十年）が紹介する大正三年七月の「演芸倶楽部」で児雷也が森宗意軒から「忍術」を学んだとあるのが児雷也を忍術使いとみなす早い例。

（17）田島良一「時代劇の誕生と尾上松之助」（岩本憲児偏『時代劇伝説』森話社、平成十七年所収）。

（18）毎日新聞社学芸部編『歴史の人気者』（河出書房、昭和三十年十二月）。

（19）近世小説や演劇における妖術に関しては佐藤至子『妖術使いの物語』（国書刊行会、平成二十一年）に詳しい。

くのいちとは何か

吉丸雄哉

はじめに

二〇一四年十一月に、甲賀流伴党二十一代目宗家の川上仁一先生とともにバルセロナ・マドリード・ローマで忍者忍術講演・実演会を行った。演後の質疑応答で「女の忍者はいましたか」という質問がいずれも出た。「残念ながら、前近代には女の忍者はいません」とその都度答えてきた。理由は簡単である。平時に敵地に侵入して偵察・情報収集を行い、戦争時には偵察のほか、敵陣・敵城に侵入して放火・暗殺を行う「忍び」に女がいたという記録がないからである。特殊な忍術を身につけ活躍した女忍者の記録も見当たりもしない。なお本稿では史実に即した忍者を「忍び」、虚構の忍者を「忍者」と呼び使い分ける。

近年、望月千代女という巫女かつ女忍者がいたという説が流布しているが虚妄の説である。本書別項に、望月千代女の伝記の検証を記したので、参考にして欲しい。おそらく望月千代女以外にも固有名詞つきの女忍者の伝記が今後出てくるだろうが、それが本当に史実であるか、しっかり検証すべきだろう。

実在しなかったにもかかわらず、小説・映画・漫画・アニメには女忍者がたくさん登場している。「くノ一」（くのいち）が女の忍者を指すことを知らない人もほとんどいないはずである。「くノ一」（くのいち）は女忍者の普通名詞となっている。よって、本章では「くのいち」＝「女忍者」として、「くのいち」の語を使っていく。

では、史実に存在しない女忍者はいつから虚構の世界に登場するようになったのか。また、虚構の世界ではどのように描かれ、定型を得ていったのか。「くノ一」という言葉はいつから存在し、なぜ女忍者の代名詞に定着したのか。このような疑問に対して、江戸時代の文芸作品から昭和四十年頃までの小説をたどることで、「くのいち」像の系譜を明らかにし、また「くのいち」像の検証を行うのが本稿の目的である。

くのいちの語義

「くノ一」が女を指すのは「女」の字が「く」「ノ」「一」に分解できるからであろう。女は人間の備える九穴より一穴多いから、という説を口頭で教えてもらったことがある。Wikipediaなどで散見するが、これにも根拠はない。『隠語輯覧』（一九一五年）に「【九ノ一】で婦女子」とあるが、『隠語構成の様式并其語集』（一九三五年）・『警察隠語類集』（一九五六年）・『現代隠語辞典』（一九五六年）は【くノ一】で「女」の字の分字説をとっている。分字の意で流布したと見るのが自然だろう。

用例で古いものは、俳諧点者遠舟（一六五三～？）の自選句集『遠舟千句附』（延宝八年（一六八〇）刊）所収の「香炉峰くノ一籠る簾《みす》のひま」という句である。『枕草子』二九九段を念頭におく句で、「くノ一」は清少納言を指す。また、諺語辞典の『譬喩尽《たとえづくし》』巻四（天明六年（一七八六）序）には「くの一とは女の字義」（悪性坊主の密詞）との説明がある。江戸時代では用例はかなり少ない。

理由は、当時は楷書よりくずし字がよく使われており、「女」の字といえば、一画一画がはっきりした楷書体よりも、ひらがな「め」ともなっている「女」の草書体が先に意識されていたからかもしれない。

いずれにしても「くノ一」は女を指す隠語であり、女忍者の意味はまったくない。

忍術書のくノ一の術

「忍び」で「くノ一」といえば、『万川集海』巻八の「くノ一の術」が有名である。「くノ一」が忍者と結びついたのもここからであろう。「くノ一の術と云は三字を一字としたる者を忍に入るを云也。たぢからは入難く思の時、此術を可用也。」とあり、「男《たぢから》」では潜入しにくい際に、かわりに潜入するのである。「くノ一の術」の次に記される「隠蓑の術」は、「くノ一」が奥方に宿に預けてある木櫃を取り寄せるといって、二重底になった木櫃をつかって人を邸内に潜入させる術である。「くノ一」＝「女」をつかった術であって、女忍者がいたという意味ではない。

くのいち前史――江戸時代まで

「忍び」が大いに活躍した南北朝時代から戦国時代まで、女の「忍び」は記録になかった。江戸時代の文芸・演劇には、女のリアルな「忍び」はもとより、現在のフィクションに登場するような黒装束に手裏剣を持ち、驚くべき忍術を身につけた女忍者も登場しなかった。江戸時代の文芸・演劇では、妖術使いの下位分類として忍術使いが登場していた。これら妖術使いも広義の忍者であるが、女の忍術使いは描かれず、たいていは「姫」である女の妖術使いである。

山東京伝『善知鳥安方忠義伝《うとうやすかたちゅうぎでん》』（文化三年（一八〇六）刊）の滝夜叉姫は平将門の遺児であり、相馬の古内裏で妖怪を操る。曲亭馬琴『開巻驚奇侠客伝《かいかんきょうききょうかくでん》』（天保三～六年（一八三二～三五）刊）の姑摩姫は分身の術をつかい、『白縫譚《しらぬいものがたり》』（嘉永二年～明治十八年（一八四九～八五）刊）の若菜姫は、隠形、飛行のほか蝦蟇の術をつかう。いずれにしても小袖を着た女の装いであり、外見から「忍び」らしさは感じとれない（挿絵1）。

挿絵１　白縫譚初編（早稲田大学所蔵本）

挿絵２　十六編（早稲田大学所蔵本）

あえてくのいちらしい登場人物をあげるなら、合巻『児雷也豪傑譚《じらいやごうけつものがたり》』（天保十年〜明治六年（一八三九〜六八）刊）および歌舞伎『児雷也豪傑譚話《じらいやごうけつものがたり》』（嘉永五年（一八五二）初演）の綱手姫である。綱手姫は越中立山で蛞蝓《かつゆ》仙人から武芸と妖術の教えをうけている怪力の美女であり、大蛇丸と戦う児雷也の危機を蛞蝓丸の名剣で救う。児雷也・綱手・大蛇丸といった『児雷也豪傑譚』の登場人物は岸本斉史『ＮＡＲＵＴＯ――ナルト』にも流用されたので、名前を知っている人は多いだろう。鎖帷子の着込みをする外見が、他の女の妖術使いとの大きな相違である（挿絵２）。

くのいち前史――明治維新から戦前まで

大正期に立川文庫の忍術ブームが起こるが、女の忍術使いは第一三九編『雲隠忍術　勇婦綾路』（一九一六年頃か）の綾路だけである。綾路は同じく雲隠の術を使う御嶽八郎（一三四篇主人公）の妻である。近江のお兼のように江戸時代からあった勇婦物の流れをくむ作品で、猿飛佐助が忍術をつかえる武士ならば、綾路は忍術がつかえる勇婦である。「元来大膽不敵なる綾路は、又も印を結び九字を切ると、忽ちその姿は消えた」（七〇頁）など雲隠の術をつかうが、さまざまな妖術をつかう文殊姫とそれを仇とする福島六郎清秀との争いが主筋で、文殊姫に比べて綾路は影がうすい。綾路は女の忍術使いとも本文で言われないが、忍術を身につけた女の忍者と言っていいかもしれない。

さくら文庫『堀尾鷲丸』（高山義山作、大川屋書店、一九二〇年）には「女装忍術小西照若」という作品の広告があるが、未見。映画には大正期に女忍者物が多く作られたようで、一九一七年〇一・三一『女忍術』（天活東京、尾上梅之丞主演）、一九一九年『女猿飛』（天活、尾上栄三郎主演）、一九二〇年『忍術三人娘』（帝国キネマ、嵐徳太郎主演）があり、先の「女装忍術」も一九二一年に沢村四郎五郎主演で国活から映画化されている（検索は日本映画データベース）。いずれも現在は内容を確認できないのは残念である。これらの映画は歌舞伎の女形が主演しており、女形だからこそ動きの激しい忍術映画が演じられたのだろう。一九五五年の大谷友右衛門主演の『忍術児雷也』（新東宝）で児雷也は女に化ける。大谷友右衛門はのちの人間国宝の女形四代目中村雀右衛門であり美しいが、おそらく初期の「女忍者」ものも歌舞伎役者が演じるところに妙があったのだろう。

小説に関しては、明治以降も江戸時代の女妖術使いの性質が引き継がれたといってよい。そのなかで、国枝史郎『蔦葛木曽棧《つたかづらきそのかけはし》』（一九二二～二六年）に登場する老婆吹矢のお三は目立っている。次の引用は「忍術問答」という章で、吹矢のお三が伊賀流の忍術をつかう老人三太夫（正体は百地三太夫）とかわした会話である。

「のうお爺さん、昨日のように、術くらべをしようじゃあるまいか。伊賀流とかいう忍術と、わしが勝手に発明した吹矢流という忍術とどっちが勝つか負け鬮をひくか、比べて見ようじゃあるまいか」
「術くらべをするのもよいけれども、また今日も恐らく勝負はつくまいよ――それよりどうじゃな、お婆殿、一つ問答しようじゃないか」

とお互いの忍術の内容が示される。

「そもそも伊賀流の秘訣というは阿吽の呼吸これ一つじゃ」「吽と閉じれば姿が消え、阿と口を開ければ姿が見える。吽の間の長い者こそ流儀の極意の体得者じゃ」「一念信仰これ秘訣じゃ。蛇になろうと思う時には、何より先に一念凝らして経になろうと念ずるのじゃ。そうすればきっと蛇になる」「お前の吹矢流の忍術で飛行自在が得られるかの?」

という三太夫に対し、「なんでもないこと、得られますじゃ。私は吹矢の筒に乗ってどんな空でも飛んで見せる」と答える。また「一日に百里、地が走れるか?」という質問に対し「風のように私なら走って見せる」と答えている。

その後、三太夫は一寸法師ぐらいの大きさになる蛞蝓伸縮秘法という綱手の使ったという術や降雲奪取光明術という明るい昼を夜にする術を紹介する。それに対して、お三は山を両脇に抱えて空へ飛ぶ挟山飛天という術を紹介する。そこへ弟子入りを望む、木村常陸介と石川五右衛門という二人の武士があらわれる。三太夫は木村を弟子にするが、五右衛門は盗心を持つとして弟子にはしない。お三が五右衛門を弟子にする。五右衛門は実は御嶽冠者の部下であり、妖術を使って伊那家の奥方を攫おうとする。捕まりそうになった五右衛門は火炎の術をつかい、お三が吹筒に乗って五右衛門を救いあげる。

魔法的な忍術だけでなく、剣術や手裏剣術などをつかう女は吉川英治作品に登場する。吉川英治『神変麝香猫』(一九二六年)のお林は高山右近の娘の隠れキリシタンで、麝香の匂いを漂わせ猫を自由に操る美女である。剣術・手裏剣の術にすぐれる。「忍び」ではないが、山田風太郎の忍法帖に出てくる人物といわれても違和感がない。むしろ、山田風太郎が『甲賀忍法帖』を執筆した際には、『神変麝香猫』など吉川英治作品が念頭にあったように感じる。

吉川英治で、より有名な作品をとりあげると、『神州天馬侠』(一九二五~二八年)の咲耶子は美少女で大鷲に乗る。剣術をつかい笛で軍勢を指揮する。小袖を着た女らしい服装のほうが多いが、黒装束を着用したこともある。登場場面は次の通り。

千「ソレ坊さん、一廻り……」
雷「イヤおのれ、早い奴だ――エイツ。」と又打込んで来ると、パツと雲が消えて、坊さん前
ヘトン／＼とのめつて、
クル／＼ツと廻つた。
千「ソレ坊さん二廻り……」
雷「ヤアよく消えてしま
ふ奴だ、今度こそ――」
と又打込んで来ると、
千鳥の姿はパツと消えた。
雷雲クル／＼ツと三度廻
つた。
千「オホヽヽヽ、坊さ
ん、それで三度廻つたよ。」
雷「ヤアおのれ、目まぐる
しい奴だ、今度は手づかま
へにしてくれん。」
と大手を擴げて組附いて
来た。暫く抉合つてゐた
が、「エイツ。」といふ千鳥
の聲がかゝると、雷雲ドタ
リッそこへ投げ飛ばされた。
千「どうだえ坊さん、恐れ入つたかえ。」
雷「ウーム……」坊主はやう／＼起上つて、
「あゝどうも恐しい力の女だ、恐れ入つた。」
千「恐れ入つたら家来になるのだよ。――コレ／＼雷雲、水を汲んで来い。」
雷「オヤ／＼、もう使ふのか、いま家来になつたばかりだ、まだ早い。」
301
300

挿絵３　戸澤白雲斎

（謎の覆面の黒装束は）姿はほっそりしているのに、手練はあざやかだった。よりつく者を投げすてて、すばやく逃げだすのを、横あいからまた飛びついていったひとりがむんずと組みついて、その覆面の顔をまぢかく見て、

「ああ、あなたは」と、愕然とさけんだ。

顔を見られたと知った覆面は、おどろく男を突ッぱなした。よろりと身をそるところへ、黒装束の腰からさッとほとばしった氷の刃！男の肩からけさがけに斬りさげた。――ワッという絶叫とともに闇にたち迷った血けむりの血なまぐささ。

「伊那丸さま」

黒装束は、手招きするやいなや、岩つばめのようなはやさで、たちまち、そこからかけおりていってしまった。

覆面の黒装束が咲耶子である。「手練のあざやか」さが見事で、また敵を袈裟懸けに造作もなく斬りさげる冷静さ、また岩つばめのような身のこなし、外形的なくのいちの条件は十分である。もっとも咲耶子は「忍術」「忍法」はつかわない。なお『神州天馬侠』では「忍法」・「忍者」の用語がつかわれており、忍者小説では早い例である。もっとも吉川自身は『神州天馬侠』でもつかった「隠密」のほうを「忍者」より好んでつかった印象がある。

戦前の少年小説における忍者は、立川文庫とその類作群のほか、『少年倶楽部』のようなより上品な小説群にそれ

ぞれ登場する。前者には女の妖術使いの系譜につらなる女の忍術使いが登場し、後者では咲耶子のようなより活発な美少女が登場する。『少年講談　戸澤白雲斎』（大日本雄弁会講談社、一九三八年）では、戸澤山城守が石田三成の娘千鳥に「女でも忍術を心得てゐれば、敵と戦つた時、身を避けるにも利益なものだ」と言って五遁の術と、剣術と遠当の術を教える。千鳥は武術と忍術をつかって荒くれ者をこらしめ、豊臣の味方に引き入れる。消える忍術で相手を懲らしめるところはほとんど猿飛佐助だが、それでも挿絵の格好は小袖姿（挿絵3）で、行動も「忍び」ではない。しかし、ここまでくれば、我々のイメージするくのいちの登場まであと一歩である。

くのいちの登場――富田常雄『猿飛佐助』

挿絵４　猿飛佐助表紙

本文で女忍者と明確に記し、忍術をつかい、黒装束・たっつけ袴で登場する作品は戦後になってからであり、富田常雄『猿飛佐助』（太虚書房、一九四八～四九年、初出は「りべらる」白羊書房に連載。なお田村泰次郎や山田風太郎もこの雑誌の寄稿者である）の「おかめ」が最初ではないかと思う。戦時中は時局柄不謹慎と思われたのか大人向けの忍者小説はあまり執筆されることがなかった。まただいたいが忍者というより隠密の小説であった。戦後に規制がなくなったので、くのいちを登場させて問題がなくなったのだろう。

富田常雄『猿飛佐助』は連載小説であり、戦中に書いた『姿三四郎』で知られる富田常雄が、戦後すぐにこういった作品を出したことに驚くが、富田のその後の作風にはこちらのほうが主流になった（挿絵4）。

「おかめ」は遠海伊賀守成政の次女玉垣であり、伊賀流の忍者の印可を得ている。美しく、妖艶で、真田幸村の元に潜入して情報を収集をするものの露見して、猿飛佐助に追われる。千里の法など忍術を使う。途中で猿飛佐助を好きになる（この作品、佐助がたいへんモテる）。作品では手裏剣が登場するなど、現代の忍者小説らしい要素、そしてくのいちらしい要素はすべて備わっている。富田常雄『猿飛佐助』がくのいちらしいくのいちが出てくる最初の小説だと言い切る自信はないが、より早い作品があるなら終戦から富田常雄『猿飛佐助』の間ではないか。

次は佐助と忍者（実はおかめ）が川で戦う場面である。

河面と違って、河の棚は水勢が強かった。二人は一度、水面へ搦み合って出たが、又、佐助は相手を水中に引き込んだ。弱はらせる為めであった。彼は忍者の装束の襟を取り、帯を掴んで離さなかった。水勢に剥がされた忍者の胸がはだけた。頭巾が流された。鼠染の装束は上半身から水に剥がれて、河底を黒く蝙蝠の様に泳いで行った。

佐助は相手の肌の白さを感じた。頭巾を失なった髪がほぐれ、黒髪が水藻に似てなよなよと水中にたゆたい、そして長く流れた。佐助は忍者の胸につぶらな実を持った乳房のふくらみを見た。今は単衣一枚になって、もがく、女性の白く、なめらかな肉体が組み敷いた彼の体の下で妖艶にゆらいで居た。

と、それまでの忍者小説が戦前の忍者小説が十代の少年読者を想定するのに、富田常雄『猿飛佐助』は成人男性の読者を想定していると思われる。

女忍者は崩れた花を思わせて、ぐったりと横わって居た。息はあった。水を呑んで居る様子もなかった。水にぬれた白い脛が単衣からこぼれ、その白さに太陽が大理石の光沢を与えた。濡れた胸元はだけて、二つの乳房の丘が見事な起伏を見せて、荒々しく呼吸していた。

といった表現はやはり戦後小説ならではであろう。おかめは佐助に捕らえられたのち、

妾、二度と再び忍者の役はいたしませぬ。姿を露見され、破れた者が伊賀流の掟として世に立つことは出来ませぬ。謂わば、伊賀者の裏切者……猿飛殿、所詮、なき命をお助けされた貴方さま、煮るも焼くも妾の身はお任せすべき運命と思いまする。部下など、小者なりと貴方の下にお使い下さりませ。

と佐助に心を寄せるようになり、伊賀流の忍者室賀信賢に裏切者かと拷問されることになる。作品全体の雰囲気として、昭和三十年代の忍者ブームの小説のひとつと言われても遜色ない。作品自体は、大坂の陣の途中で終わってしまう。続編の『続猿飛佐助』でも、伊賀と甲賀という関係、また猿飛佐助には妻がいて、「おかめ」の恋心が叶わないさまが作品の中心となっている。

続出するくのいち

富田常雄『猿飛佐助』以降、女の忍者が小説に登場するのは珍しいことでなくなる。順を追って主な作品を見ていく。

林芙美子が未完ながらも忍者小説『絵本猿飛佐助』（一九五〇年）を書いており、作中に山伏姿の女の忍術使い「きん」が登場する。北条家臣猪股邦憲の臣下熊若千山の娘で、福島流の忍術を覚えており、佐助を襲うが返り討ちにあう。命をとらなかった佐助を好きになったふりをして近づくが、それは恨みをはらすために嘘をついていた。近づいてきたきんに、佐助が「忍術は一種の兵法だ。女如きがみだりに使うものではない。たとえ、千里を走る妙法を心得ていても、目的のない妙法は罪をつくるに役立つのみ」という。一度敵対したくのいちが相手を好きになるのは定番だが、それがフリであるところが独特である。佐助には「うめ」という一目惚れした女がいてきんには心を動かさない。未完のため、きんと佐助の行く末はわからない。

挿絵５　表紙

宮本幹也『雲よ恋と共に――忍術女騒乱記』（一九五三年）は、くのいちを主人公とした初の小説と思われる。おおよそ時代小説では、くのいちが主人公になることはなく、男の主人公の小説をいろどる脇役であるのが普通である。映画００７シリーズの女スパイ（ボンド・ガール）のような存在である。現在、一派をなすガーリッシュファンタジーとしてのくのいち小説（や漫画）では、くのいちが主人公となるのは珍しくないが、一九五三年でくのいちを主人公にした本作は珍しい（挿絵5）。

あらすじを簡単に紹介すると、主人公「若菜」は福島正則の遺児であり、戸隠の天狗太郎（愛洲移香斎の弟）に愛洲移香流の忍術をならう。若菜十六歳の寛永十一年に将軍上覧の忍術御前試合が開かれることになり、それに出場する。忍者対忍者の御前試合は吉川英治『神州天馬侠』からあるが、くのいちが出場することに特徴がある。

若菜は動物と一緒に育った野生児で本能的に行動する。陣屋で酒を振る舞われたところ、酒器や皿を役人に投げつけながら、

「ああ熱いわ、胸が焼けるようだわ、白根山が爆発するわよ！」

と叫びながら若菜は着ていた鼠色の忍術袴をぬいで投げ棄て、やはり鼠色の筒袖の着物もぬぎ、あれよあれよと驚く人々に愉快そうにげらげらと笑いを投げつけて、

「御山は噴火だ、噴火だ！」

素裸になってくるくると廻りはじめた。と思うと、そのまま、でんと倒れて前後不覚の高いびきである。

といった感じで、だらしがない。

魔法的な要素の強い忍法系の忍術をつかい、愛洲移香が伴天連の法をとりいれたとかいう隠形の術や人を笑わせたり泣かせたりする陽狂・陰狂の術、変幻飛翔の術が描かれる。

忍術試合は途中で流れ、若菜の対戦相手であった美男の永井龍八郎が若菜を追いかける。諸国をめぐりつつ起こる

事件と、龍八郎と若菜との関係が話の中心となっていく。『柳生武芸帳』（一九五六〜五八年）以降のリアルな時代小説とは大きく違い、ガーリッシュファンタジーとしてのくのいち作品の先駆作である。末永昭二『貸本小説』（アスペクト、二〇〇一年）では宮本幹也を「限界に挑む奇想のデパート」と命名し、「いわゆる全体の『結構』を意に介さず、目まぐるしく展開するのが、宮本作品の魅力であり、欠点である」（四二頁）という。また宮本幹也の文学理念を「豪朗」という「男っぽく、武骨で、時に粗野でさえある登場人物がユーモアを狙うということで、女性が主人公の場合は、それに活発さや可憐さが加わっている」（五九頁）とする。愛ある批評である。

五味康祐『柳生武芸帳』のくノ一の術

五味康祐『柳生武芸帳』（一九五六〜五八年）は、忍びの術を本業とする柳生一族と霞の忍者が戦う忍者小説である。そのなかで、十五歳になった柳生又十郎（のちの宗冬）が女に化ける「くノ一の術」のためすべての歯を抜く。

忍術の一つに「くノ一」の術というのがある。くノ一――即ち「女」の術である。忍者は女に化け、時に公卿に化けるためには歯を抜かねばならぬ。鉄漿つきの義歯を入れるためである。姿を消す術に如何に巧みであろうと、この「くノ一」の術をつかえるとは限らないし、寧ろ「くノ一」の術を使う必須の条件は歯を抜取る事であった。忍者として霞多三郎も『くノ一の術』があるのは聞いている。古来誰一人、併しその術を会得した者はない。（中略）それを目前にまさしく女と変身した者がいる。相手が何者であろうと、最早、決定的にそれは忍びの勝者である。

一九二七年に宗冬の墓から黄楊製木製総義歯が発見された事実に基づくのだろう。『柳生武芸帳』にはくのいちは出てこない。登場人物の一人である夕姫がくのいちに近いのだが、とうとうくのいちといえないまま終わる。これに関しては後述する。

司馬遼太郎『梟の城』

司馬遼太郎『梟の城』（一九五八～五九年）は、国民的作家司馬遼太郎が直木賞を受賞した出世作であり、忍者小説のなかでも秀作として知られている。天正伊賀の乱ののち、秀吉の暗殺を狙う葛籠重蔵と、その相弟子で、忍者であることを捨て、仕官して出世をはかろうとする風間五平という対照的な二人の忍者を描いた作品である。この作品には、「木さる」と「小萩」というふたりのくのいちが登場し、重要な役割を果たす。木さるは、葛籠重蔵と風間五平の師である下柘植次郎左衛門の娘である。木さるは体術や忍び文字を読むといった基本的な忍者の能力があるが心構えが違う。自由奔放で恋に心を流されがちである。もともと風間五平の許婚であったが、五平は木さるの利用価値しか見ていない。

五平は、木さるをくノ一の術の対象にしか考えていない。くノ一とは、女という文字を三つに分解してみればわかる。忍者の隠語である。

伊賀甲賀の忍者にとっては、所詮女とはくノ一にすぎなかった。くノ一の不幸は男の愛に感じやすいことである。これに愛をさえ与えれば、いかなる危険にも屈辱にも背徳にもたえうる至妙のさがをもっている。伊賀の施術者たちはこれに擬装の愛を与え、真実に愛することを避けた。くノ一の術だけでなく、乱波の術はすべて、おのれの精神を酷薄に置くことによってのみ身を全うしうることを教えている。

（新潮文庫一三三頁）

木さるはまた葛籠重蔵も好いていたが、葛籠重蔵の評価も次のとおり、

「てて御の次郎左衛門どのが自慢しておったが、これならただの愚女より劣るのう。所詮、女は忍者になれぬものかな」「忍者などになれいでも、木さるは重蔵様の嫁御になればよい」

（二九二頁）

木さるは自分の感情が抑制できないほうで、忍びとしては不完全であり、また欠点が多い。後述の小萩もそうだが、忍者小説では女は男と同等の完全な忍びにはなれないという描かれ方が常である。しかしながら、五平や重蔵ら男の忍者の酷薄さに比べて、自由な人情の持ち主であることが木さるの魅力である。

五平の欲しいのは、木さるの忍者としての価値のみであるはずであった。しかし木さるの映像の不思議さは、五平の胸の中で、忍者としてよりも、生々しい女としての実感を濃密に帯びはじめている。かつて五平は、これまでほどに木さるのことを考えたことがなかった。

（四〇九頁）

木さるを利用することだけしか考えていなかった五平ですら、木さるに心惹かれる瞬間が来るのである。いっぽう小萩は謎めいた女として葛籠重蔵の前にあらわれる。その正体は近江の佐々木家の遺児で甲賀忍者望月刑部左衛門に育てられたくのいちである。小萩は木さると対照的で忍者らしい抑制や強い精神がある。

（この女が小萩か）（中略）

（あ、あきらかに乱波じゃ）

黒阿弥の六感が、そうつぶやく。しかもしたたかな乱波のようにおもえる。

（なるほど。これでは重蔵様も斬れまい）

（一三七頁）

所詮、忍者は化生であるのか。（中略）重蔵は、小萩のもつ化生にむしろ快い共感がある。世の太平とともに、職業としての滅びゆく運命にある忍者の中で、あの女こそ最後の忍者を溌剌と伝承しているように思えたのである。

（三三三頁）

と、その小萩にしても、次のように最後は女の幸せを選ぶのである。

「このことが終れば、わたくしは只のおなごに戻りたい。もう甲賀郷に帰るつもりはありませぬ。乱波がいやになったのじゃ。市井で一人のおなごとしてひそやかに暮したいと思っています」

「（前略）望月家で御成人なされたために忍びのすべなど身におつけなされたことは、おひい様（注、小萩のこと）にとって、かえらぬ不仕合せであったとも存じております」

（四二七頁）

肉感的で自分の感情に率直な木さるとクールで卓越した技量をもちながらも最後は自分の感情を抑えきれない小萩という二人のくのいち像は、忍者小説の典型であり、後世に大きな影響を与えた。

その後の司馬遼太郎は『風神の門』（一九六一〜六二年）という霧隠才蔵を主人公にした忍者小説を書く。『梟の城』より『風神の門』のほうが忍びのことを細かく描いている。しかし小説の評価は『梟の城』のほうが上である。それは『梟の城』では、重蔵・五平ら男の忍者のほかに、木さる・小萩がよく描けているからであって、『風神の門』に出てくる甲賀忍者の小若、関東隠密の末裔お国が木さる・小萩ほど魅力的に描かれていないからではないかと思う。

山田風太郎第一期忍法帖と「くノ一」

女忍者の呼称にくのいちが定着したのは、山田風太郎の忍法帖シリーズの影響が大きいだろう。山田風太郎の最初の忍法帖作品である『甲賀忍法帖』（一九五八〜五九年）は、甲賀と伊賀と十人ずつが出てどちらかが全滅するまで殺し合いをする内容である。十人ずつを話の鍵となる連判状の記載順で記すと、伊賀は、**お幻**、**朧**、夜叉丸、小豆蠟斎、薬師寺天膳、雨夜陣五郎、筑摩小四郎、蓑念鬼、**蛍火**、**朱絹**。甲賀は、甲賀弾正、甲賀弦之介、地虫十兵衛、風待将監、霞刑部、鵜殿丈助、如月左衛門、室賀豹馬、**陽炎**、**お胡夷**。このうち太字が女である。

『甲賀忍法帖』の忍者たちはそれぞれ特殊な能力（忍法）を身につけており、くのいちの忍法をあげていくと、次のようになる。お幻、能力不明。朧、術を破る瞳。蛍火、爬虫・昆虫（蝶）を駆使。朱絹、血を吹き出す。陽炎、毒の息。お胡夷、吸血。登場する女忍者たちは手裏剣術や剣術をそれぞれ身につけており、お胡夷が小柄を一度に数本投げる場面などあるが、目を引くのは魔法的な忍法がほとんどであって、それぞれ色気のある描かれ方をしているのが忍法帖シリーズの特徴である。

山田風太郎が「くノ一」という言葉を作ったと思っていた人がいるぐらいで、山田風太郎作品にくのいちはつきものだが、それでも風太郎忍法帖第一期（『甲賀忍法帖』から『野ざらし忍法帖』（一九六四年）まで）では、女忍者を「くノ一」と作中で呼んでいない。

題名に「くノ一」が入る『くノ一忍法帖』（一九六〇〜六一年）でも、作中では「女忍者」をつかい女忍者を指して「くノ一」と表記しない。

真田の女忍者お喬の第二の刃が下るまえに、薄墨友康は、たらいの水が真紅に染まるのを見た。

（一九六三年講談社版、二九頁）

『くノ一忍法帖』の「くノ一」とは、あくまで「女」の隠語であり、女忍者ではない。

もともと『忍法「くノ一化粧」』より始まる雑誌連載九本がまとまって『くノ一忍法帖』になったのだが、

「伊賀忍法——くノ一化粧にござります」

女という字を分解すればくノ一となる。すなわち「くノ一」は「女」をあらわす忍者の隠語であった。（一九頁）

と、忍法「くノ一化粧」とは女体変化の術であった。『くノ一忍法帖』は「女忍者の忍法帖」ではなく、「くノ一忍法の帖」なのである。

山田風太郎におけるくノ一＝女忍者

それでは「くノ一」（くのいち）が女忍者の一般名詞として、山田風太郎作品で使われだすのはいつからであろうか。『忍法八犬伝』（講談社、一九六四年）あたりが最初かと思われる。


「服部党のくノ一衆？」

「女忍者だ。おぬしに引き合わせようと今夜屋敷に呼んである」

（中略）

その中に八人の女忍者、いわゆる服部くノ一衆もまじっていた。


ちょうど東映による最初の『くノ一忍法帖』の映画の公開が一九六四年十月であり、このタイトルだけ見た人は「くノ一」＝「女忍者」と思ったのではないか。山田風太郎も『自来也忍法帖』（一九六五年）『忍びの卍』『倒の忍法帖』『くノ一死ににゆく』（一九六七年）あたりでは、女忍者＝くノ一で普通名詞化しているので、そのあたりで「くノ一」＝「女忍者」が世間に定着したのかもしれない。

村山知義『忍びの者』

村山知義『忍びの者』（一九六〇～六二年）は、映画化もされ一九六〇年代以降の忍術ブームを牽引した作品である。『万川集海』をベースにした奥瀬平七郎の研究にもとづく、リアル系の忍者小説だけあって、女の忍者は出てこない。

女に心を引かれてはよい忍者になれぬ。だが女の心を知らないでは、くノ一の術をうまく使うことができない。ここにも忍術道の一つの矛盾があった。
くノ一というのは「女」という字を分解したもので、女を利用して、敵の内情をさぐる術のことをくノ一の術というのだ。
女は忍者にはなれない。どんなに訓練したところで、筋肉も骨格もしょせん、男には及ばないし、その上、気持ちに変化が多い。ことに男にほれた時は、手がつけられなくなり、常軌を逸してしまうことが多い。だから女忍者というものはありえない。

（岩波現代文庫版、第一章　闇のさなか）

あくまで、諜報の手先として活動するのみであり、忍術を身につけることはない。そこが『忍びの者』の持ち味とはいえ、小説的趣向として物足りなさがあるように感じる。

くのいち像の流布に関して

他に特徴的なくのいちが出てくる作品をあげると柴田錬三郎『赤い影法師』（一九六〇～六二年）がある。柴田錬三郎『赤い影法師』では、木曽谷の隠れ忍者を率いる「影」の正体が女忍者である。味方を犠牲にすることを厭わない冷徹さの持ち主であり、忍者小説のなかでも、かなり冷酷な登場人物であるが、それでも服部半蔵との間に作った子をだいじにする。寛永御前試合にまつわる忍者刀の強奪を息子とともに行うのが主筋であり、最後は服部半蔵と相打ちになって死ぬ。

おおよそ、一九六二年までに時代小説で基本となるくのいち像は出揃う。その後の時代小説に関しては、『真田太平記』（一九七四～八三年）に池波正太郎が「お江」出したように女の忍者もあたりまえになった感がある。もっとも『忍びの女』（一九七五年）でも池波正太郎は「女忍び」の名称をつかう。「くノ一」という言葉は山田風太郎作品のイメージが強いので避けたのかもしれない。

時代小説のくのいち

時代小説において、くのいちがもともと大名や高貴な侍の娘であったという例が多い。江戸時代の妖術使い（滝夜叉姫など）からの伝統なのかもしれないが、特殊な力を持つ理由として、初期のくのいちの条件であるように感じる。なぜくのいちが戦後の小説に登場するようになったのだろうか。戦時下の小説の規制（忍術・色気）の緩和はまず考えられる。また、男女が同権化し、職場に女性が進出してきたことも理由だろう。新聞記者であった司馬遼太郎は機を見るに敏であった。あと珍説だと思ってくれてよいが、戦時中にもんぺが使われたことも関係あるのではないか。小袖の着物ではどうしても活発に動くことができないが、もんぺ姿ならそれができる。女の服装として小袖しか思いつかない状況では男と同じ活動をする女忍者など想像できないからである。何か忍者研究本で読んだ説だった気がするが、再び見つけきれないので自ら思いついたのかわからない。

また、時代小説の連載が、新聞や男性がよむ週刊誌が多かったのもくのいち像に影響を与えている。男性読者を対象とした時代小説では、くのいちは肉体的には魅力的であるものの「忍び」としては不完全な存在と描かれている。当時のジェンダー意識がうかがえる。その一方で、それらの作品のなかで、男の忍者と違って冷徹になりきれない母性や女らしさがくのいちの魅力になっているのも確かである。テレビドラマ化もされた風野真知雄『妻は、くノ一』（角川文庫、二〇〇八年）はよくつけたもので、時代小説にとってのくのいちとは、理想の恋人・妻・母といってよい。『柳生武芸帳』に出てくる夕姫は龍造寺の遺児で、剣術・手裏剣・体術などを身につけているが忍者ではない。当初はさっそうと登場し活躍するものの、堕胎がきっかけで目が見えなくなってそれから悲惨な境遇が作中続くのである。

山田風太郎『くノ一忍法帖』が秀頼の遺児を宿して守る筋であり、その後も『外道忍法帖』など胎内を大事にする強いくのいちが出てくる。そういった傾向からすれば、夕姫はくのいちになる資格がなかったのかもしれない。現代作品でくのいちがグラマラスに描かれるのも、くのいちのもつ母性へのあこがれのように感じる。

おわりに

あくまでも男の忍者に対するサブヒロインとしての女忍者が時代小説でのくのいちの位置づけであった。現在の小説や漫画では、くのいちを主人公とした作品が多い。児童文学における忍者への考察に石井直人「児童文学と忍者」(『忍者文芸研究読本』、笠間書院、二〇一四年)があり、そこで石井は「ガーリッシュ」をキーワードとして「現代の児童文学の場合、女も忍者ではなく、女子こそ忍者という感じがする」(一一四頁)と述べる。「ファンタジーは、願望充足でなければならない」(一一五頁)という石井の見解からすれば、現代の女子にとっての忍者は、不可能を可能にする超人的な力の持ち主であり、それは男子があこがれてきた忍者像と異ならない。忍者は人の願望を叶える無限の器であり、今後も男性あるいは女性の忍者に対するあこがれとともにくのいち像も進化していくことであろう。

大衆文学と忍者
――貴司山治「忍術武勇伝」

尾西康充

はじめに

ナップ（日本プロレタリア作家同盟）系の作家であった貴司山治は、「忍術武勇伝」（『戦旗』三巻二、昭和五年（一九三〇））を発表している。青野季吉の論文「自然成長から目的意識へ」（大正十五年（一九二六））が発表されて以来、プロレタリア作家たちは、自己の体験にもとづいた《自然な》描写ではなく、マルクス主義理論に依拠した《目的》を主題とする作品の創作を要請されるようになっていた。それでもなお、労芸（労農芸術家連盟）系の作家たちは、機関誌『文芸戦線』を通じて労働者の感情に即した表現を心がけようとした。それに対して、ナップ系の作家はインテリが多かったこともあって、理論から演繹して現実を切り取ろうとした。その結果、日本社会の現実が理論の世界と大きく異なっていたことや、理論を当てはめただけの小説では読者が関心を示さなかったこと、とりわけ彼らが獲得の対象としていた労働者や農民には難解すぎることなどが、大きな壁として彼らの前に立ちはだかることになった。

そこで、もともと大衆小説への志向が強かった貴司は、誰にでも手にとってもらえる作品の創作を呼びかけた。日本史において群雄割拠の戦国時代と並んで、明治維新は、日本社会を大きく変容させた時代の転換期として国民的関心事であり続けた。その意味で、幕末維新期の歴史は、人口に膾炙される大衆芸能の素材とされてきたのである。貴司は「忍術武勇伝」冒頭の章に「歴史はくり返す」というタイトルをつけ、昭和の労働争議を明治維新の騒乱に擬える。貴司によれば、薩摩藩は蛤御門の際に「幕府と結託した当時の社会民主主義者一派」、「長州過激派」は「純左翼」の労働組合左派である。薩長の反目には、政府と協調するか、あるいは当時は非合法とされていた日本共産党を支持するか、という労働組合内部の路線対立が投影されている。他方、労働運動を弾圧する治安当局側は、京都守護職の松平容保が警視総監、近藤勇の新撰組が松平総監直属の「特高警察のえり抜きの一隊」と表現される。革命を起こすべく「長州過激派」は日夜、秘密会合を繰り返すが、守旧派勢力は密偵を仕込んで、彼らを取り押さえようとする。

このような貴司の構想は、あまりに通俗的であるとしてナップ系作家から猛烈な批判を浴びる。しかし、治安維持法違反で当時豊多摩刑務所に服役していた小林多喜二は、「もっと〳〵「キング」や「エコノミスト」や敵階級の著名な本を手早く逆に取り上げることが必要であり、それが想像以上に有効であることを考えなければならない」と考えるようになっていた（昭和五年（一九三〇）九月九日付村山籌子宛書簡）。理論偏重を排して、大衆に理解されやすい小説を書くことによって、より広く大衆を獲得するというのは、多喜二にとっても自己の大きな課題であった。

ちなみに近年、ジャーナリストの大下英治氏が『日本共産党の深層』（イースト・プレス、二〇一四年）という新書を刊行して話題になった。同書に収録された一節には、本稿にとって興味深い内容が記されている。河上肇に代表されるような〝京都左翼〟は、実は山口県出身者が多く、末川博立命館大学元総長をはじめ奈良本辰也や前芝確三たちもみな山口県人であったという。貴司と同じように大下氏も、現代の京都を幕末維新期に置き換えてながめてみる。

彼らによって京都の左翼的な教授や学生が動かされ、大いに暴れまわっている姿は、元治元年（一八六四）七月一九日に京都で起こった禁門の変の再現だとも見られないことはないという。当時、長州藩は急進的な公卿と組んで天皇奪取のクーデターを計画して大失敗したのだが、公武合体になびいた薩摩藩は、社会党右派のような日和見主義で、〝決定的瞬間〟に〝裏切り〟をしたのである。[1]

史的な語りの魅力――大衆が拍手を喝采する噺には、忍者が登場する場面が多く与えられているのである。

一、「忍術武勇伝」とは

蛤御門の変直後の京都の町は、江戸幕府と結託した薩摩藩――強権的な政府に迎合する「社会民主主義勢力の一派」――に乗っ取られていた。作品冒頭、幕末の京都は一九三〇年代の政治状況と重ねて描かれる。新撰組は「特高警察」に擬せられ、「鬼警部」の近藤勇による執拗な捜査がおこなわれる。「突如、検挙の手は、重要な同志のかくれ家を襲ひ、連絡場所を押さへる。検挙された同志は拷問どころか、忽ち斬つてすてられる!」。白色テロが吹き荒れるるなか、「卑怯者去らば去れ」といふコトワザの通り、合法的色彩のノーコーだつた大久保も西郷も逃げ出してしまつて京都にはゐない」。だが「過激派の執行委員長」であった桂小五郎が「巧みに京都に潜んで全国的に非合法運動の指導部」を組織し、「急進運動の波が全国に亘つてだん〴〵高まつてくる」のであった。

桂小五郎は「秘密会合」の場所にはかならず現れる。池田屋事件の際、近藤勇はそこに桂がやって来るとにらんでいたのだが、桂らしい男は巨頭の一人宮部鼎蔵であった。捕えられて秘密情報が漏れてはならないと思ったので、宮部はその場で自殺してしまう。新撰組が手に入れたのは「宮部の屍骸」だけで、「実に運動を愛し運動全体を守るために、潔く命を捨てた」宮部こそ「屍骸をつかます男」であったとされる。

新撰組が白刃をかざして斬り込んだ先には、桂はいつも不在であった。包囲をすり抜けて巧みに逃亡する姿から、「桂小五郎は忍術使ひ」という噂が立つようになった。尤も、その桂も「三十に足らぬ若い身空」で、「三本松の芸者幾松」とは相思相愛の仲におちいっていた。池田屋事件以後、追及が一層の凄まじさを帯びてくると、幾松は桂に「三条大橋下の河原に群がる非人小屋」で潜伏するように手引きした。一日三回三条大橋の欄干から、指を使った暗号で、さまざまな情報を伝えたのである。新撰組の目を欺いた二人の「恋も又非合法的だ」とされた。

「歴史はくり返す」――物語は語り手の生きる時代に移り、大正十五年（一九二六）四月、静岡県の浜松日本楽器争議が舞台となる。待遇改善と賃金値上げを要求したストライキの応援に、労働組合左派の日本労働組合評議会がやって来る。それを阻止しようとした経営者側は、「停車場には密偵をはりこませる！　市内にはサーベルを光らした巡邏隊を出して警戒する」という厳戒態勢を布いた。だが争議団にはひるむ様子がみられない。このときの最高指導者は評議会の巨頭木多村主郎であった。警察は彼の行方を必死に追うが、捜査も虚しく彼を見つけることができない。木多村はまるで「忍術使い」のように追手をかわしながら巧みに争議を指導した。あるときは特高警察に急追されて銭湯に潜んで客になりすまし――「水遁の忍術」――、またあるときは人びとの目を欺いて、玉突き屋の二階を争議の移動本部として使用した。

しかし玉突き屋が摘発され、木多村が遂に逮捕されたという情報が出回った。争議団のメンバーが意気消沈し、ストライキもこれで終わりだと思った深夜三時、デモの指示が来る。明朝七時を期して三々五々、停車場前にメンバーが集まって来る。見事に警察を出し抜いて、駅前は争議団で埋まっていた。目抜き通りの角に浜松一の百貨店である「××呉服店」がある。その屋上に「インバネスを着て中折をかぶり、赤ん坊を抱いた会社員風の男」が、「大丸まげに結つた若い細君」を連れて立っていた。デモ隊はそれが夫婦に偽装した木多村であることに気づく。彼は自分の無事を仲間に知らせたのだった。「この不意打ちの示威行列が、凡ての団員に対して総司令木多村の、健在な顔を××呉服店の屋上からみせる巧妙なる閲兵式だと気がつかなかつたのは巡査や、私服の一隊だけだつた」という。

「忍術武勇伝」は、ナップの機関誌『戦旗』に発表された後、作品集『同志愛』（先進社、昭和五年（一九三〇））に収録されて刊行された。大正末期の浜松日本楽器ストライキと三田村四郎をモデルにしたこの作品は、掲載直後の三、四月号の『戦旗』では、好意的に論評された。たとえば三月号の投書欄「赤い隅」には、「俺達労働者には忍術武勇伝のやうに、読みよくて俺達の胸にドキンと来るやうな奴は大へんいゝ。俺達労働者には忍術武勇伝のやうに、読みよくて俺達の胸にドキンと来るやうな奴は大へんいゝ。今後も読み良く、労働者向きに頼むぞ」という投稿が掲載された。しかし、すぐにナップ主流派からの批判が集中した。鹿地亘が起草した「芸術大衆化に関する決議」（『戦旗』三巻七、昭和五年（一九三〇））では、読者から好評を博した「忍術武勇伝」を『戦旗』編集局が称賛したことについて、「編集局の無批判な読者への追従」であるとされた。「追従」として批判された理由は、「芸術を高級なそれと、大衆的なそれとに分つことによつて、何等かの特別な大衆芸術の形式が存在するかの如き幻想を惹起」させていたからという。これ以降、この作品は、芸術大衆化の方針を誤解した悪しき見本としてたびたび言及されることになる。

他方、三田村四郎を主人公にすえた理由として、貴司山治は「労働者が英雄主義を好むのは、かれらが従来、文学的読物において封建的イデオロギーをそれ程に注入されて来た結果」だとする。[2]「三田村四郎はかつて浜松楽器争議の際、浜松地方の労働者に、英雄主義的性格が非常に豊富なる点に着目し、これを階級闘争の一ポイントとして利用した」という。[3]

浜松地方の当時の労働者には、いはゆる三河武士的性格がいちゞるしく残つており、英雄主義的行動と情操が発達してゐた。これを利用し、これを転化発展せしむれば未だ組織と闘争の経験のない楽器会社の労働者を今すぐ強力なる組織的闘争にさしむけうる可能性のあることを、三田村四郎は信じた。そこでかれは楽器争議団中の優秀分子二十何名を集めてこれを当時のいはゆる『細胞』とするためのボルセビキ的教育を施した。(4)

このように貴司はプロレタリア文学における英雄主義を全面的に肯定したのであった。そしてストーリーの具体例として、「一人の前衛が、緊迫した闘争の中で、何十時間も眠らずに活躍し、大胆に敵と戦ひ、又窮地を切りぬけるために思ひもよらぬ突飛な方法を用ひ、身をくらますために千変萬化に等しい変装その他の方法を以てしていさゝかの不安恐怖なしに大衆の面前にあらはれて大衆の力を組織して行き、階級と階級との大きな争闘をまきおこさせる」という構想をあげる。(5)この超人的な行動は、現代の忍者と呼ぶにふさわしい。忍者が大衆文学のなかで読み継がれてきたことを考えれば、一見荒唐無稽にも感じられる貴司の主張は、プロレタリア大衆小説と呼ぶにふさわしいものであったといえよう。

二、貴司山治のプロレタリア大衆小説

貴司山治が上京するきっかけになったのは、大正十三年(一九二四)十二月、『時事新報』の懸賞小説に「新恋愛行」が入選したことであった。菊池寛から「きみ、純文学ではメシがくえんよ。大衆文学をやりたまえ。これからは大衆文学の時代だ」(「私の新聞小説」、『文学』一九五四年)といわれた。これを機に、貴司は通俗的な新聞小説を手がけ、大

正十五年（一九二六）には「新恋愛行」（『時事新報』）と「恋慕愛人」（『大阪時事新報』）、「双竜」（『九州日報』）の連載を担当した。この結果、一定の原稿料を得て比較的安定した生活を営めるようになった。

さらに同年、阪東妻三郎が主演する映画のための小説が朝日新聞社によって公募された。貴司の「人造人間」が入選し、貴司は五〇〇〇円の賞金を手にした。「人造人間」は「霊の審判」と改題され、『東京朝日新聞』および『大阪朝日新聞』（昭和二年（一九二七）十二月十三日～三年（一九二八）三月二十三日）に連載された。だが、バートランド・ラッセルの思想に依拠して書かれたこの小説には、右翼団体からのクレームが寄せられた。貴司によれば、「東西両朝日紙上で「霊の審判」の回数が進んで、ノーヴァ・スーノという空想の国の制度機構を描く「理想郷」という一章がのりはじめると、果然、朝日新聞社は国粋会その他の右翼団体にねじこまれた。「ノーヴァ・スーノ国などという空想に仮託してソ連制度を謳歌するものではないか」というのがかれらの言い分であった」という[6]。このようないきさつがあって、朝日新聞社はこの小説の映画化を断念することになった。

この当時、月一〇〇〇円もの稿料を得ることもあった貴司は、日本労働組合評議会にその一部をカンパするようになっていた。たとえ多額の稿料が得られようとも、読者受けするだけの大衆小説には満足していなかったのである。貴司によれば、「読者は喜んでそういう大衆文学を、何の批判もなく素直に受け入れている。もし、それらの読者に、少しでもイミのある大衆小説を提供すれば、喜んで受け入れられた上、かれらを啓蒙することができよう」と考えるのであった[7]。大衆向け小説の執筆を通じて、読者の啓蒙を目指していたのである。

ラッセルなら朝日新聞でも支障なかろうと思ったのと、未だ何も知らないでいる大衆には、たとえラッセルの思想でも、つまり空想的社会主義でも、啓蒙の道具となればいいではないか、というのが私の「イデオロギーに水を割った」考え方であった[8]。

無産主義思想に共鳴する一方、貴司は、資金がなければ運動はなり立たないと、率直に考えるようになっていた。プロレタリア文学運動を推進してゆくためには、個々の作家の生活基盤を確固たるものにしなければならない。そのうえで、読者を啓蒙するためには、何よりも読者に受け入れられやすい作品でなければならないとする。このような二つの命題は、貴司に大衆小説の役割を確信させるに至ったのである。

しかし貴司は、蔵原惟人を理論的指導者と仰ぐナップ系作家たちから、激しい批判を浴びることになった。当時の雰囲気を、貴司はつぎのように記憶していた。

私のこの考え方は、日本プロレタリア作家同盟に入って文学大衆化問題の大論争の時、蔵原惟人を先頭とする殆どすべてのナップマンから激しく攻撃された。衆寡敵せず、私は己れの考え方の「誤り」を認めたが「だが、それは私の思想覚醒の過程なんだから」と、己れの心の経験を固執している自分を意識しないではいられなかった[9]。

貴司の代表作『ゴー・ストップ』は、昭和五年（一九三〇）四月一日、ナップの戦旗社ではなく、大手出版社の中央公論社から出版された。その内容は、ガラス工場で働く少年山田吉松が、留置所で評議会オルグと出会い、工場で組合を組織しストライキを実行するなかで階級的に目覚めてゆくというものであった。中央公論社出版部長の牧野武夫は、この頃「プロレタリア大衆小説」シリーズを企画しており、『ゴー・ストップ』はその嚆矢となる作品であった。

貴司によれば、「私の「プロレタリア大衆小説」は、未だ階級意識のない百万の労働者を読者としたいという希望の産物なのだから、出版も一流の普通の出版社でしたい。御親戚すじでは困るのだ」と考えていたという。[10] 中央公論社は初版二万部を印刷したが、発売直後の四月四日に発売頒布禁止命令が下った。すでに一万一〇〇〇部が売れ、約八〇〇〇部が地下倉庫にあった。貴司の目論見通り、この作品は広範な読者に受け入れられたものの、貴司自身に三・一五事件の社会背景に関する理解が不足していたとされたことに加えて、評議会会員を英雄主義的に描いたことなど、作品では〈正しい大衆化〉がおこなわれていないとして、ナップ系作家からその通俗性が痛撃されることになった。

三、貴司山治の実録文学

貴司山治は昭和九年(一九三四)一月、東京杉並警察署に検挙、勾留される。翌二月ナップが解散される。六月貴司は「治維法の発展と作家の立場」(『東京毎日新聞』昭和九年(一九三四)五月十〜十三日)を発表し、事実上の転向声明をおこなった。治安維持法改悪案の上程に鑑み、これからはプロレタリア文学そのものが「合法的不成立」になってしまうと判断したからであった。表現の自由が奪われてゆく時代状況への対応策として、貴司はプロレタリア文学理論から一旦離れて作品を書き、自然主義リアリズムの段階にまで後退する。そして、「正当なる発展の法則を守り、これによってより多くの現実の客観的真実を反映していく文学的方法」を取ること――歴史小説に限定した実録文学――を提唱するのであった。貴司はあらためて、労働者大衆の多くが大衆的な読み物を愛読していることに着目する。「実録文学の提唱」(『読売新聞』昭和九年(一九三四)十一月九〜十三日)では、「歴史がのこした現実の意味をわかりやすくおしへるリアリズムに沿つた」実録文学は、「悪傾向の大衆文学」を打倒するための「健全なる通俗文学」であるとし、大衆啓蒙の役割を担わせられるとした。

僕らが良心のある作家として生きるかぎり、低い読者を正しい文化水準へ引き上げて、すぐれた芸術の――プロレタリア文学の愛好者、支持者とすることを、みづからやらなければならない。（「『実録文学』の提唱」）

「『実録文学』の提唱」では、貴司は文学作品を「通俗文学」と「芸術文学」に区分する。「通俗文学」の役割は、「未だ芸術文学の理解に到達しえてゐない未教養な一般労勤労大衆」を「芸術文学」へと導くための大衆啓蒙にあった。この役割を推進するために、「悪傾向の大衆文学」に対抗する「健全な通俗文学」の必要性が説かれたのである。その具体的実践として、勤労者大衆に最もよく読まれている歴史小説を「題材の現実性」という観点から再評価し、「歴史がのこした現実の意味をわかりやすくおしへるリアリズム文学」としての「実録文学」を提唱したのであった。

四、貴司山治の通俗大衆小説

日中戦争が本格化した昭和十二年（一九三七）一月、貴司山治は治安維持法違反の容疑で三回目の検挙を受け、年末まで警視庁淀橋署に勾留される。昭和十五年（一九四〇）十一月十六日、貴司の通俗大衆小説「維新前夜」の連載が読売新聞紙上ではじまる（昭和十六年（一九四一）十月一日まで全二四二回連載）。戦時下の物資統制が厳しさを増し、印刷用紙まで不足するという事態が生じていた。

「維新前夜」は、神道無念流の達人である小谷虎之介と、北辰一刀流の免許皆伝の女性剣士千葉真葛が主人公である。

黒船来航後の安政年間、尊皇思想と公武合体論が激しく衝突するなか、二人の剣士は、幕末の志士たちと交際しながら自らの思想を鍛えていった。

西欧列強の脅威から、いかにして日本をまもるのか——国論を二分したこの問題をめぐっては、大名や学者たちが政論を戦わせ、志士たちは刀を交わす。長州藩士の平木重蔵と児玉大二郎は、武装してロシア船ディアナ号に乗り込む。真葛は、関所を突破して江戸に向かう駐日総領事ハリスに斬りかかる。さらに平木と児玉は、中国の太平天国軍に参加して活躍する。西欧列強の支配に屈しようとしていた中国を、日本の武士たちが身命を賭して解放しようとしていたのである。

このように「維新前夜」は、虚実を織り交ぜ、歴史の躍動感を描き出そうとしていた。作品の大ヒットによって映画化され、渡辺邦男監督『維新前夜』(東宝、昭和十六年(一九四一))も制作された。しかしこの作品の構想に際して貴司が、西洋列強の脅威からアジア諸国を解放するという〈大東亜共栄圏〉思想に迎合していたことは間違いない。内藤由直氏が指摘する通り、敗戦によって大東亜共栄圏の構築が未完となったのと照応するかのように、本作品もまた、用紙節減という現実の前に未完のままに終わった[11]。

大衆小説では、正史の陰に埋もれた《もう一つ》の歴史を明るみに出そうとする時代物が人気を博する。名前こそ遺すことはできなかったがすぐれた功績を持った人物、義理と人情に絡んだ人間模様などは、一般読者が強く関心を寄せる対象である。社会の周縁に追いやられたアウトサイダー、歴史の表舞台には現れないアンチ・ヒーローたちが大衆小説の主人公となることが多い——チョンマゲをとった時代物と呼ばれる任俠物と、陰の世界を生きる忍者物である。

野崎六助氏は、葉山嘉樹の書下ろし長篇小説『流旅の人々』(春陽堂書店、昭和四年(一九三九))を読んで、「正直な

ところ――わたしは『流旅の人々』を最初に読んだとき、ほとんど任侠小説のように読み耽ってしまった」という。(12)
その理由を、野崎氏は以下のように説明する。

> 主人公の名前が『昭和残侠伝』シリーズと同じ花田ということもあって、錯覚も進んだのか、彼が我慢に我慢を重ねて悪親分大川と対峙するところに思わず声援を送りたくなったりしたのだ。善玉の味方として林田や金柳が配され、脇に印象的な労務者たちがヴィヴィドに描きこまれる手法は、古くて新しい任侠ドラマの構図そのものなのだ。(13)

かりに野崎氏の視点を是として応用するならば、小林多喜二の遺作『党生活者』（『中央公論』第四八年第四、五号、昭和八年（一九三三））は、非合法舞台を生きる忍者を描いた小説といえようか――。小説の語り手「私」によれば、「潜ぐる」というのは「隠居するということでは勿論ないし、又単に姿を隠くすとか、逃げ廻わるということでもない」。「逆に敵の攻撃から我身を遮断して、最も大胆に且つ断乎として闘争するためである」という。また、「一日を廿八時間に働くということが、私には始めよくは分らなかったが、然し一日に十二三回も連絡を取らなければならないようになった時、私はその意味を諒解した」という人間離れした使命感も、忍者さながらのものである。つぎに引用する場面は、軍需工場でビラまきを企てる「私」が、巧妙に変装し、忍者の如く私服警官や門衛の眼を欺き、工場に潜入しようとするところである。

> そんな状態で、私は敵の前に我と我身の危険を曝《さ》らしているので、朝夕の背広には実に弱る。この頃そこに立

っている背広が何時も同じ顔ぶれなのでよかったが、遠くから別な顔が立っている時には、自分は歩調をゆっくりにし、帽子の向きを直し、近付く前に自分の知っている顔であるかどうかを確かめる。この第一関門がパッスすると、今度は門衛の御検閲だ。然しそこはビラを持って入るものがこれに引ッ掛からないようにすることだった。

この小説には、実際に非合法生活を送っていた多喜二によって書かれた〝私小説〟であるとする解釈がある。だが、地下に潜行して生きる活動家の秘密に触れるというシリアスな内容であったにもかかわらず、大衆小説の手法が意識的に取り入れられていた。大衆に理解されやすい小説の創作を試みていた多喜二は、読者に親しい語り口を通して、忍者に擬えながら彼らの姿を描き出していたのである。尤も、言論封殺のシリアスな時代背景を十分に考慮に入れて読まなければならないのだが……。

注

※本稿は、貴司山治研究会編『貴司山治研究』(不二出版、二〇一一年)を参考にしている。同書のなかでも論考として和田崇「作家生活の始まりと同伴者時代」、池田啓悟「弾圧の中で・日記の空白とプロレタリア文化運動の時代」、鳥木圭太「転向の時代」、内藤由直「戦時下の生活と通俗歴小説の大成」、作品紹介として池田『忍術武勇伝』、鳥木『実録文学の提唱』、内藤『維新前夜』を手掛かりにして本稿を執筆した。
またプロレタリア大衆文学の検討に際しては、和田崇「蟹工船の読めない労働者」(『立命館文学』六一四、二〇〇九年)を参考にした。

(1) 大下英治氏『日本共産党の深層』(イースト・プレス、二〇一四年)一五二―一五三頁。

（2）貴司山治「プロレタリア英雄主義の形成とその形式について」（『ナップ』二巻二、一九三一年）。
（3）同右。
（4）同右。
（5）同右。
（6）貴司山治「遺稿・私の文学史」第5章プロレタリア大衆文学史（伊藤純HP http://www1.parkcity.ne.jp/k-ito/bungakusi/）。
（7）同右。
（8）同右。
（9）同右。
（10）同右。
（11）内藤由直「作品紹介『維新前夜』」。
（12）野崎六助「葉山嘉樹における朝鮮人像（上）」（『インパクション』一四八、二〇〇五年）一三七―一三八頁。
（13）同右。

忍者と動物
――『NARUTO――ナルト』と〈日本らしさ〉

佐藤至子

一、『NARUTO』についての基礎知識

岸本斉史『NARUTO――ナルト』（以下『NARUTO』）は、一九九九年から二〇一四年まで『週刊少年ジャンプ』（集英社）に連載された長編忍者マンガである。

物語は、木ノ葉隠れの里に住む少年忍者のうずまきナルトが多くの忍者と関わりながら困難を乗り越え、成長していく過程を描く。そのナルトを取り巻く主要人物の造形と人間関係には、江戸時代後期の長編合巻『児雷也豪傑譚《じらいやごうけつものがたり》』（美図垣笑顔ほか作、天保十～慶応四年（一八三九～一八六八）刊）の影響がうかがわれる。このことは佐藤至子「『児雷也豪傑譚』から『NARUTO』へ」（吉丸雄哉・山田雄司・尾西康充編『忍者文芸研究読本』笠間書院、二〇一四年）においで詳しく述べたが、要約すると次のようになる。

『児雷也豪傑譚』には、ガマの術を使う児雷也《じらいや》・ナメクジの術を使う綱手《つなで》・半人半蛇（父が人間で母が蛇）の大蛇丸《おろちまる》が登場する。児雷也は仙素《せんそ》道人から術を伝授され、綱手は蛞蝓《かつゆ》仙人から武芸と水練を学んでおり、大蛇丸は母の蛇に守護されている。この三人は、ガマは蛇に弱く、ナメクジはガマに弱く、蛇はナメクジに弱いという三すくみの構図

にそって、児雷也と大蛇丸が敵対し、綱手が児雷也を支援するという関係にある。

『NARUTO』では、ナルト・サクラ・サスケの三人が忍者学校時代の同級生との設定で登場し、ナルトとサスケはライバル関係にある。また、ナルトはガマを使役する自来也から忍術を伝授され、サクラはナメクジを使役する綱手から医療忍術を伝授され、サスケは半人半蛇の大蛇丸のもとに引き寄せられる展開になっている。二作を比較すると、『児雷也豪傑譚』の児雷也と仙素道人の関係が『NARUTO』のナルトと自来也の関係に類似し、同様に、綱手と蛞蝓仙人の関係がサクラと綱手の関係に、大蛇丸と母蛇の関係がサスケと大蛇丸の関係に類似していることがわかる。『NARUTO』の綱手とサクラが怪力の美女という設定も、『児雷也豪傑譚』の綱手の設定と一致する。

ここから合巻『児雷也豪傑譚』の世界が『NARUTO』の源流の一つであるという仮説を導くことができるが、前稿では、『NARUTO』が『児雷也豪傑譚』の世界を獲得したのは合巻を直接参照してのことではなく、講談、映画、マンガ、小説など種々の受容作を通じてではなかったかとの推察を述べた。というのは、合巻『児雷也豪傑譚』の原本は現代人にはなじみの薄いくずし字で書かれており、流布している活字翻刻もこの時点では明治三十三年（一九〇〇）初版の続帝国文庫本のみで、いずれにせよ一般には手に入りにくく、読み難い状態にあったためである。

その後、週刊誌『アエラ』二十七巻五十四号（二〇一四年十二月八日）で「NARUTO」特集が組まれ、『NARUTO』の自来也、綱手、大蛇丸について「歌舞伎にもなっている『児雷也《じらいや》豪傑譚話《ごうけつものがたり》』の登場人物です。ええ、連載前に読んで知ってました。サスケの写輪眼も、児雷也の目が元になっています」という作者の発言が掲載された。これにより、作者が示唆を得たのは歌舞伎『児雷也豪傑譚話』であることが明らかになった。この歌舞伎は河竹黙阿弥の作で、初演は嘉永五年（一八六二）七月、江戸の河原崎座においてである。近年では一九七五年三月に東京の国立劇場で復活上演され、最近では二〇〇五年十一月に東京の新橋演舞場で上演されている。

ところで合巻『児雷也豪傑譚』および歌舞伎『児雷也豪傑譚話』では、児雷也や綱手は忍者ではなく妖術使いとして造形されている。『NARUTO』では、動物を使役するかれらの妖術は忍術として表現され、それがこのマンガの特色の一つとなっている。また、作中では自来也・綱手・大蛇丸以外にも、忍者や忍術が動物と関わりを持っている例が散見する。

本稿では、『NARUTO』における忍者・忍術と動物との関係に着目しつつ、作中に見出せる〈日本らしさ〉の問題や、動物の造形における古典的な伝承の影響といった話題にふれたい。なお、『NARUTO』は集英社刊のジャンプ・コミックス版を参照した。

二、ガマブン太の造形

『NARUTO』における忍者と動物の関係は、大きく分けて〈使役型〉と〈憑き物型〉の二種類がある。まず、忍者が動物を使役する〈使役型〉について述べたい。

〈使役型〉は、さらに二つに分けられる。一つは、忍者のカカシやキバが犬を使役する例や、同じく忍者の油女《あぶらめ》シノが虫を使役する例のように、犬や虫などの動物が通常の大きさで登場するものである。もう一つは忍者が「口寄せの術」で動物を呼び出し、使役するもので、この場合は動物が現実にはあり得ない巨大な姿で登場する。例えば自来也は巨大なガマを、綱手は巨大なナメクジを、大蛇丸は巨大な蛇を呼び出し、その頭の上に乗って戦う。ナルトも自来也に「口寄せの術」を教わり、巨大なガマを呼び出す。

自来也とガマ、綱手とナメクジ、大蛇丸と蛇という組み合わせと、巨大な動物の上に忍者が乗るというイメージは、前述の合巻『児雷也豪傑譚』を原拠としている。ただし『児雷也豪傑譚』では、これらの動物が人間と会話することはほとんどない。これに対して『ＮＡＲＵＴＯ』では、動物はしばしば忍者と対等に会話する。

ナルトと、かれに呼び出された巨大なガマ、ガマブン太との会話を見てみよう。次に引用するのは、ナルトが初めてガマブン太を呼び出した場面でのやりとりである。ナルトは自分が口寄せの術で呼び出したことをガマブン太に説明するが、ガマブン太は鼻で笑い、ナルトのことばを信用しない。

（ガマブン太）ガハハハ　ウソをこいちゃいけんのォ……ガキ！　お前みたいなちんちくりんにワシが口寄せできるはずがなかろーが！
（ナルト）こっのクソガエル　さっきから下手に出てりゃ好き勝手なこと言いやがって！　だいたいオレがお前を口寄せしたんだからオレがお前の御主人なんだぞ！　クソガエル
（ガマブン太）…なんじゃあぁ……ワリャ……誰に向こーて口きーとんのじゃ……コラ……！　盃もかわせん小僧が　このガマ親分ことガマブン太様に向かって御主人だあぁ　殺《と》っちゃろーかぁー　オオ
（ナルト）うわぁー　す……すんません……ガマオヤビン……
（ガマブン太）まあ……おとなしゅうしとけ！　そしたら　ワシの子分にしちゃるけんのォ…ありがとう思えや！

（『ＮＡＲＵＴＯ』十一巻）

ガマブン太は腹に晒を巻き、刀を持つ姿で描かれている。この外見は、セリフの中に出てくる「親分」「盃をかわす」などの語彙と共に、類型的なヤクザのイメージと結びつくものである。さらに、セリフに見られる「…しちゃるけん」、

「…じゃ」といったことばは、広島弁を思わせる。田中ゆかり『「方言コスプレ」の時代』（岩波書店、二〇一一年）は、現実の土地と結びついた「生活のことば」としてのホンモノの「方言」を「リアル方言」、「らしさ」を頭の中で共有するホンモノとは別の「方言」のことを「ヴァーチャル方言」と定義し、現代のマンガにおいてヴァーチャル広島弁がヤンキー・キャラクターを特徴づけるサインとして多用されていること、そのイメージの源流は菅原文太《すがわらぶんた》主演の『仁義なき戦い』シリーズなどに代表される一九七〇年代の東映・実録ヤクザ映画に求められることを指摘している。これらをふまえれば、ヤクザ風の外見を持ちヴァーチャル広島弁をあやつるガマブン太は、そのようにフィクションのなかで定着してきたヤクザ・キャラクターをなぞる形で造形されていると言えるだろう。そもそも「ガマブン太」という名前からして、「菅原文太」のパロディである。

三、〈日本らしさ〉の導入

ヤクザのイメージを伴うことによって、ガマブン太は単なる巨大なガマではなく、少年ナルトをバックアップする親分肌のキャラクターになり得ている。と同時に、ヤクザ・キャラクターが映画やマンガ等において広く認知された近代日本のステレオタイプのひとつであることを考えれば、こうしたキャラクターが登場することは、作中世界にある種の〈日本らしさ〉を加味する効果もあると言えるのではないか。

そのような観点で『ＮＡＲＵＴＯ』を見ていくと、他にもいくつか〈日本らしさ〉を感じさせるものが登場することに気がつく。

例えば自来也は、片手を大きく広げて前に伸ばしたポーズで「あいやしばらく」と叫びながら登場し、その顔には

図1　ガマに乗って登場する自来也。顔に隈取がある。（『NARUTO』十一巻）

隈取らしき線が描かれている（図1）。この所作と外見は、歌舞伎『暫《しばらく》』の登場人物、鎌倉権五郎景政を思わせるものである。また、三代目火影の忍術「屍鬼封尽」によって出現する「死神」は角と牙があり、和服を着ている（図2）。これは般若の面をつけた能役者を思わせる。また、チヨバアが使う「傀儡の術」の一つ「白秘技・十機近松の集」は「傀儡の術　初代操演者　モンザエモンの十傑作」とされる忍術で（図3）、人形浄瑠璃や近松門左衛門を想起させる。また、サイが使う「忍法・超獣偽画」は白紙の巻物に筆で鼠などを描くとそれに魂が入って動き出す忍術で（三十四巻など）、これも名前からして、国宝の絵巻物『鳥獣戯画』（京都・高山寺所蔵『鳥獣人物戯画絵巻』）のパロディである。

これらの〈日本らしさ〉が、忍者や忍術の個性を際立たせる演出であることは言うまでもないが、具体的にはどのような雰囲気やイメージが強調されているのだろうか。例えば歌舞伎や能、浄瑠璃といった芸能には、〈伝統的で由緒正しい〉〈様式美がある〉といったイメージがある。自来也、三代目火影、チヨバアはいずれも長老格の忍者であり、そうした形容が似つかわしい存在と言える。ヤクザ・キャラクターは〈怖さ〉〈強さ〉を演出し（それが人間でなくガマであるところが笑いを誘うのだが〉、絵巻物の『鳥獣戯画』は〈楽しさ〉や〈美しさ〉を醸し出すものと言えようか。

ところでこれらの〈日本らしさ〉は、それぞれ生み出された時代も異なり、歌舞伎・能・浄瑠璃が伝統芸能という共通点を持つことを除けば、特に体系的な関連づけがあるようにも思われない。このように、さまざまな〈日本らしさ〉がいわばバラバラの状態で作中に同居しうるのは、『NARUTO』の舞台が特定の時空間を想定したものではないことと関係があるだろう。作中世界が固有の時代や社会を感じさせないものであるからこそ、そこにはどんな〈日本らしさ〉も盛り込むことができるのである。

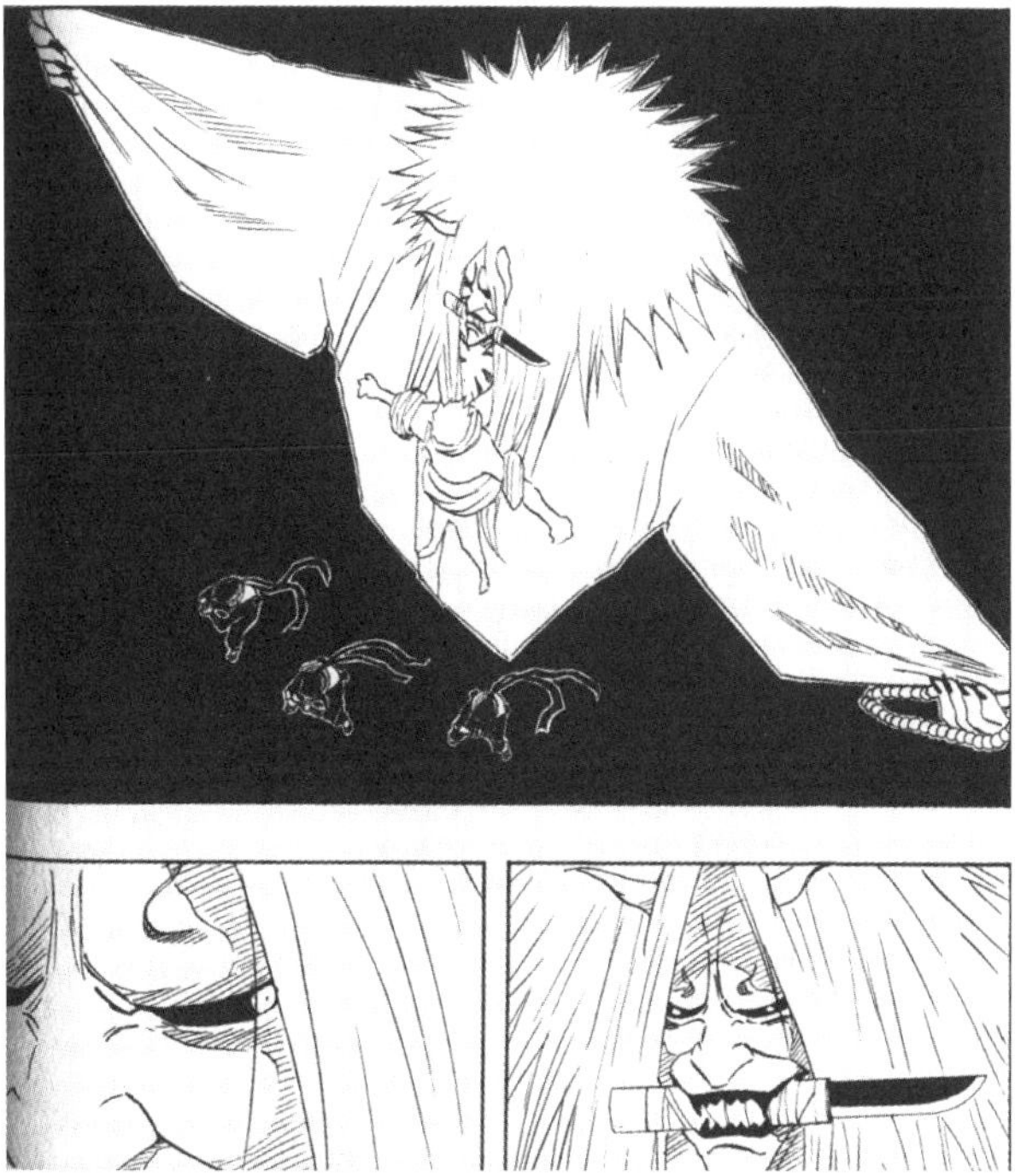

図２　忍術で登場した「死神」。般若の面を思わせる容貌。（『NARUTO』十四巻）

『NARUTO』が「無国籍で普遍的な物語」であることは、前掲『アエラ』の「NARUTO」特集でも指摘されている。当該特集の記事には、「忍者でありながら、そのファッションは現代的。加えて、金髪に青い目とくれば、国籍はあいまいだ。つまり、どの国のファンでも感情移入ができた」と、忍者の造形が〈日本らしさ〉を離れていることが、『NARUTO』の海外での人気を生み出したとの見解が示されている。『NARUTO』の忍者たちは黒装束に身を包んでいるわけではなく、伝統的な日本家屋に

図３　忍術「白秘技・十機近松の集」。チヨバア（中央）とその傀儡たち。（『NARUTO』三十一巻）

住んでいるわけでもない。例えばナルトはジップアップジャケットやサンダルなどを身につけ、テーブルやベッドなどを備えた部屋で暮らしている。忍者学校の教室はいわゆる階段教室で、教壇があり、黒板がある。これらは現代的なものであると同時に、日本以外の国にもありそうなものである。忍者たちは現代の都会に暮らす若者のようにも見え、その点で親しみやすいものになっている。

だが一方で、かれらはそれなりに忍者らしくも見える。それは、

図４　ガマに乗ったナルト。巻物をくわえて印を結んでいる。（『NARUTO』一巻）

忍術を使う時の「印」を結ぶ動作や小道具の巻物など、フィクションにおいて忍者を特徴づけてきた外見的要素が失われていないからである（図４）。これらの要素が付与されることにより、かれらは伝統的な忍者イメージとの連続性を保ち得ている。

　これを敷衍すれば、忍者や忍術にさまざまな〈日本らしさ〉が付与されているのは、忍者や忍術の演出として〈日本らしさ〉が有用であると判断されているため、と考えることができる。つまり『ＮＡＲＵＴＯ』は、作中世界は無国籍風でありながら、忍者や忍術に個々の〈日本らしさ〉をまとわせることで、「どの国のファンでも感情移入ができ」ると同時に〈日本らしさ〉も保った忍者マンガになっているのである。

四、ナルトと九尾狐

　さて、『ＮＡＲＵＴＯ』における忍者と動物の関わり方として、〈使役型〉のほかに〈憑き物型〉がある。これは忍者が自らの体内にいる「尾獣」と呼ばれる動物と一体化して、尋常ならざる力を発揮するものである。作中では、ナルト・我愛羅《ガアラ》・キラービーといった忍者の体内に、それぞれ異なる尾獣がいる。尾獣の実態は巨大なチャクラ（エネルギー）の塊であり、その暴走を止めるために、封印術によってかれらの体内に封じ込められているという設定である。かれらは尾獣封じのために身体を提供した者として「人柱力」と呼ばれている。人柱力が極度に興奮すると、尾獣を体内に封じておく封印が外れ、尾獣のチャクラが漏れ出し、人柱力は自らの意志とは無関係に尾獣の姿に変じて凶暴化してしまう。

　ナルトと九尾狐をめぐる一連の筋立ては、ナルトの精神的な成長をえがいた物語として読むことができる。以下、それをたどってみたい。

九尾狐は、過去に木ノ葉隠れの里を襲った妖獣であり、当時の里長・四代目火影（ナルトの父）によってナルトの体内に封印されたものである。ナルトが興奮すると封印が外れかけ、九尾狐のチャクラが漏れ出し、ナルトは次第に巨大な狐の姿になって暴れる。興奮が収まると元の姿に戻るが、暴れたことは全く覚えていない（三十三巻）。これはいわゆる「狐憑き」の状態、つまり動物霊が憑依した人間は異常行動をとるが、正常に戻ると狂乱状態の間の言動を覚えていないこと（吉田禎吾『日本の憑きもの』中公新書、中央公論社、一九七二年）と同様である。

尾獣に変じると人間の力をはるかに超えた破壊力を発揮できるが、作中では、忍者が憑き物状態になって戦うことは必ずしもよいこととされていない。ナルトは先輩忍者のヤマトに「九尾に頼った強さは本当の君の力じゃない（略）そんな力に頼らなくても君は十分強いはずなんだよ」と諭される（三十三巻）。九尾狐は「封印を完全に解け！　そうすればお前に全ての力を託してやる」とナルトを誘惑するが、ナルトはそれを拒絶する（三十四巻）。

そこから、九尾狐との困難な関係を乗り越えるためのナルトの修業が始まる。それは力によって九尾狐を自己のコントロール下に置くというような単純なものではない。ナルトは最初のステップとして、自らの中にある憎しみの感情を克服していく。「九尾の意志ってのは憎しみの塊で……どんだけ自分を強く保っても心のどこかにある憎しみと結びつこうとして心を乗っ取ってくる」（五十二巻）とあり、九尾狐の暴走はナルト自身の心の問題としてとらえられている。ナルトの前に、憎しみをあおるもう一人のナルトが現れるが、ナルトはそれを抱きしめ、「里の皆に信頼されている自分」を信じることを宣言する。こうして負の感情を克服したナルトは、次のステップとして、九尾狐と戦い、九尾狐のチャクラを自分のものにしていく。ナルトが自ら封印を解いて九尾狐と戦い始めると、九尾狐の持っている憎しみが作用し、ナルトは強い負の感情にさいなまれる。そこにナルトの亡き母が現れる。母の愛を実感したナルトは再び負の感情を乗り越え、九尾狐のチャクラを自らに取り込む（五十三巻）。修業の結果、ナルトと九尾狐の間には対話が成り立つようになり、ナルトは九尾狐と「コンビ」になって戦うことを宣言する。九尾狐のチャクラを取り込み、九尾狐と一体化したナルトはもはや憑き物状態ではなく、自らの意志によって動くことができるようになる（六十巻）。

五、妖怪としての尾獣

ナルトと九尾狐との一体化は、ナルトが九尾狐に変身するという形で表現されるが、このように忍者が動物に変身する発想は既に江戸時代の文芸に見られるものである。よく知られた話だが、例えば浮世草子『新可笑記』（井原西鶴作、元禄元年（一六八八）刊）巻五の一「槍を引く鼠の行方」では、忍びの者は鼠に変じて座敷に忍び入る。また、現在もしばしば上演される歌舞伎『伽羅先代萩』の仁木弾正は、鼠に変じて連判状を奪い取ろうとする。

さらに、尾獣の造形にも古典的な伝承との関わりが確認できる。『ＮＡＲＵＴＯ』で最初に登場する尾獣は九尾狐であり、次に登場するのは狸の守鶴《しゅかく》（我愛羅の尾獣）であるが、この「九尾狐」と「守鶴」は、その名前の背後に、それぞれ著名な伝承が横たわっている。

「九尾狐」の伝承とは、別名を「玉藻前」と称する妖狐をめぐる物語である。例えば謡曲『殺生石』では、次のような物語が語られる。

かつて鳥羽院に玉藻前という美女が仕えていたが、その正体は狐であった。この狐は天竺では斑足太子の塚の神、大唐では幽王の后の褒姒、日本では玉藻前として出現し、「王法を傾けん」としたが、安倍泰成に調伏されて都から那須野に逃げた。それを三浦の介・上総の介が勅命を受けて射殺した。死後もその執念は残り、殺生石という石になった。

謡曲の本文には「九尾狐」ではなく「野干」とある。殺生石になったこの狐を「九尾狐」とみなす説が広まったのは江戸時代中期であり、読本『絵本三国妖婦伝』（高井蘭山作、享和三～文化二年（一八〇三～一八〇五）刊）で通説化したという（小松和彦・常光徹・山田奨治・飯倉義之編『日本怪異妖怪大事典』東京堂出版、二〇一三年）。『絵本三国妖婦伝』では、「不正の陰気」が凝って一匹の狐となり、年月を経て「白面九尾の狐」になったと書かれており、その性質については「元来邪悪妖気の生ずる処ゆゑ、世の人民を殺し尽し魔界となさんとす」とある。このような九尾狐のイメージは、そのまま『NARUTO』の九尾狐に受け継がれていると言ってよいだろう。

しかし、九尾狐をめぐる具体的な物語《ストーリー》に関しては、伝承と『NARUTO』との共通点はそれほど多くない。『殺生石』と『絵本三国妖婦伝』では九尾狐が女性に変じて権力者に近づく筋立てが見どころのひとつになっているが、『NARUTO』にはこの筋立ては採用されていない。一方で、「憎しみ」をその本質とする九尾狐が四代目火影に退治され、ナルトの体内に封印されるという『NARUTO』の筋立ては、『殺生石』や『絵本三国妖婦伝』に見られる、邪悪な狐が勇者に退治されて殺生石となる筋立てに類似している。『NARUTO』では、ナルトがいわば、妖狐の魂をその内部に封じ込めた殺生石としての役割を果たしているのである。

次に、「守鶴」について述べたい。『NARUTO』では「守鶴」は巨大な狸の姿で出現し、その正体は「茶釜の中に封印されていた砂隠れの老僧の生き霊」との説明がある（十一巻。「砂隠れ」は我愛羅の出身地）。この説明は少しわかりにくいが、茂林寺（現・群馬県館林市）の「分福茶釜」の伝承をふまえたものと考えれば理解しやすい。現代の子供向けの絵本などで流布している「分福茶釜」の話は、人間に助けられた狸が茶釜に化け、綱渡りの見世物をするという狸の報恩譚だが、茂林寺の「分福茶釜」の伝承はこれとは少し異なる。例えば、江戸時代中期の妖怪絵本『今昔百鬼拾遺』（鳥山石燕画、天明元年（一七八一）年刊）には次のように記されている（現代語訳を付す）。

茂林寺釜

上州茂林寺に狸あり。守鶴といへる僧と化して寺に居る事七代、守鶴つねに茶をたしみて茶をわかせば、たぎる事六、七日にしてやまず。人その釜を名づけて文福と云。蓋文武火のあやまり也。文火とは縵火也。武火とは活火也。

（上州茂林寺に狸がいた。守鶴という僧に化けて七代にわたり寺に住んでいた。守鶴は常に茶を好み、茶をわかすと六、七日は煮えたぎってさめなかった。人はその茶釜を文福と呼んだ。これはおそらく文武火の誤りである。文火はぬるい火であり、武火は強い火である。）

江戸時代後期の随筆『耳嚢《みみぶくろ》』（根岸鎮衛著、文化十一年（一八一四）成）巻之八「文福茶釜の本説の事」にも、館林の茂林寺にある「文福茶釜」は守鶴という僧が作らせたものであり、守鶴の正体は「老狸のよし申伝へしと言」と書かれている。

以上、「九尾狐」と「守鶴」が古典的な伝承を背負った妖怪であることをみてきたが、『ＮＡＲＵＴＯ』における尾獣の造形は総じて、動物というよりは妖怪や怪獣のイメージに近い。例えば守鶴に変じた我愛羅を見たナルトは、「コイツが……あいつの中のバケモノ……」との感想を持ち（十五巻）、九尾狐に変じたナルトと大蛇丸の戦いを見たカブトは、「忍者の闘いというより……まるでバケモノ同士の闘いじゃないか……」（三十三巻）とつぶやく。また、九尾狐や守鶴を含めた複数の尾獣が戦う光景は、「まるで……怪獣総進撃だな……!」(六十巻)と評される。「怪獣総進撃」は一九六八年公開の東宝の怪獣映画のタイトルである。『NARUTO』の尾獣(九尾狐・守鶴の他、又旅・磯撫・孫悟空・穆王・犀犬・重明・牛鬼が登場する)は大きさとその異形ぶりにおいて、怪獣映画に登場する巨大な怪獣に類似する。

顧みれば、〈使役型〉に登場する巨大な動物たちも、巨大であるという点で既に妖怪や怪獣に似た存在であった。こうした動物の描かれ方が合巻『児雷也豪傑譚』に見られることは前述したとおりだが、遡れば鎌倉時代の『土蜘蛛草紙絵巻』(東京国立博物館所蔵)にも、妖怪めいた巨大な土蜘蛛が描かれている。このような巨大な動物の表象史が、『NARUTO』にも流れ込んでいるのである。

おわりに

江戸時代の文芸に登場する妖術使いは、動物の力を借りてさまざまな妖術を使う。それは必ずしも、妖術使いが動物を支配し利用するという関係にとどまらない。例えば合巻『白縫譚《しらぬいものがたり》』(柳下亭種員ほか作、嘉永二～明治十八年(一八四九～一八八五))では、ある武家に恨みを抱く蜘蛛の精霊が、その武家に父を殺された娘に呼びかけて復讐心をあおり、妖術を伝授する。読本『善知安方忠義伝《うとうやすかたちゆうぎでん》』(山東京伝作、文化三年(一八〇六)刊)では、地上を魔界にする野望を抱いているガマの精霊が若武者に謀叛を促し、妖術を伝授する(佐藤至子『妖術使いの物語』国書刊行会、二〇〇九年)。ここには、動物が人間と対話し、人間を導き、利用しようとする構図が認められる。

『NARUTO』における忍者と動物の関わり方も、これらと通じるところがあるように思われる。前述の通り、〈憑き物型〉では動物が忍者を支配したり、動物と忍者とが対話・協働したりする。動物は、人間の一方的な支配下に置かれているわけではない。尾獣が「人知を超えたその力を制御することなど誰にも出来な」い（二十九巻）と評されるように、動物はその力において人間より優位にあり、畏怖の対象としてとらえられている。

こうした動物観の源流はどこにあるのか。それは稿を改めて考えるべき問題であるが、妖術使いの登場する合巻や読本に既に似たような動物観が見られることは、少なくとも江戸時代後期には違和感なく受け入れられていたと考えてよいだろう。本稿では、忍者や忍術の演出として導入されている〈日本らしさ〉について述べたが、あるいはこうした動物観も、『ＮＡＲＵＴＯ』に見いだせる〈日本らしさ〉の一つと言ってよいのかもしれない。

参考文献

『ＮＡＲＵＴＯ』（ジャンプコミックス『ＮＡＲＵＴＯ』一～七十二巻、集英社、二〇〇〇～二〇一五年）
『児雷也豪傑譚』（服部仁・佐藤至子編・校訂『児雷也豪傑譚』図書刊行会、二〇一五年）
『新可笑記』（新編日本古典文学全集『井原西鶴集　四』小学館、二〇〇〇年）
『殺生石』（日本名著全集『謡曲三百五十番集』日本名著全集刊行会、一九二八年）
『三国妖婦伝』（絵本稗史小説第一集『三国妖婦伝　松浦佐用媛石魂録』博文館、一九一七年）
『今昔百鬼拾遺』（稲田篤信・田中直日編『鳥山石燕　画図百鬼夜行』国書刊行会、一九九二年）
『耳嚢』（岩波文庫『耳嚢　下』岩波書店、一九九一年）
『白縫譚』（佐藤至子編・校訂『白縫譚』国書刊行会、二〇〇九年）
『土蜘蛛草紙絵巻』（独立行政法人国立文化財機構ウェブサイト「e国宝　国立博物館所蔵　国宝・重要文化財」http://www.emuseum.jp/二〇一六年七月十一日閲覧）
『善知安方忠義伝』（『山東京伝全集　第十六巻　読本２』ぺりかん社、一九九七年）

司馬遼太郎の忍法小説

――『梟の城』を中心に

関 立丹

日本では五十年代末ごろ、三回目の忍法ブームが起こった。代表的な作家は山田風太郎（一九二二～二〇〇一）で、忍法小説をその前後に三、四十部ほど出した。彼の『甲賀忍法帖』は一九五八年十二月に『面白倶楽部』（光文社）に連載され始めたが、四年後ようやく広く関心を寄せられるようになった。[1] 司馬遼太郎（一九二三～一九九六）は、忍法小説『梟の城』（『国内外日報』一九五八～五九年）を書き、一九五九年にこれによって第四十二回直木賞を受賞した。そのほかに、柴田錬三郎（一九一七～一九七八）の『赤い影法師』（『週刊文春』一九六〇年）、村山知義（一九〇一～一九七七）の『忍びの者』（共産党機関誌『赤旗』一九六〇年）などが早く人気になった。山田風太郎の作品よりも、これらの忍法小説が忍法ブームを起こしたと言えよう。

『梟の城』は忍者を描写の対象にした小説である。忍者は「乱波」とも呼ばれ、故郷は三重県の伊賀地方、滋賀県の甲賀地方である。そこで、「伊賀者」、「甲賀者」とも呼ばれている。忍者は隠密に仕事をする人であり、陰での存在でなければならない。忍者についての記録もかなり限られている。[2] それで、世に名を残した忍者は、きわめて少なく、後世に残された忍術も限られている。

「梟」はフクロウのことであり、夜行性の鳥である。『梟の城』では忍者のことを指しているようだ。

忍者は梟と同じく人の虚の中に棲み、五行の陰の中に行き、しかも他の者と群れずただ一人で生きておる。[3]

これは甲賀の「上忍」摩利洞玄の言葉である。一五八二年織田家の幼主を救助することに成功した時に、願い主の前田玄以より続けて力になってくれるように頼まれたが、摩利洞玄は以上の理由で武士集団に加入するのを断った。忍者は陰で一人で生きるものであり、武士が取って替わることのできない役割を果たしている存在であると考えられているのである。

忍者について、『梟の城』の中で忍者をやめて武士集団の一員になった風間五平は次のように定義している。

忍者とは……風間は思う。――すべての人間に備えられた快楽の働きを自ら封じ、自ら否み、色身を自虐し、自虐しつくしたはてに、陰湿な精神の性戯、忍びのみがもつ孤独な陶酔をなめずろうとする、いわば外道の苦行僧にも似ている。[4]

一五八一年忍者の故郷である伊賀は織田信長のグループに絶滅の境地に追い込まれた。その時の風間五平の考えである。風間五平は、忍者の陰での生活様態に耐えられなくなり、表での出仕を求め、忍者グループを離脱したのである。彼は忍者だったことを隠し、すでに京都奉行に昇進した前田玄以に仕えることにした。ところが、忍者集団からの脱走は忍者の戒律を犯したことになるので、忍者の襲撃の対象になってしまった。また、風間五平も出世するために京都政権に脅威を与える忍者をターゲットにしている。

『梟の城』は十六世紀末期織田信長の武力弾圧を受けて生き延びた対立した二つの忍者グループの話を描いたもの

である。彼らは主に京都で活動を展開していた。一方は葛籠重蔵を代表とした伊賀の忍者グループであり、もう一方は摩利洞玄を代表とした甲賀忍者である。それぞれの背後には大阪の豪商今井宗久、徳川家康など豊臣秀吉政権への対抗勢力と秀吉政権を維持する石田三成グループが存在している。またそのほかに、同じ伊賀忍者下柘植次郎左衛門の門下であるが、忍者活動を続けている葛籠重蔵と武士集団に身を置き、忍者を捉まえることを目的としている風間五平との対立も描かれている。純粋な伊賀忍者像である葛籠重蔵は夜中、伏見城に忍び込むことに成功し、暗殺対象である年老いた豊臣秀吉を見つけたが、暗殺をあきらめ、忍者生活を放棄することにした。自分の好きな甲賀旧家出身の忍者小萩と夫婦になり、山間での隠居生活を始めたのである。

『梟の城』は連載された時は『梟のいる都城』という作品名であった。忍者が京都で活動することを中心に描こうとした創作動機が覗える。単行本の場合『梟の城』と変えられ、忍者が京都の陰で活躍する雰囲気が増強された。

一、忍者の陰翳世界

『梟の城』では作者は忍者の運命によって決められた陰翳世界のことを多く描写した。

なるほど、この僧の瞳の異常な明るさの前に置かれると、おのれの姿がにわかに黒々としてくるようでもある。重蔵は少年のころから隠身の術を学んできた。しかし、ついには伊賀の術が持つ宿命的な精神の暗さまでを隠し終せるものではないことを気づかされたような気がする。

（伊賀で学んだ術も、この男のもつ瞳の明るさには勝ち目がなさそうじゃ）

太陽をのがれてこそ生命を保ちうる隠花植物が、太陽の下で花をひらく植物へほのかな憧憬を抱くことがあるとすれば、重蔵がふと毒潭の目を眺めやった憧憬に似た気持は、ほぼそれに似ていた(5)。

「毒潭」という瞳の明るく磊落とした雲水僧を前にして葛籠重蔵の忍者としての暗い一面が照らし出された。忍者は光の当たらない暗い世界の生物であるのだ。忍者のこの暗い特性は『梟の城』の中で作者によってさまざまな角度から描かれている。

まず、忍者は高い忍術を身につけるために、耳目を覆い隠し偽装しなければならないことである。忍者は息を潜めることによって自分の行動を人に察せられないようにすることができる。例えば、葛籠重蔵は蜘蛛のように屋根ぐみの梁に姿を隠すことができ、その師匠の下柘植次郎左衛門の目は、夜に照明がなくても周りが「見える」。また、特別な道具「水蜘蛛」を利用して水の上を歩いたり、幻術を使って人を惑わせたりできる。

もちろん以上のような術を身に付けるには、いろいろ苦労しなければならない。葛籠重蔵と風間五平の師匠である上忍――下柘植次郎左衛門は次のように忍者としての腕を磨いた。

次郎左衛門の語るところでは、伊賀郷士団が亡ぼされてから、京へ奔ってこの荒れ寺の住持になりすましていたという。もっとも、その間、伊賀下柘植の家にも住んでいた。十日に一度下柘植から消えては京へ走る。だから家人でさえ、伊賀の忍者下柘植次郎左衛門と京で寺領も檀家もない荒れ寺に住む仰山という雲水僧が同一人であることを夢にも知らなかったし、むろん、京の松原の町の人々のほうは、竹藪にかくれて天竺の苦行僧のように世を捨てきっているこの奇行の僧の素性が、伊賀から流亡してきた忍者のひとりであろうとは、気付くよしも

なかったのである。(6)

下柘植次郎左衛門は忍者と雲水僧という二つの身分を持っている。京都の竹の枯葉の中で二十年修行したため、竹の生態を熟知し、枯葉の下に意のままに姿を消すことができるようになった。京都で弟子の葛籠重蔵や風間五平に出会っても見やぶられなかった。そこまで高い忍術を身につけたのである。忍術というのは忍者が明るいところから逃げることを可能にする術で、陰のなかで生存することを保障してくれる術であろう。

忍者の陰翳世界の現れとして、人を簡単にあの世へ送れることが挙げられる。『梟の城』のなかでは、人を殺してもまばたきひとつしない忍者の話が多く描かれている。

……伊賀者には伊賀者の、仕事を仕切る道がある。仕事のために人を斬った。伊賀では世間のようにこれを非道とはいわぬ。(7)

葛籠重蔵は豊臣秀吉暗殺の仕事がすでにばれたのを知り、自分とその話をしていた松倉蔵人を不意を突いて殺した。任務の機密性を保証するためである。彼も自分に殺された松倉蔵人のことを可哀想に思っているが、仕事のためなので仕方のないことだと見ている。任務を全うするために人を殺すことは伊賀忍者にとって当たり前のことなのであろう。

次に、忍者の背徳性が挙げられる。それは忍者になる重要な条件の一つとして、身内か敵かにかかわらず、情を働かせてはいけないということだ。これも忍者の陰翳生活の表れであろう。忍者はいつでも死に直面する覚悟がある。

自分自身を守るために手段を選ばない。「ゆらい、乱波というものは、相手とおのれの心を詐略する仮装の心理の中で生きてきた。仮装を強靭にすることがお互いの正義であり、そういう仲間をかれらはすぐれた乱波として尊敬してきた」(8)。忍者は自分の命を守ることを優先し、そのために仮装したり、仲間を犠牲にしたりすることもよくある。一五八一年織田信長の大軍が伊賀を攻めた時、下柘植次郎左衛門は戦の最中に危険にさらされた仲間に配慮せず、脱走した。情けないことだが、弟子の葛籠重蔵は少しも師匠を非難しなかった。卑怯だとも思わなかった。

重蔵は、この場になって逃げようとする次郎左衛門の行動を卑怯とは思わなかった。忍びの心には他国の武者のように一定の規律がない。常に事象に対して過敏に変幻し、ついには古い忍び武者になると、おのれの心でさえつかめなくなるという。次郎左衛門のこの場の行動は、味方を謀略する予定のものであったのか、この場に臨んで恐怖がそうさせた衝動的なものであったのか、それは次郎左衛門さえ自分を説明することはできまい。が、たとえ恐怖があるとしても、精神の虚実の操作の複雑な鍛冶を経てきた忍びには、常人の場合のような露わな反応が、その表情のどの翳にもあらわれなかった(9)。

下柘植次郎左衛門は経験の豊富な忍者であり、緊急な場合、無意識的に自分にとって最も有利な行動を取ることができ、臨機応変の得意な忍者である。たとえ仲間を騙しても忍者の世界では許される範囲のことである。それは忍者の世界の常識であり、当然なことである。頭の中には自分を批判する概念はないのだ。この件に関して葛籠重蔵は忍者として納得しているので、師匠へは批判的な態度を取っていない。葛籠重蔵は惨殺された両親のために復讐しようという強い願望が働き、俗世の悩みを乗り越えることができなく、逃げられなかっただけのことである。葛籠重蔵は忍者としてまだ青臭いからである。
また、一般的な忍者の間だけでなく、恋人同士でも忍者は女を犠牲にすることが普通である。作品の男主人公の葛籠重蔵と女主人公の小萩はそれぞれ伊賀と甲賀という対立した忍者グループに属している。敵対的関係であるが、知らず知らずのうちに二人の間に愛が生じてしまった。しかし忍者として彼らは感情を抑えなければいけなく、相手にほころびを見せたくない。二人は長い間敵対関係を保ち、小萩は人を遣わし葛籠重蔵を刺し殺そうとすることまであった。もと忍者の風間五平もそうである。武士集団に入ったが、忍者のやり方を貫いている。集団の中で上へ行くために師匠下柘植次郎左衛門の娘のお簾（顔は猿に似ているので「木猿」というあだ名を付けられた）からの愛を騙し取り、結婚を前提としているとお簾に錯覚を与えた。また、出世のために師匠を売って死なせたり、いいなづけのお簾を敵の目にさらし、隙を見て一人で先に逃げてしまった。お簾は死んだだろうと思ったが、風間五平は「猫が死んだほどの感情も湧かなかった。……忍者の人間観からすれば用のみで人間は存在する。……相手が死ねば、拭ったように忘れ去ってしまうというふしぎな生き物が、忍者というものであった[10]」。それに、お簾は女である。

伊賀甲賀の忍者にとっては、所詮、女とはくノ一にすぎなかった。くノ一の不幸は男の愛に感じやすいことである。これに愛をさえ与えれば、いかなる危険にも屈辱にも背徳にもたえうる至妙。伊賀の施術者たちはこれに擬装の愛を与え、真実に愛することを避けた。くノ一の術だけでなく、おのれの精神を酷薄に置くことによってのみ身を全うしうることを教えている[11]。

「くノ一」とは「女」という漢字の書き方から来た忍者の隠語であり、女性の意味である。忍者の世界では、女性と愛が生じることは危険なことであり、忍者は偽装の愛で女と付き合い、真の愛を避けているのだ。忍者の世界では女のために時間や労力を費やすことはタブーとされているのだ。これこそ自分を守る方法である。
また、作中の忍者の陰翳世界は自我がなく、他人に頼るしかない忍者像にも表れている。忍者は人からもらった一つ一つの任務を全うすることを務めとし、力を尽くして使命を果たすことを目標として頑張り続ける。堺商人今井宗久の目には、葛籠重蔵の目はきわめて特別に見える。

この目は、自分の人生にいかなる理想も希望も持ってはいまい。持たず、しかもただひとつ忍びという仕事にのみひえびえと命を賭けうる奇妙な精神の生理をその奥に隠している。その奇妙な生理が、この男の目に名状の仕様のない燐光を点ぜしめている。(12)

忍者には自我が存在しないのである。葛籠重蔵もその一人である。今井宗久は織田信長に信頼され、武器販売で巨利を得た。しかし豊臣秀吉の政権になるとその特権は奪われ、そこで豊臣秀吉を殺す気が起こったのである。暗殺の依頼主である。葛籠重蔵はその依頼を引き受けた。葛籠重蔵の報復の相手はもともと一五八一年に伊賀忍者を絶滅する命令を出して、両親、妹を死なせた織田信長だったが、織田信長は一五八二年本能寺で明智光秀に暗殺され、葛籠重蔵は仇討の目標がなくなった。十年間彷徨った結果一五九一年三月に、豊臣秀吉暗殺の依頼を引き受けた。復讐の相手を統治者の豊臣秀吉に転化したのである。

……この仕事に手をつけたころは、なお京の政権に対する伊賀らしい怨恨があった。しかし、いざ京に身を潜めてみると、もはや時代が移ったという感が深かった。恨みよりもいまの重蔵を支えているものは、天下の主を斃すという、何百年来伊賀のなんぴとにも恵まれたことのない壮絶な忍者の舞台、その一事である。[13]

恨みを晴らすためであるが、その後時が経つにつれて、葛籠重蔵の気持ちは徐々に変わっていった。隠居十年の葛籠重蔵は、師匠から暗殺の仕事を引き受けて半年が過ぎ、恨みはすでに薄まり、そのかわりに、今まで伊賀忍者の誰もやったことのない使命感に駆られるようになったのである。天下の主を殺すことの壮絶さに魅了されてしまったのである。この種の使命感は忍者の運命を左右し、かつ忍者の生活をも左右する。葛籠重蔵は本当の意味での忍者になったのである。

最後に、忍者の陰翳世界のもう一つの決定的な要素に忍者の乱世好きが挙げられる。

乱波とは、乱世の技術者ともいえた。いつ、どの綻びから世が乱れるかという予兆を、彼らはいつも見探っている。まして、この二人は秀吉を斬ろうとしている。斬るだけではなく、その事に端を発して世が乱れるということを彼等の依頼主が望んでいるとすれば、京の市民の間に秀吉への怨嗟の声があがっていなければ、この仕事はやりにくかった。[14]

忍者はよく暗殺を仕事としている。しかし、暗殺の機会はなかなか見つからない。世が乱れれば少しは容易になるだろう。葛籠重蔵と彼の家の忠実な下忍の黒阿弥は機会を待っていた。ちょうどそのころ、豊臣秀吉は朝鮮侵略を準備していた。それによって庶民は生活のプレッシャーを強く感じた。庶民の不満が高まると世が乱れるだろうと二人は願った。
以上のように、『梟の城』では忍者の陰翳世界が描かれている。忍者は陰翳世界の生き物であり、恐怖と不安の中で生活している。一人前の忍者として死に直面する緊急事態に応じるために、彼らは神経をいつも緊張させていなければならない。「刃物の上を素足で渡るようなこの職業にとって、技術の巧拙よりもむしろそれを支えている魂のきびしさがかれらの第一義とされてきた[15]」。

二、忍者賛美か平和欲求か

司馬遼太郎はなぜ忍法小説を書いたのだろうか。そこには雑密への興味があっただろうし[16]、一九五九〜六〇年全国規模の安保運動がもたらした現実社会への不満や経済社会での消費欲求と供給不足の矛盾による現実逃避の読者の希望もあっただろう。また剣豪から超能力ヒロインの需要[17]と映画、テレビなどのメディアの発展[18]とも関係がないわけではない。そのほか、司馬遼太郎本人の仕事経験もその重要な要素であろう。司馬遼太郎は二十三歳から新聞記者として活躍し、十二年ぐらい記者の仕事をしていた。忍者と記者は類似点が多いと司馬は言っている。

新聞記者も自分の存在を隠して、そして秘密の中枢、権力の中枢、政治の中枢に入り、そこから特ダネを拾ってくる。人間の実像、政治の実像、世界の実像がそこにある。それを発見するのがジャーナリストだと[19]。

新聞記者は忍者と同じように社会の内部に深く入って情報を集める仕事をしている。また、司馬遼太郎は新聞記者と忍者の類似点を次のようにまとめた。

私のなかにある新聞記者としての理想像はむかしの記者の多くがそうであったように、職業的な出世をのぞまず、自分の仕事に異常な情熱をかけ、しかもその功名は決してむくいられる所はない。紙面に出たばあいはすべて無名であり、特ダネをとったところで、物質的にはなんのむくいもない、無償の功名主義という職業人の理想だし同時に現実でもあるが、これから発想して伊賀の伝書などを読むと、かれらの職業心理がよく理解できるような気がしてきた。

戦国時代の武士は病的なほどの出世主義者だが、その同時代に、伊賀、甲賀で練成されて諸国に供給されていたこの「間忍ノ徒」たちは、病的なほどの非出世主義者だった。私は、かれの精神を美しいものとして書いた[20]。

司馬遼太郎は、これによって武士の出世主義を批判し、忍者の非出世主義を賛美した。このような忍者と武士の差異について『梟の城』の中にも何箇所かの指摘がある。当時、司馬遼太郎は宗教記者であり、京都が仕事場であった。京都には権威のある京都大学だけでなく、日本の宗教権威である本願寺や東山の五山文化がある。新聞記者はまるで城で情報収集をしている忍者のようだ。「伊賀忍者は自身の芸にほれこんだ朝日新聞記者で甲賀忍者はスポンサー第一に考える毎日新聞記者[21]」。この視点から考えてみれば、司馬遼太郎は物質的な欲求がなく技を一心に磨いている忍者に尊敬の意を抱いているわけである。

司馬遼太郎の忍法小説の創作期間は一九五九〜六二年であった。当時、日本の大衆文学の領域では吉川英治作『宮本武蔵』による求道に熱心な宮本武蔵像が代表的であった[22]。忍者の忍術の追求は、司馬遼太郎にとってそれに似たようなものなのであろう。忍者は、ずばぬけた忍術を身につけようとして技を磨き、その追求に陶酔している。「そういう伊賀者は、昔は居た。おのれの術の中に陶酔できる忍者が。……術を練磨し、術を使うことに陶酔し、その陶酔の中にのみ、おのれの生涯を圧縮し、名利も、妻子のある人並な生活も考えぬ伊賀者は居た」[23]。葛籠重蔵はそういうタイプの忍者で、風間五平は葛籠重蔵に忍術磨きに没頭している古忍者の姿を見た。司馬遼太郎は忍者のこの一面を賛美的な視線で見守っているように思われる。

しかし、時代が変わり、豊臣政権になると社会が安定してきた。忍者も安定した生活に憧れている。『梟の城』には、忍者の陰翳世界についての描写が数多くあるが、風間五平が武士に転身したことは別として、三人の忍者が忍者生活を放棄したことを描いた。

まずお簾のことである。お簾は「木猿」というあだ名をつけられて、美人ではない。結婚を約束してくれた風間五平によって敵に襲われ、左腕を切られた。やっと命拾いし、安全な地域に逃げることができたお簾は、腕が痛くて泣き出してしまった。また、風間五平とのことを悔しく思っているからでもあろう。「風間五平が、自分を見捨てたということを木さるはあの瞬間から気付いている。しかし五平を恨む気持はふしぎと起らず、それよりも忍者の仕事のおろかしさを、自分と五平を含めた感情で、ひしひしと思った。五平もいずれは、こうなる身だ、という感慨が、木さるの脳裏のどこかで息づきはじめていた。忍者を続けている限り、五平の五体も、いずれは木さるの今の身になる運命にある」[24]。作者はお簾の心理を借りて忍者仕事の愚かさを指摘したのである。お簾は決して風間五平を心から憎むのではなく、忍者という仕事の愚かさや悲惨さを認識し、忍者生活を棄てたのである。彼女は密かに故郷に戻り、静かな生活を始めた。

次に葛籠重蔵と小荻である。作者は刺殺当日の葛籠重蔵の心理を描き、準備に取り掛かっている描写の中で葛籠重蔵の忍者としての悲しみを描き出した。

むろん、重蔵のこの行動の発源が、そうした暗い復仇の精神からのみ出ていたものではなかった。それを遂げなければ、重蔵の生涯は成立しそうになかったのだ。それは忍者の悲しみともいえた。いつの場合でも他人から与えられた目的のために、おのれと他をあざむき通すこの職業の生涯にとって、太閤を殺すという一見無意味の一事は、唯ひとつの真実であるとも言えはしまいか。この一事によってのみ、重蔵の虚仮な生涯は、一挙に美へ昇華するように思えたのである。[25]

豊臣秀吉を暗殺することは、葛籠重蔵にとってすでに復讐という目的から遊離し、使命を全うすることが唯一の目的になってしまった。これは葛籠重蔵の悲しみであり、忍者の悲しみであると作者は書いている。忍者の人生は人からの任務を全うすることによって成り立っていて、そのために自分をも他人をも騙し通している。その結果、葛籠重蔵にとっては、豊臣秀吉を暗殺することはあまり意味のない仕事になっているが、唯一の真実になっている。あたかもこの企みで空虚な葛籠重蔵の人生が、瞬間的に美しく昇華できるようである。忍者の悲哀はこの自我のない生活にあるのだ。

暗殺行動の展開によって、葛籠重蔵は時代の移り変わりに気がつき、豊臣秀吉政権にも危機は潜んでいるが、社会全体はすでに安定した状態になっていることが分かった。それによって乱世の生き物である忍者には生存の空間がなくなり、忍者の多くは、やむを得ず物乞いになったり強盗をしたりして生活を成り立たせた。忍者という職種は、すでに時代に合わない存在になったのである。

葛籠重蔵はついに伏見城への潜みこみに成功し、豊臣秀吉と対面できた。目の前にいる豊臣秀吉は衰弱した普通の老いぼれであることにびっくりした。葛籠重蔵は豊臣秀吉と口論し、憤慨のあまり拳で力まかせに豊臣秀吉の顔を殴りつけた。すると豊臣秀吉は意識を失ってしまった。これによって葛籠重蔵は豊臣秀吉を殺さなくても昔から蓄積した鬱憤を吹き飛ばしたのだ。長い間、体の虚弱な醜い老人——豊臣秀吉を刺殺することを最終目標としてきたことを振り返ると、葛籠重蔵はその滑稽さを感じ、笑いだしてしまった。彼は豊臣秀吉の寝室を後にして、忍者生活を放棄した。自分を愛してくれている小萩と一緒に普通の生活を始めた。

平和な世界への憧れは葛籠重蔵と小萩によって体現されている。彼らは忍者という身分を棄て、山奥で隠居し、ごく普通の日常生活を楽しんでいる。作者によって作品は平和な世界へ導かれた。

忍者が主役の作品として、長編小説『梟の城』のほかに、司馬遼太郎は、短編『軒猿』（『近代説話』一九六〇年）、『最後の伊賀者』（『オール讀物』一九六〇年）、『飛び加藤』（『サンデー毎日特別号』一九六一年）、『果心居士の幻術』（『オール讀物』一九六一年）、『伊賀の四鬼』（『サンデー毎日特別号』一九六一年）と長編『風神の門』（『東京時報』連載、一九六一〜六二年）などを出している。

司馬遼太郎は忍者の悲惨な運命を描き続けた。『飛び加藤』と『果心居士の幻術』の主人公は超人的忍術の持ち主であり、上杉謙信と豊臣秀吉に雇われている。しかし、彼らの驚異的な忍術は主人に不安と脅威を感じさせた。飛び加藤は上杉謙信の毒酒を飲むことは避けることができたが、武田信玄の銃弾を避けることはできなかった。婆羅門の幻術の持ち主である果心居士は、松永弾正に雇われていたが、松永弾正に畏怖を感じさせ、彼のところから離れるしかなかった。新しい雇い主である豊臣秀吉のところで、死去した女性の亡霊を見せると、恐怖のあまり豊臣秀吉は大峰山の修験者を遣わして果心居士を殺させた。これらの主人公は忍術が卓抜なのに、どちらも悲惨な運命から抜け出すことができなかった。

長編小説『風神の門』は司馬遼太郎の最後の忍法小説である。主人公の真田十勇士の霧隠才蔵は『梟の城』の主人公葛籠重蔵と同じように忍者である。暗殺を含んだ一連のことを経験し、霧隠才蔵は葛籠重蔵と同じように忍者の世界を離れていくことにした。好きな女と一緒に暮らすようになったのだ。穏やかな生活の追求という点から見れば、『風神の門』と『梟の城』は首尾呼応しているのである。

司馬遼太郎のほかに、忍法小説の作家として五味康佑、山田風太郎、柴田錬三郎、村山知義なども活躍していた。忍法小説家であることは変わりはないが、それぞれの創作動機や作風はやや異なる。山田風太郎は東京医科大学を卒業し、学んだ医学知識を生かし、想像力を発揮した。彼によって描写された人間の特異機能はきわめて豊富であり、体全体に至っている。(26)また、彼の筆によって描かれた忍術は二五〇種類にも達している。(27)村山知義の『忍び者』は五部からなっている。一九四五年に日本占領下の朝鮮で朝鮮人の苦しい生活の実態を見たため、小説の第三部では、日本軍と朝鮮の李舜臣軍隊の戦いを描き、日本軍の残虐な行為も描いた。(28)「「忍者」の在り方を通じて、「日本人」とは何かというテーマを、また組織社会の中で人間性を抑圧されている今日の「日本人」の状況をも考えさせる論点を提供するような問題作であり続けてきたということができよう」(29)。柴田錬三郎は『赤い影法師』を書いた。「幼少年期『立川文庫』を耽読し、長じて慶大支那文学科に学び『三国志』『水滸伝』をはじめ諸々のシナ文学に接して壮大な伝奇世界に遊んだ」(30)。中国文学の伝奇性を取り入れているのである。

忍法作家の作風はそれぞれ違うが、司馬遼太郎の忍法小説は忍者の技術の極致的な追求や名利を求めない、目立たないように努める生き方を賛美している。しかしまた一方で、忍者の非道な生活を描写し、その陰翳世界を描き出した。最終的結論は平穏な生活への渇望である。つまり、忍者の生活を放棄し、穏やかな暮らしを楽しむという選択である。平和を求めているのだ。

注

（1）尾崎秀樹『大衆文学の歴史』下（講談社、一九九〇年）二五四頁。
（2）高橋千劔破「忍者とは何か――その歴史的考察」（『大衆文学研究』一九九六年第五期）一八頁。
（3）司馬遼太郎『梟の城』（新潮社、一九九九年）二四四頁。
（4）同右、三四頁。
（5）同右、四三八頁。
（6）同右、二〇六頁。
（7）同右、六九頁。
（8）同右、一五三頁。
（9）同右、三九頁。
（10）同右、四六〇頁。
（11）同右、一三二頁。
（12）同右、八九頁。
（13）同右、二〇一頁。
（14）同右、一二四頁。
（15）同右、三三七頁。
（16）磯貝勝太郎「司馬遼太郎の忍者小説と山伏」（『大衆文学研究』一九九六年第五期）八―九頁。
（17）眞鍋元之「歴史・時代小説ブームのサイクル」（『国文学解釈と鑑賞』『歴史・時代小説の現在』、一九七九年）二三一―二三〇頁。
（18）山田宗睦「風太郎忍法と映画」（『国文学』臨時増刊『大衆文学のすべて』一九六五年）一四八頁。

（19）篠田正浩「『梟の城』に見る忍びの歴史と権力の本質」（『週刊朝日』増刊、一九九九年）一六七―一七四頁。
（20）司馬遼太郎『歴史と小説』（集英社、二〇〇一年）二七五頁。
（21）志村有弘『司馬遼太郎事典』（勉誠出版、二〇〇七年）一九八―一九九頁。
（22）関立丹『武士道と日本近現代文学』（中国社会科学出版社、二〇〇九年）一五四頁。
（23）前掲注3司馬書、四七八頁。
（24）同右、四五六―四五七頁。
（25）同右、四八七―四八八頁。
（26）平岡正明「風太郎左派」（『追悼特集　山田風太郎　綺想の歴史ロマン作家』『文藝春秋』二〇〇一年）五三―六三頁。
（27）韓鋭訳『柳生忍法帖』（北岳文藝出版社、二〇〇六年）。
（28）安宅夏夫「村山知義『忍びの者』」（『大衆文学研究』一九九五年第五期）一六―一七頁。
（29）島村輝「「忍者」という立場（スタンス）――『忍びの者』における「民族」と「大衆」」（『日語学習与研究』二〇〇九年第一期）八―一四頁。
（30）古山登「娯楽小説の教本―柴田柴田錬三郎的忍者小説」（『大衆文学研究』一九九六年第五期）一〇―一一頁。

付記　本研究は、中国教育部人文社会科学研究規劃基金（番号：11YJA752003）と中央高校基本科研業務専項資金（番号：15YJ020211）の支援を得ている。

反「日本文化論」としての忍者物

——村山知義『忍びの者　序の巻』論

王　志松

村山知義《むらやまともよし》は一九六〇年から一九七一年にかけて小説『忍びの者』五巻を創作したのである。これらの作品は、発表されたと同時に映画化・テレビドラマ化・舞台化されたりしたこともあって、第三次「忍者」ブームを巻き起こした重要な一役を買ったといってよかろう。[1]十一年もかけてこうした長大な作品を書き続けた目的について、作者は次のように述べている。「私は数年前から、現在の日本人という民族の性格がどういうふうにして形成されたか、ということに興味を持ち始めた。そしてそれを小説や戯曲の形で探求しようとし始めた。[2]」その試みとして、戯曲「国定忠治」と「終末の刻」を書いた後、小説『忍びの者』を書いたわけである。さて、ここで問題となるのは、村山はなぜ日本人を研究するにはその対象として忍者を選んだのかということ、また忍者を通してどのような民族の性格を見出したのか、それは「日本文化論」ブームが起こりつつあった一九六〇年代ではどのような位置を占めるのか、などである。

本稿では、『忍びの者　序の巻』の検討を通して以上の問題について考えてみたい。

一、忍者の無名性

『忍びの者　序の巻』という小説の背景は、織田信長がやがて天下を制覇しようとした戦国時代の末期に設定されている。戦国時代、伊賀の忍者たちは、諸国間の戦で大活躍しているが、忍者に偏見を持った信長が諸国を統一すると伊賀を攻めてくるのではないかという危機感を抱いているのであった。このような事態を防ぐために、忍者の頭目百地三太夫は信長暗殺や情報収集のために多くの忍者を全国各地へ派遣したりした。しかし、最後に功を奏せずに、伊賀は攻められて滅びてしまったのである。

このような背景設定では、普通の忍者物なら、情報収集や暗殺のいきさつが作品の中心となるであろうが、『忍びの者』では案外にあまり描かれていない。この小説の焦点はどこに置かれたのかというと、冒頭の描写から見てみよう。

峰々に囲まれたこの盆地の空気はジットリとよどんでいる。だから残暑のきびしい昼間の熱が、そのままなまま暖かく生き残って、それをつんざいて走っているカシイの頬を、生き物に撫でられているような、気味のよくない感じで包んでいる。

月もなく、風もない。星さえない。

毛物の体内でうごめいているような感じ――おれも生まれる前、母の胎内で、こんな感じを感じながら生きていた……だが、なぜ、父親は、カシイなどという名前をおれにつけたのだろう。(3)

これは下忍カシイがある任務を終えて伊賀に帰る途中の一場面である。「つんざいて走っている」というのは、カシイが走るスピードが速くて、忍者として技の高いことを示しているが、「月もなく、風もない。星さえない」伊賀の夜、また、「母の胎内で」うごめいているという感触は、また退嬰化、無力感という彼のもう一面を表している。

忍者として走るスピードが速いが、しかしどこへも行けないというのは、実は彼の現状である。こうした無力感から、カシイは自分の名前の無意味性に思いついた。彼には、なぜ親が「カシイ」と名づけてくれたのか分からない。「カシギ」という父の名前は、樫の木と解してもいいし、かしいだ家に住んでいる、という意味に取ってもいい。だが、カシイとは何だろう。親父の名前の二字を取った、それもいい。だが、イとは何だ？　どうしてもカシの下にくっつける字が考え出せなくて、イロハのイをくっつけたか、それさえ考え付かない間に、ただカシだけでは呼びにくいので、長く引っぱったのだ、としか思えない。

　無責任だ――ダラシがなさすぎる……

　子供のころから、名前を呼ばれるごとに胸を刺すこの思いが、今も頭をもたげて来た。この思いは、彼の今はもういない父親に対する憤懣の念につながっていた。(4)

カシイは父親に対して憤懣の念を抱いている。しかし、その父親はまた無名のままで忍者の生涯を終えた不幸な人でもある。カシイに対して一度もやさしい顔をみせたことのなかった父親は、一生を下忍の下として暮らしてついに少しの出世もしなかった。人遁の術だけには人にぬきんでてすぐれていながら、その達人であることでなんの得も取らなかった。カシイが十四の年に、別れを告げずに出て行って、それきり消息が絶えてしまった。恐らくどこかの合戦に雇われて行って、この世から消え果ててしまったのであろう。父親に対するカシイの憤懣をよく探ってみると、その奥には愛の渇きが感じられる。

こうして、冒頭から、ヒーローとしての忍者ではなく、人間としての忍者を見ようとしている、この小説の基調が読み取れる。ヒーロー中心の普通の忍者物とは違って、無名性への重視、無名の忍者たちの日常的な喜びと悲しみを描いたのは、この小説の一番大きな特徴といえよう[5]。

カシイにとって、無力を感じたのはそれなりの原因がある。あまりにも貧しいから下忍から中忍になる見込みはないし、二十八歳になってもまだ結婚していない。親を亡くしたカシイは叔父のカスミに育てられ、忍術を教えられ、そのまま叔父の下忍になった。叔父は血縁関係の何人かの下忍を抱えてはじめて中忍になったのである。父親が結婚しても家庭を顧みることができなかったと同じ意味で、叔父も家庭に恵まれていない。いろいろな事情で五十四歳になってもまだ結婚していない。しかし、彼は結婚していないということから自らの不幸を正当化するのであった。「彼によれば、嫁をもらうのは、家事をさせるために、あるいはやむをえないかもしれない、だが、女にほれてクヨクヨするとか、嫁をもらってそれにほれているとかということは愚の骨頂だ。忍者の第一の条件に欠けているというのだ[6]。」そしてカシイをいつまでも自分の下忍として置くように、結婚の悪いことを一つの理念としてカシイに吹き込んで、しかも厳重に監督したのである。

しかし、カシイは叔父のように、女に対して無関心でいられなかった。そのカシイの荒涼たる感情生活に、たった一つ、あたたかい流れを流し込むものがあった。その名はタモであった。

叔父のカスミには子供がない。そこで、彼は貧しくてみめのよい両親から生まれた女の赤ん坊を探し出して、養子にした。叔父には三人の養子がいる。その一人がタモである。みめのよい両親から生まれた女の子は、やがて美しい娘に育つ公算が大きい。美しい娘というものは、忍者にとって、いろいろの利用価値がある。その最大のものはくノ一の術に使うことだ。くノ一というのは「女」という字を分解したもので、女を利用して、敵の内幕をさぐる術のことであった。そのために、三人もの赤ん坊をむつきのうちから養子にしたのである。しかし、家には女手がないから、月々養育費を送って、実の両親の家で暮らさせている。タモは第一号で、第二号は六つになるハゴ、そして第三号は四つにしかならぬヒラである。月々養育費を仕送るのは苦しいが、やがてそれを使って手柄を立てることができると、目算を立てているのである。

そこで、タモは自分がカスミの養女であること、いつでもその家へ移り住まねばならぬ身の上であること、従って、血はつながっていないが、カシイとは従兄妹の間柄であることを知っている。だから物心ついたころから、カシイのことをなつかしがっている。カシイもタモに対して親近感以上の感情を持っている。「幼い時から、絶えず他人の心理を読み、裏をかき、虚をつき、他人には常に自分を誤解させるという術をたたきこまれているカシイにとって、二人の心が一つにとけあうようなこの感じは、ほかの人との間では決して生まれ得ないものだった。」(7)

しかし、このように、自分以外のものに心を移すということは、忍者にとっては、禁制であったためか、カシイは素直に自分の感情を認めない。「わしは子供がすきでな」と、カシイは自分にも他人にも言い訳をしていたのである。(8)こうして、カシイは忍者としてすぐれた技を持ちながらも、自らの運命を左右できないという境地に置かれているので、無力を感じたのであろう。

二、「だます」構造の中での愛

忍者物としては「恋愛」は普通メイン・テーマにすえたことは少ないが、『忍びの者　序の巻』ではストーリーの骨組みとしては異常にも、カシイとタモ、右衛門とイノネという二組の「恋愛」が描かれている。そのねらいはいったい何であろうか。この点について、村山の次の発言を見ておく必要があると思う。

私は日本人の性格がこうも歪んでしまった経路を歴史の中に捉えようと思い立った。そして一九六〇年の夏から『忍びの者』の執筆に取りかかった。それは日本人の最も歪んだ性格を忍者の中に発見したからである。自分の本質を押し隠すことによって他の人間をだまし、その信頼を裏切ることによって彼を滅亡させる――そういうことを本職とし、苦しい鍛錬によって自分の人間性を捻じ曲げてしまう――自分以外のものを信ぜず、他人の幸福を憎悪し、その秘密をさぐりとって、破滅させることで、自分の利益を得ようとする――この忍者根性は、取りも直さずスパイこんじょうというものであって、理想的な人間像のまさに正反対のものである。(9)

『忍びの者　序の巻』に描かれた二組の「恋愛」は、実はこうした「だます」性格の正反面をよく現しているのである。まず五右衛門と三太夫の妻イノネの関係を見てみよう。五右衛門は頭目百地三太夫の下忍であるが、父親を三太夫に殺されたのではないかという疑念を常に持っている。五右衛門は三太夫に近づきながら、復讐の念を忘れない。だから、「彼がイノネの心を奪った時に、復讐の念があったことは確かだ。(10)」イノネは不幸な女性である。「結婚してから三十四年間というもの、一度も夫に相手にされなかった処女妻のイノネ」は、五右衛門のちょっと示した好意によって、「崩壊させられてしまったのは、むしろ自然の成り行きであった(11)」。しかし、イノネが愛情に溺れていくのをみて、五右衛門は怖くなった。遊び半分でイノネと関係をもったので、そのために命まで無くす覚悟はなかったからである。そこで彼はイノネを井戸の中に投げ込んで殺して逃げた。ところが、この不倫から殺人へと発展してきた事件は実はすべて百地三太夫によって計画されたものである。百地三太夫はこの計画によって飽きた妻を殺させたと同時に、誰からも疑われることなく秘密に五右衛門を織田暗殺に派遣することに成功したのである。このように、五右衛門とイノネの「恋愛」にいろいろな陰謀＝「だます」が絡まっている。

伊賀の忍者たちは、百地三太夫と藤林長門守という二人の上忍で真ッ二つに割っている。藤林方の忍者と百地方の下忍は敵同士でありながら、狭い伊賀盆地に鼻突き合わせて住んでいた。小説の最後では、相敵対し性格も容貌も正反対に異なっていた百地三太夫と藤林長門守が実は同一人物であったということは明らかになった。世人のみならず、側近の部下まで、一人残らずの人間をだましとおしていた、この「だます」こそ彼の統治術であった。「こうして相敵対する人物と思わせておけば、両方の情報や秘密を一手に握り、それを自由にあちこちに売れる」。これは「ああ、これこそ、忍術の極意ではないか！」と作者を嘆かせたのである。[12]

このように、伊賀では人間関係が「だます」ことで形成されている。血縁関係である親子の間でも「だます」がある。たとえば、タモは情報収集のためにスパイとして反信長軍の朝倉義景の陣営に派遣されることになるが、タモ自身も周りの人もみんな彼女は十一歳であることを思い込んでいるのであった。当時女性の結婚年齢は十四歳であるから、十一歳は年齢としてまだ小さすぎる。しかし、これは親がすこしでも彼女を長く家に居させるためにわざと年を実際の年齢より二歳小さく言いふらしたのである。本当のことは頭目と親しか知らない。だから、「おん大将は、私の年を二つも間違えて――」とタモが言ったとき、カシイは何も答えなかった。親と大将の知っていることを、タモは知らないのだな、とカシイが思ったのである。カシイは聞くに堪えず、身内がゾッとした。[13]

こうした「だます」人間関係の中で唯一光っているのが、カシイとタモの愛情である。しかし、このような状況のなかで二人が結ばれるのが困難であるということはまた想像に難くない。一方では、カシイは忍者という立場から自らの感情を素直に認めない。もう一方では、タモはいつかスパイとして派遣されるだろうという、自らの運命を覚悟しているので、自分の感情を表に出すことが出来ない。だから、カシイはタモが自分に黙って忍術を習ったことを知ったときびっくりした。「カシイはタモに裏切られたように思った。自分をこそ一番信頼していると思っていたタモが、カスミからいろいろの術を習っていながら、まったく見事にかくしおおせていた――。」だが、そのすぐ後でカシイはまたタモのしたことに理解を示そうとした。「これは忍者なれば当然のこと、むしろ、そうでなければ道に外れているのだが、タモが、となるとどうにも口惜しくてならなかった。[14]」

二人は恋しあう間柄ではあるが、いろいろな事情でお互いに感情を認めるのではなく、「だます」関係を保ちつづけなければならない。忍術としては、女をスパイとして派遣する場合、単独にほうっておくことはできないから、相談人が必要である。「相談人は女に命令を与え、操縦し、監視し、連絡をつとめる男のことだ。親か夫がその役をつとめるのが理想的だとされているほど、よほど女の心を知っているものでなければならぬ。」カシイはタモの相談人に選ばれた。その任務は「義景の動静をさぐることにあって、タモの身を守ることではない。[15]」

カシイがタモへの愛を認めるようになったのは、朝倉義景軍が壊滅した中でタモが焼死したという知らせを受けたときである。「カシイは魂が抜けた人のようになってしまった。目がさめても、茫々としていた。ただすわっていることはできないので、足が動くままに動いた。」その後、すこし回復したものの、「瞳に輝きがなく、ただ、いいつけられた仕事をするだけの男になってしまった。[16]」カシイはタモの死のショックによってもう忍者としての能力を失ってしまった。

その八年後、カシイはたまたま、タモの姉キネが藤林長門守にさらわれたということを知って、タモへの未完の愛の補償としてキネを藤林の手から取り戻さねばならぬと決心して「ひさびさに目的らしいものがわき上がってきた」のである。[17]ここで注意すべきには、当時、伊賀侍と伊賀忍者の全運命を賭し総力を挙げて宿敵信長と決戦する時なので、他の忍者は皆決戦に参加したのである。しかし、カシイは決戦に参加せず、個人の意志でタモの姉を救出するために動いた。

カシイは、キネを見つけだしたが、しかしなぜかキネにその救出を断わられてしまった。このような結果は思いのほかカシイに大きな打撃を与えた。目的が急に消えてしまったカシイは「もう糸の切れたタコのように、ふらふらと走り出した。たちまち熊笹の中に仕掛けられたわなに足を取られて、はげしくころび、笹の枝に左の目を貫かれた。噴出す血を拭いもせず、崖をゴロゴロところがりおちて、深田にはまって頭から泥だらけになり、そのまま走って、いつのまにか喰代の南の山の中に迷い込んだ」。カシイは、泥と血で、全身隙間なく覆われ、幽霊のようにふらふら歩きながら、口の中でなにやらつぶやき続けている。それは母を子供の声のように悲しく、「タモ！　タモ！」と聞こえる。夜は明けたが、鉛のような雲が低くかぶさっていて暗い。その声を聞きつけて、繁みの中から跳びだして来た女がいた。タモであった[18]。

タモは実はその時死ななかった。命は助かったものの、「顔の左半面が焼け爛れていた。髪を切り、わざと右半分もよごして、兵隊たちの手をのがれ、乞食をしたり、飯炊きに雇われたりして、さまよっていた[19]。」カシイを恋しくて伊賀の付近に来たが、会わなかった。自分の醜い姿を見せたくないからである。しかし、カシイが廃人同然になったのを見てやっと飛び出したのである。


「タモじゃ！　タモは、お前を待って、ここに……」

タモははげしい力で、カシイを抱きすくめ、炎に向かってヨロヨロと走った。

「死のう！　いっしょに……いっしょに……[20]」

二人は再会したが、敵の軍勢が攻めて来たし、火が伸びてきたので、もう逃げ道はない。二人は炎の中に倒れこんでいった。ある意味では二人の愛は死によってはじめて成就できたのだといってよかろう。こうした悲劇的な愛はまた一層「だます」関係のゆがみを照らし出したのである。

三、社会周辺・底辺にいる存在

前述したように、「だます」というのは、忍術としての一番基本的な方法であり、また忍者を統治する方法でもある。作者はさらにそれを社会構造の中でも見ようとしている。

小説の中で、作者は随所忍者の起源と変遷を説明している。それによると、伊賀の忍者たちは武士ではなくて、農民である。だが土地はせまく、山地で、水田はほとんどない。穀物が少ないので、伊賀という地方は、古来一般に粥食である。農業では食えないので、何か余業が必要だった。そこで小さいときから心身両面の訓練を受ける。無事の日は百姓をしている。この地方にとくに忍者が発達したことは、いくつかの原因がある。忍術を生み出した山伏たちは、古来、大和、吉野、鞍馬、根来、伊賀の山々に住んでいた。京都は陰陽道の発祥地であり、比叡、高野は密教の本山である。忍術に武芸の面で寄与するものとしては、すぐ近くで柳生流の剣、宝蔵院流の槍が起こっている。最後にこの地方には、異民族、帰化人が多かった。戦乱をのがれて逃げ込んだ人も多い。中国からは品玉師（手品つかいのこと）、くぐつ使い（人形使いのこと）をはじめ、各種の芸人も来たし、それに影響されて、河原者と呼ばれる芸人群も発生した。また貧しさのために群れ住むことになり、いやしいとされる職業に従事する以外に路がなくなった人たちも多い[21]。とにかく、日本社会構造の中で一番下っ端で生活している人たちは生きていくために仕方なく忍者になったのである。

ところが、一九五〇年代末から起こってきた忍者ブームの中で忍者の差別された歴史を無視して忍術の一面が誇張される傾向がある。忍者はヒーロー化されると同時にパターン化されてしまう。このような現象は当時の日本文化論ブームとずれながらも微妙に重なった部分がある。「日本文化論」も、日本文化をパターン化するために歴史の具体性を抽象してしまう傾向がある。一九五〇年代後半ら、日本は敗戦国のイメージを完全にぬぐい去られ、再び世界の大国としての歩みを踏みはじめた。こうした背景で、日本文化論は、青木保の分類したように「否定的特殊性の認識」（一九四五～五四）」から「歴史的相対性の認識」（一九五五～六三）へと変化して、さらに「肯定的特殊性の認識」（一九六四～八三）へと変わってきたのである。「肯定的特殊性の認識」とは、即ち「比較文明論」的な世界における日本の位置を肯定的に確認したうえで、「日本システム」の優秀さを発見しようとすることである。「世界の先進諸国と並ぶ産業化に成功した日本人の可能性は、その社会と文化のシステムのすばらしさを支えとして、ますます大きく期待されずにはいないのである」。「日本文化論」あるいは「日本人論」という「議論の場」が賑やかに盛んになったのもこの時期であり、「大衆消費財」として消費されるようになったのも、この時期である[22]。

一九六〇年代一番代表的な「日本文化論」は、何と言っても中根千枝の「タテ理論」といえよう。中根は「日本的社会構造」は日本人の「集団」および「組織」原理における「タテ性」にあるとしている。その要素は大きく言えば、三つある。一、「場」の強調、二、集団による全面的参加、三、「タテ」組織による人間関係[23]。中根のこうした分析は、それまでの硬直したイデオロギー的な「集団主義」論や前近代的と決め付ける「家族的構成」論を退けたという点では意義がある。また、「資格」の社会に対する「場」の社会、「ヨコ」の集団組織原理に対する「タテ」の原理の対照という形で日本的な社会集団の一側面を明らかにしたという点でも示唆に富んでいる。

しかし、中根の提出した「タテ理論」は社会的な差別構造を無視してしまったところに問題がある。中根から見れば、内部では「場」と「集団の一体感」によって生まれた日本の社会集団の組織性格は、「親子」関係に擬せられる「タテ」性であり、外部では他集団との関係は、対立ではなく集団間に並列の関係を形成するのである。西洋のものさしで日本文化を決め付けることに反対する中根ではあるが、結局西洋文化との比較で日本文化のある特徴、あるいはある側面を強調しすぎて日本文化全体を代表させようと、パターン化してしまったのである。そして、それはその後夥しく出た「日本文化論」の基本的な枠組みとなったのである。

この問題に関して、島村輝は『忍びの者』を論じたとき、「「典型的日本人＝単一民族＝マジョリティー」とする単純な民族主義的視点に対して、「典型的日本人＝混成民族＝マイノリティー」とする視点を対峙させることにより、「日本人」論に「大衆小説」の分野から新たな切り口を提示するものだった」と指摘したことがある。[24] 本稿の分析に即してみれば、『忍びの者　序の巻』では当時「日本文化論」で無視された社会の構造的差別問題は実に大きく取り上げられたということが分かる。

『忍びの者　序の巻』で描かれた忍者の集団は、内部では確かに「親子」関係に擬せられる「タテ」性が見られるが、しかしそれはあくまでも上が下を支配する一つの方便として利用される。カシイの叔父は養女を三人養育しているが、それは養女を単に忍術の道具として見ていつか使って手柄を立てるためである。カシイを結婚させないのも、いつまでも下忍として働かせたいからである。頭目の百地三太夫は信長暗殺計画を遂行するために妻を殺害することも辞さない。逆に、下忍たちはいつも使いすてされるばかりである。カシイが無力を感じるのはここに原因がある。カシイという名前の無意味性もまたここに由来しているのであろう。

集団の外部に目を移すと、その差別の激しさがさらにはっきり見える。タモの家族は「河原者」といわれる。すなわち、「演芸にたずさわるもの」で、「賎民として扱われていたのである。この人たちは、普通人とは同等にまじわることのできないものとされ、極貧の農民からさえも、どんなに軽蔑しても、どんなに虐待してもいいもののように考えられていた。」タモは忍者の家へ養女に出された。「忍者の家へ養女にやれば、どういうことに使われるか、おおよその見当のつかぬ親はない。だから、親たちがよほど貧乏であり、また子供が多過ぎる、というような事情がないかぎり、こんな契約はしないはずである」。タモの家も、恐ろしく貧しかった。[25]

このようにして、村山は『忍びの者　序の巻』において忍者という歴史上具体的な集団を見つめることを通して、社会の差別的構造およびそれによって作り出された「だます」人間関係を自らの「日本人論」として提出したのである。ここで注意すべきは『忍びの者　序の巻』を村山の「日本文化論」としてみる場合、これは日本人に関するすべての理解ではないということ。村山は自らの日本人研究について次のように言っている。

最初の試みは戯曲「国定忠治」だった。徳川封建制の重圧の下で、食いつめた庶民たちが正業を離れて、賭博を生活手段にすることによって、自分を非合法の存在にし、権威への無理想の反抗と、自衛のための賭博仁義の醸成とのうちに、人間性を無残なものに歪めて行く姿を見詰めた。

次は戯曲「終末の刻」だった。日本民俗（ママ）に初めてもたらされた、人間は神のもとに平等だ、という、人間解放と男女平等の思想（実はそれは神に対する人間の隷属の思想だが）に魅せられた農民たちの、新しい世界観のためには死をも怖れない姿を、前作の否定面に対して、今度は積極面をというつもりで対象にした。[26]

ここからうかがわれるように、村山知義の日本人研究は、当時流行した「日本文化論」のように、「日本人」、或は

「日本文化」を全体論としてパターン化し議論するのではなく、いつも具体的な人物、現象を対象にすえて深く掘り下げて、日本人のある側面だけを取り出す。そして、その連作の中で複雑な、総合的な日本人像を浮かび上がらせようとした方法をとったのである。したがって、村山が『忍びの者　序の巻』で見出した、いわゆる「日本人」の性格、日本の差別的構造は、日本文化のすべてではなく、一側面に過ぎない。ただし、このような差別的構造に関する指摘の意義は、「一億中流」という神話が崩壊し、格差が拡大しつつある日本の現在では、もう一度見直されるべきであろう。

注

（1）尾崎秀樹『大衆文学の歴史　下』（講談社、一九八九年）二五八頁。
（2）村山知義「あとがき」（『忍びの者　序の巻』理論社、二〇〇三年）三三一頁。
（3）前掲注2村山書、五頁。
（4）同右、六頁。
（5）村山知義が忍者の忍術の奇抜さよりもその〈内面〉への追求を重視するという点について、尾西充康は「村山知義『忍びの者　序の巻』」（吉丸雄哉等編『忍者文芸研究読本』笠間書院、二〇一四年、八七―九九頁）で指摘したことがある。
（6）前掲注2村山書、一一頁。
（7）同右、一八頁。
（8）同右、一八頁。
（9）村山知義「本篇の読者に」『忍びの者　五右衛門釜煎り』（理論社、二〇〇三年）二頁。
（10）前掲注2村山書、一八〇頁。
（11）同右、一六八頁。

(12)同右、三三〇頁。
(13)同右、四七―四八頁。
(14)同右、四三頁。
(15)同右、一二・八二頁。
(16)同右、一九七・三一五頁。
(17)同右、三一七頁。
(18)同右、三三七頁。
(19)同右、三三一頁。
(20)同右、三三八頁。
(21)同右、二三―二四頁。
(22)青木保『「日本文化論」の変容：戦後日本の文化とアイデンティティー』(中央公論社、一九九〇年)八一―八二頁。
(23)中根千枝『タテ社会の人間関係：単一社会の理論』(講談社、一九七三年)。
(24)島村輝「「忍者」という立場――「忍びの者」における「民族」と「大衆」」(『日语学习与研究』二〇〇九年一期)一二頁。
(25)前掲注2、一七―一九頁。
(26)同右、三三一頁。

中国における忍者漫画アニメの受容とその影響
――『NARUTO――ナルト』を中心に

唐 永亮

忍者はもともと、大名や領主に仕え、または独立して諜報活動、破壊活動、浸透戦術、暗殺などを仕事としていたとされる、個人ないし集団の名称であった。江戸時代になってから、その伝統的な忍者像はだんだんフィクション化されたり、芸術化されたりして、その不面目な性格を完全に隠して、積善懲悪の英雄像を徐々に作り出すようになってきた。『NARUTO――ナルト』（以下『ナルト』）は岸本斉史による現代忍者漫画の代表作として、体内に九尾の妖狐を封印された落ちこぼれ忍者のうずまきナルトが、里一番の忍である火影を目指し、様々な試練を乗り越え成長していく物語である。一九九九年『週刊少年ジャンプ』四三号（集英社）にて連載が始まり、日本社会で非常に人気があった。二〇〇二年からは、テレビアニメも放送が開始された。主人公のナルトは「ニューズウィーク日本版」二〇〇六年十月十八日号の特集「世界が尊敬する日本人一〇〇」にも選出された。

一、伝播状況とその特徴

『ナルト』は中国語では『火影忍者』といい、最初は二〇〇〇年ごろに日本と同様に漫画という形で中国に登場した。

実はその時期における中国政府のテレビ政策は『ナルト』の伝播に相当な影響を与えた。それまで、大量の海外テレビドラマの輸入は、中国の国産テレビドラマの発展の制約につながっていた。その状況に応対するために、一九九〇年代後期以後、元国家放送映画テレビ総局は続々と政策を押し出した。その一つが海外テレビドラマの輸入数量を、国産テレビドラマ総量の二五％以内に制限しなければいけない、と規定したことであった。二〇〇〇年になって、中国広播電影電視総局はさらに海外テレビドラマを導入・放送することを制限するために、『テレビドラマの輸入、協力製作、放送などを管理強化する法案』を発表して、中国国内におけるそれぞれのテレビ局は十九時から二十一時半にかけて、特別な許可を得た場合を除き、海外テレビドラマの放送を一切禁止する、と規定した。その政策はある程度『ナルト』を代表する海外テレビドラマの伝播を制限したに違いない。

それにもかかわらず、二十一世紀に入ると、中国におけるインターネットの普及にしたがって、海外テレビドラマの新たな伝播ルートが現れてきた。一九九〇年代には、紙媒体やＶＣＤ販売のみで、海外漫画アニメの伝播範囲やスピードは非常に限られていたが、インターネットの普及に従ってはじめて、人々はインターネットで直接『ナルト』の更新を追うことができるようになった。普通、大学構内でもインターネットに接続しているので、一旦ある学生が『ナルト』を公共資源として他人と分かち合おうとすれば、ほかの学生もすぐ見ることができるわけである。つまり、二十一世紀にはいってから、インターネット技術が発展するとともに、中国において『ナルト』は伝播され、評価を得た海外マンガ・テレビアニメと言える。

拙文は「ナルト中文網[1]」と「ナルトのバー[2]」を例として中国青少年たちがどのように『ナルト』をうけいれているかを深く考察しようと考える。「ナルト中文網」と「ナルトのバー」は中国にて『ナルト』に関するもっとも有名なウェブサイトである。次頁の図（図１・２）を見ると、「ナルト中文網」も「ナルトのバー」も、三つの部分から構成

図１　ナルト中文網

図２　ナルトのバー

されることがわかる。第一部分は作品の連載区といい、『ナルト』漫画とアニメの更新やダウンロードなど、作品鑑賞し、分かち合うところである。第二の部分は『ナルト』に出ている人物の紹介および登場人物の関係などを分析し、考察を発表するところである。これらの文章を読むと、中国人のナルトファンはどういうものか、大体分かるだろう。

中国にてナルトファンを主体とする青少年の亜文化が形成されている。社会にある主流文化の特徴を含み、他の群体を区別する文化要素やライフスタイルや共同価値を含む群体文化を亜文化と呼ぶ。その定義の中に「群体」、「むれ」あるいは「組織」及び「共同価値」というキーワードがあるわけである。中国における『ナルト』文化は、現実でもウェブサイトでも『ナルト』漫画アニメを鑑賞し分析し、『ナルト』に対する熱愛を共有するという共同価値を基礎とし、都市の青少年を主なメンバーとして構成されるただ一つの亜文化にあたる。具体的にいえば、「ナルト中文網」は現在二〇万人以上の会員を有して、二二九万以上の文章作品を公表した。「ナルトのバー」は今二五四万人以上の青少年が登録され、約一八七八〇万の文章作品がすでに公表された。そして、会員たちはほぼ同じアイデンティティを持っている。その活動として、「ナルトのバー」は「バーの花とバーの草」を選出する投票活動を企画したことがある。また、「蘭州内牛満面」と名乗る会員はバーの歌を創って大変評価された。歌詞は以下の通りである。

「ナルトのバーの歌」
家はただひとつの「ナルトのバー」って、君のいうことは　ずっと覚え
漫画同士と一緒に「ナルト」の夢追い
微笑みます、子供ごろの夢はいま思い出して
泣かないで、悲しみをウェブサイトにて粗製な文章と一緒に流れさせ
友愛的な挨拶はわれわれの唯一の頼り
家に帰ってくれ、当初の美妙を取り戻せ

また、中国人のナルトファンは作品鑑賞をすることはもちろん、主動的に作品分析をする動きがでてくるようになる。

たとえば、「サスケの輪廻眼の来歴」や「うちはオビトは復活するか」、「なぜ無限月読という幻術は穢土転生の人に無効になるのか」、「各種の忍術とチャクラ及び輝夜との関係」、「うずまき家族と六道仙人との関係」、「『ナルト』における死神に関する分析」、「『疾風伝』にてのサスケの心情変化の流れ」、「八尾人柱力の実力」などの様々な問題が討論されている。その中に「『ナルト』にて中華風な要素について」という文章は特に注目すべき点がある。この文章にて、以下のような見方が提出された。

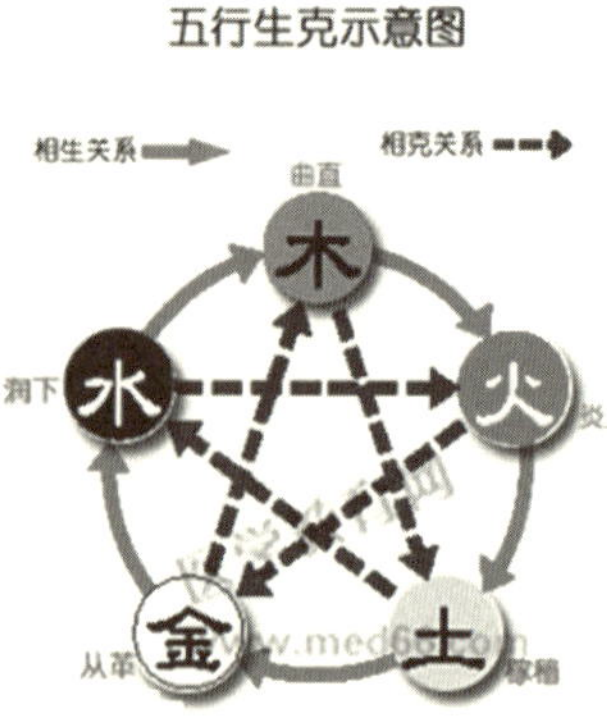

図3

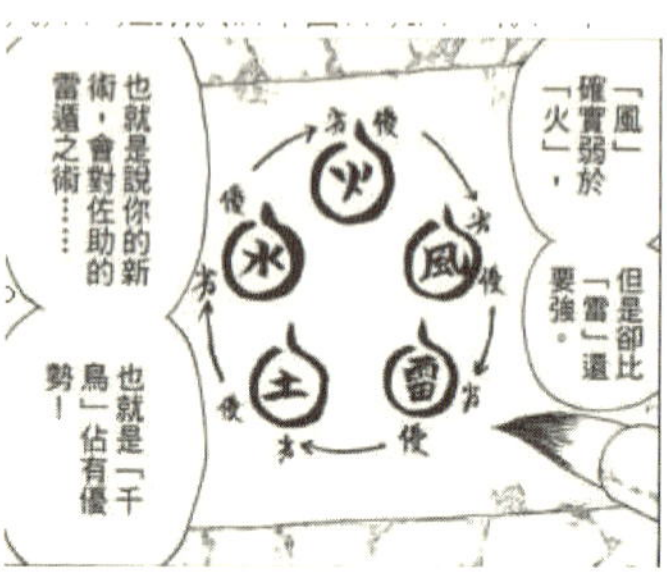

図4

（一）「ナルト」にでてくる五つのチャクラの属性と中国の五行説とは深い関連がある。（図3・4）

（二）「ナルト」にてサクラが着ている服装は中国の旗袍と類似する。（図5）

（三）ガイ先生と李小竜（ブルース・リー）とは形象もつかう武器も酷似して、ガイ先生もよくヌンチャクを使う。（図6）

（四）ロック・リーの酔拳術は中国伝統武術とする酔えば酔うほど強くなる酔拳をモデルにしている。（図7）

（五）「ナルト」に出てくる木人柱と中国武者によく使われる木柱とは関連があるのではないか。（図8）

（六）三代目火影である猿飛ヒルゼンの口寄せ動物及びその武器に「西遊記」にでてくる孫悟空と如意金箍棒が影響を及ぼしたことは明らかである。（図9）

（七）金角銀角兄弟は「西遊記」における金角大王、銀角大王と類似している。（図10）

中国人ナルトファンは一旦原作を見て、何かが説明不十分であると感じるならば、『ナルト』の漫画そのものはもちろん、それに関連する様々な学問領域にふれて、答えを探すことに非常に好奇心をもっている。それだけでも、中国における「ナルト」研究は独自に推進されているのである。

また、中国人ナルトファンは積極的に原作を元にした同人誌を編集している。

「ナルト中文網」や「ナルトのバー」にて発表された創作物をみると、ナルトファンの二次創作は以下の形で現れている。第一は原作にて触れない歴史背景や具体的な説明を補充する原作の拡充。たとえば、「「ナルト」における九つの尾獣の資料及び上古尾獣の資料の補充」という文章の中で、守鶴、又旅、磯撫、ねずみざめ、彭侯、雷獣、尾貉、八岐大蛇、九尾狐の資料を詳しく補充している。この文章は原作の第三九五話より前に書かれたもので、そのときには、守鶴と九尾狐しか出ないので、作者は自ら日本神話を考察することによって、尾獣の戦闘力及びそれに関連する

図5

図6

図7

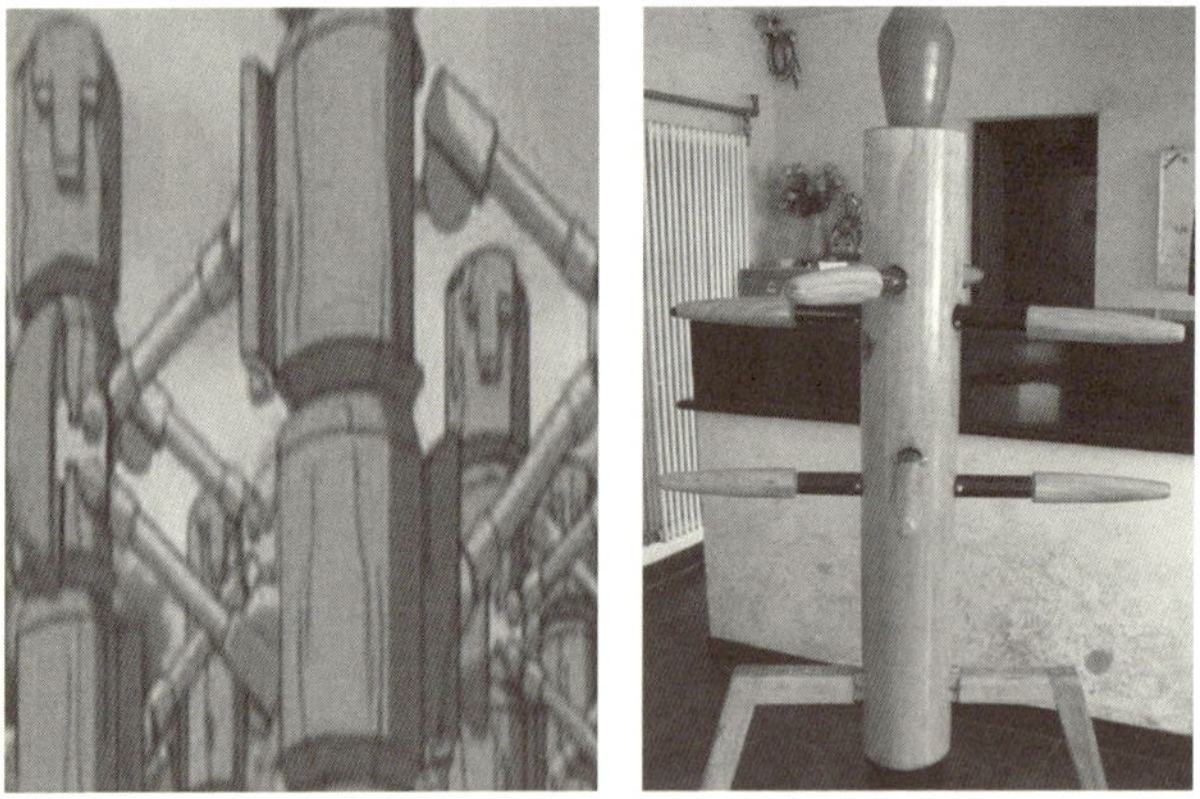

図8

図9

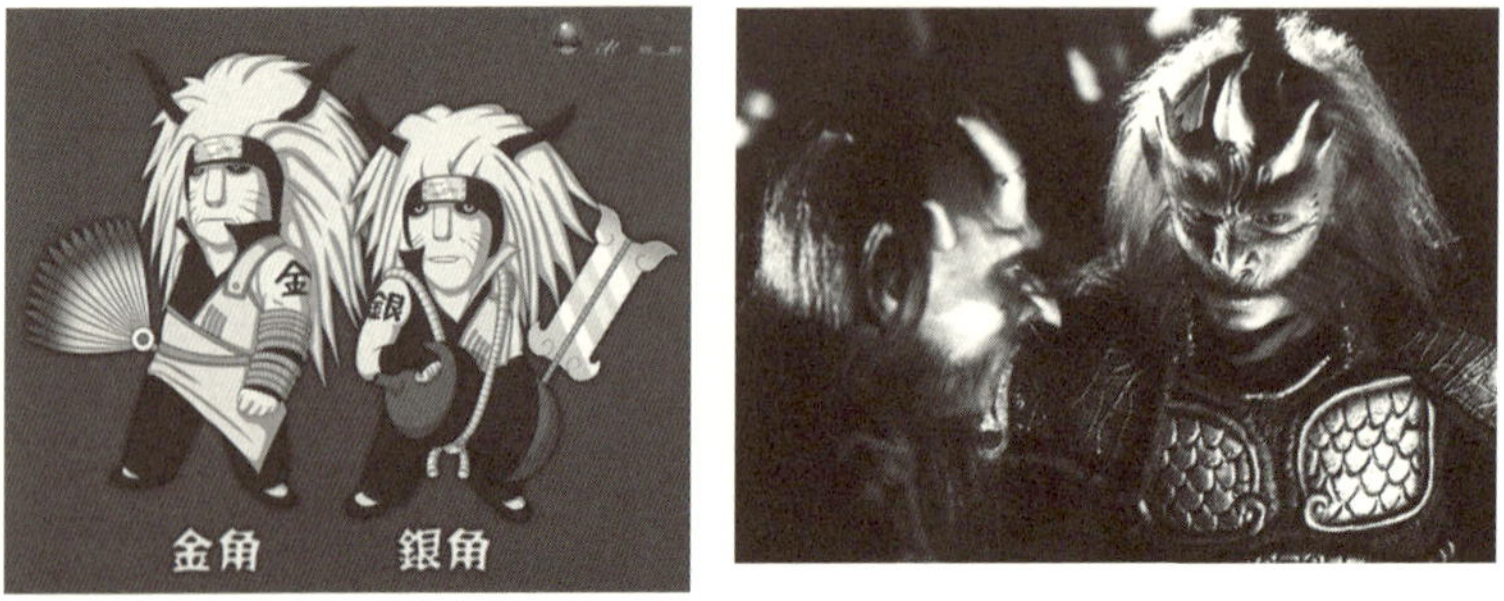

図10

神話物語を補充して文章を作った。その結論は正しいかどうかはともかく、真摯な態度は評価すべきである。第二は原作の人物やあるいきさつを創造的に改編することである。たとえば、「ナルトの東邪西毒篇」という、ナルトやサスケ、シカマル、テマリという人物を王家衛が監督した『東邪西毒』という映画に移しこみ、面白く改編された文章も出てきた。要するに、以上のような同人作品は「ナルト」にたいする中国人青少年の読み取りや感情が集中的に現れたものである。ただそれらの作品を公表することは、会員たちに心理上の共感をもたらし、互いにナルト共同体への帰属感を形成させることではないかと考える。

二、『ナルト』が大人気を博した理由

『ナルト』が中国にて十数年にわたって広まり、大人気を博した理由は、大きく捉えると、内因と外因という観点から分析することができる。製作精緻、画面の美しさ、青少年成長に向いた内容と主題の適合性などは内因といい、他方で、中国市場に入った時機の適合性、伝播媒体の成熟、及び日本政府の文化産業政策の推進などは外因だといえる。

(一) 内因

製作精緻、画面の美しさが『ナルト』の長所であり、そして、その主題曲も非常に人を引きつける。「光影25」と名乗るファンは、ほかの見ているアニメと比して、『ナルト』の音楽の方が種類が多く、これらの音楽を聴くたびに、非常に感動したという。そして、それぞれ細緻で、独自な性格をつけられている登場人物により深い印象を与えられ

る。彼らは『ナルト』はただのアニメ作品としてだけでなく、「芸術品」のような永遠の定番をつくろうというのが、作者の本音ではないだろうか、という。

ストーリはまとまりよく、展開は洒脱で起伏があり、人を引きつけて夢中にさせる強大な娯楽的要素を有している。中国ビリヤード名将の丁俊暉は「イギリス選手権大会期間、私はずっと『ナルト』を見ていることで、緊張せず、リラックスできた」といった[3]。「ナルト」は長く数百話に達して、十数年ほど放送されたことで、それを見続けてきた青少年と『ナルト』の間に緊密な関係が形成された。その登場人物と物語は青少年の心の中に忘れられない深い印象となった。もうひとつ見逃すべきではないことは『ナルト』がすでに学生交流の共通の話題になって、互いに『ナルト』を楽しんで話しあうことは、一つの重要な学生社交となっているということだろう。マズローの欲求のピラミッドに基づけば、人間は社会的要求と尊厳的欲求を必要とする。学生たちは自分の友人圏をつくりたてることによって、そこへの帰属感が得られるようになる。

『ナルト』は青少年成長という話題に非常に注目して、一つ一つの浮き沈みに満ちたストーリーを通して、愛情、友情、人情、生死など青少年が関心を持っている諸問題にこたえようとすることを重視する。貴州省沿河自治県第四中学校三年生の楊塁塁さんは「ナルトという人物がすきだ。彼は大いに村人に冷遇をされるにもかかわらず、始終楽観的で努力しているが、周りの人に自分の存在価値を証明するために、彼が一生懸命に忍者の技を修業して、強くなろうと頑張っていること、彼がいくら逆境や困難状況に面しても、笑って頑張る処世術を私たちは学ぶべきである。……私はアニメからだいぶ知識を勉強した。言うまでもなく、娯楽のためにアニメを見る人も当然いるが、ただ私はそこから楽観的に頑張ること、是非を弁別して、義理を重んじること、正義を信仰することを守ること、懸命に弱小を助けることなどの人生の真理を身につけるようになる」と話した[4]。

受け取り手の立場から、中国民衆が忍者漫画を代表する日本の漫画アニメを受け取る心理的な動機がある。行動論主義の創始者とされるアメリカ人のハロルド・ドワイト・ラスウェル（Harold Dwight Lasswell）は『社会伝播の構造と機能』（The Structure and Function of Communication in Society）の中で、政治学の見地から社会伝播には情報機能、文化機能、調和機能という三つの機能がある、と指摘した。一九五九年に、チャールズ・ライト・ミルズ（Charles Wright Mills）はさらに社会学の見地から社会伝播の〝娯楽〟機能もあることを補充した。忍者漫画アニメは一つの大衆文化製品として、同じく情報機能、文化機能、調和機能、娯楽機能を持っている。中国人は、それらの作品を見ることを通じて、心を愉悦に満ちさせられると同時に、先進国のライフスタイルや風俗文化をも知るようになる。国民経済規模が一人当たりのＧＤＰが三〇〇〇ドル以上という水準に達すれば、人々の生活レベルの向上すると同時に、文化に対しても強く渇求する動きを生じることは、歴史の中ですでに証明された。中国の改革開放につれて、経済は急速に発展して、人々の物質生活も非常に改善されたが、その時に、人々はこれからの生活に美しい憧憬を抱えているだけでなく、外の世界に対する好奇心も抱えている。忍者漫画アニメは中国人に日本文化を了解する重要なルートを提供して、大人気になった。

（二）外因

文化地理学の見地からすれば、中日両国文化の類似性がある。それで、中国人にとって、忍者漫画アニメをより容易に受け取られるのではないかと思われる。「距離は中国人の審美心理に影響して、海外文化の伝播を制御する原因となる」[5]。中日両国は同じく東アジアに位置して、数千年来の文化交流があり、両国民のライフスタイルや風俗習慣及び宗教思想などが融合されてきた。そのため、中国人は忍者漫画アニメに共鳴しやすい。

一九九〇年代、中国でニュータウン化、即ち多元都市化が進んだ。都市集中のパターンは農村開発のパターンに代わって、経済を非常に発展させると同時に、大中小の都市は揃って発展を遂げた。この過程において膨大な都市部青少年が生まれた。彼らはアニメ雑誌や製品を購入できるほど生活が豊かで、ナルトの消費者の主力となった。

中国における「ナルト」の歩みをいえば、まず、漫画作品として、のちにアニメ、映画、ゲーム、玩具などが広まるという経緯を経てきた。その過程はほぼ我が国のマスメディアが紙媒介からネットメディアへの発展過程と相まって、青少年の多種な消費需要を満足できるようになったのと軌を一にする。アニメ、映画、ゲーム、玩具という多様なメディアは相互に影響し、『ナルト』を一層流通させた。

日本政府の文化産業立国政策は『ナルト』の海外輸出を促進している。二〇〇七年に日本政府は経済力やソフトパワーを高めるために、コンテンツ産業の輸出促進政策を国家文化産業戦略の重点において、政策と資金上から漫画アニメ作品の海外輸出を大変支持するようになった。日本政府の支持も『ナルト』の中国市場での展開を促進した。

三、忍者漫画アニメの影響

二〇〇〇年ごろ、『ナルト』をはじめとする忍者漫画アニメが中国に伝わってから、中国民衆、特に青少年の中で広まった。忍者漫画アニメは中国人が日本文化を理解することを促進し、また青少年の正確な人生目標を確立することやコミュニケーション能力の向上などにも有利ではないだろうか。

中国における忍者漫画アニメの伝播は、青少年の日本文化理解を促進した。小泉純一郎政権の時、彼がしばしば靖国神社を参拝したことで、中日両国関係を悪化させた。二〇一二年、尖閣諸島国有化事件以後、両国関係は更に急転直下で氷点までに陥った。実際に政治関係の悪化は中日両国民の相互好感度に明らかな影響を及ぼした。日本の非営利団体「言論ＮＰＯ」は二〇一三年八月五日に発表した第九回「中日共同世論調査」の結果によると、相手国に否定的な印象を持つ人が両国共に九割を超えた。[6] 中国国民に日本に親しみを感じるかと聞いたところ、「親しみを感じる」とする者の割合が五・二％の低い好感度となっている。[7] これには領土問題や日本政治家の侵略歴史に対する認識及び両国メディアの宣伝などの複雑な要因が日本に対する好感度に影響したが、中日両国民の相互不信も見落とすべきではない重要な要因ではないかと思う。両国関係を改善するためには、政治家の知恵を生かすだけでなく、民間の文化交流も促進しなければならない。忍者漫画アニメは日本文化の代表として、衣食住やライフスタイル及び人間関係など豊富な日本文化要素を含むので、それらが中国市場にはいって、流通することによって、中国青少年の日本文化に対する理解を増進できることを重視すべきである。

忍者漫画アニメを見ることは、中国青少年に積極的な人生観や価値観を樹立させる役割を果たしている。『ナルト』は単純な武力の対決を描くことを重点におかず、むしろ主人公たちが夢を目指し、数々の試練を乗り越え、全力を尽くし、たとえ生命を投げ出しても惜しまない自我超越の精神を見せることが何よりの主題だといえるだろう。青少年は生理体力が充実していくとともに、心理もしだいに成熟するようになる。自分の人生目標を企画し始めるが、理想とよく矛盾し衝突する現実社会に直面して、様々な困難や未来への不安感が迫られて、思い悩むことを免れない。そのときに、相変わらず自分の夢を捨てず、一生懸命努力することを訴える『ナルト』を見ることを通じて、人生の理想を考える青少年たちに、人生の七転八起に打ち勝てる堅強な意志を鍛錬して、勇往邁進していく動力を獲得させられると思う。

『ナルト』を見ることを通じて、青少年のコミュニケーション能力を向上するのにも効果がある。『ナルト』の中で

「ナルト」は全く孤独な存在ではなくて、友情を重んじ、助けて支持してくれる何人かの仲間を有している。ナルトはこのグループの中心人物であることはいうまでもないが、そのほかの登場人物もまた、注目すべき、それぞれ鮮明な個性を持って、すばらしい人生の夢を追求しようと努力している。学生の時代には、自主性が大いに高まって、両親や先生の話を唯一の行動準則としない場合があるが、甚だしい場合には両親や先生と明かなジェネレーションギャップがある。学生たちは大人を敬遠するのに対して、積極的に意気投合できる友人と付き合おうとする。そういう時期に、『ナルト』を見ることを通じて、青少年が真摯な友情を重んじ、時には誤解が出るにもかかわらず、解消しようとする肝胆相照らす純潔な友情観に共鳴して、コミュニケーション能力の向上を促進することができると考える。

総じて、中国にて『ナルト』が非常に広まったことは、中日両国の文化交流や両国民の相互理解を促進し、青少年の文化活動を豊富にして、正確な愛情観念、友情観念及び人生観を育成することにつながる。一方で、暴力シーンの存在、学業を疎かにして、もっぱら『ナルト』の更新を追い、家に閉じ込もるオタクが多くなる社会問題なども伴っている。『ナルト』の影響には両面性があると指摘できる。

注

（1）http://www.narutom.com/
（2）http://tieba.baidu.com/f?kw=%BB%F0%D3%B0%C8%CC%D5%DF
（3）「丁俊暉が秘訣を披露：「ナルト」を見てから、まったくリラックスできた」（『世界』二〇〇六年）。
（4）楊塁塁「漫画アニメから多くの知識を勉強した」（『中学生補導』二〇一三年）。
（5）姚皓韵「距離の角度——海外テレビドラマを受け取る心理の分析」（『南京芸術学院学報』二〇〇九年）。
（6）「人民網日本語版」（二〇一三年八月六日）。
（7）「光明日報」（二〇一三年八月九日）。

韓国版忍者の誕生

――「一枝梅」話を中心に

金　俊倍

一　序論

日本には忍者に関する数多くの著作物があり、当然多くの忍者キャラクターが創られてきた。その中でも最も有名な忍者は「自来也《じらいや》」（児雷也）かも知れない。「自来也」は江戸時代後期の読本に登場する架空の盗賊・忍者であり、歌舞伎などへの翻案を通して蝦蟇の妖術を使う代表的な忍者キャラクターとして認識されていて、現在に至るまで漫画・ゲームなどの創作に大きな影響を及ぼしている。彼は宋代の中国に実在し、盗みに入った家の壁に「我、来たるなり」と書き記したという盗賊「我来也」（沈俶『諧史』所載）を元にしたとされる[1]。

朝鮮でも似たような話がある。腐敗した官吏の財物を盗んで貧乏な人々を助け、自分が盗んだことを証明する梅の枝一本を描き残す盗賊の名は「一枝梅《イルチメ》」である。元々「一枝梅」の話は中国から来たものである。明末の作家である凌濛初の本、『二刻拍案驚奇』には「彼は至る所で財物を手に入れると壁に一枝梅を描き残した」という話が出る。しかし、このような「一枝梅」の話が作家の純粋な創作であったか、実存人物の話に基づいた当時の伝承または歴史的な史実を記したものかは確実ではない。実は「我来也」と「一枝梅」は関連が深い。『二刻拍案驚奇』の「一枝梅」

話の導入部には「「我来也」は牢獄につながれたがその夜密かに牢獄を出てある家の壁に「我来也」と書き残したので官吏は牢獄の中の「我来也」は真犯人ではないと判断し彼を放した」という内容が書かれている。だが『二刻拍案驚奇』を翻案して書いたとされる中国の小説の『歓喜寃家』には同じ話が「我来也」の話ではなく、「一枝梅」の話として出てくる。

高麗大の崔溶澈《チェヨンチョル》教授は先の「我来也」が出てくる沈俶の『諧史』は朝鮮で幅広く読まれた『説郛』、『西湖志餘』などの本に収められてあるからその内容を知っている人々は少なくなかろうと判断している。[2] また崔氏は「19世紀の有名な画家であった張漢宗《チャンハンジョン》の『禦睡新話』に「我来」と言った怪盗、「我来賊」の話が収録されているが、「我来也」の話を朝鮮風に忠実に翻案したものである」と言っている。

つまり「我来也」と「一枝梅」の源流は同じものかも知れない。

ともあれこの有名な話が一七〇〇年代に朝鮮の識者達の間で広く流行り、民間でも広まった。単純な小説の人物であるが、実際一七一六年（朝鮮王朝の粛宗四十二年）に刑曹判書（刑曹の長官）である閔鎮厚《ミンジンフ》が国王に「一枝梅」という盗賊を牢屋から出すことを進言する内容が『承政院日記』に出てくることから「一枝梅」が実存人物だったか「一枝梅」を詐称した人物があった可能性を排除できない。[3] このような過程を通じながらより多くの文献が「一枝梅」を取り扱うようになり、いつの間にか朝鮮の一般民衆達は「一枝梅」を小説の中の人物ではなく実際の人物として自然と受け入れるようになった。注目すべきは、流入の後、忍者として定着されてきた日本の「自来也」とは異なり、朝鮮の「一枝梅」は元の「一枝梅」のように盗賊の原型が維持されてきたということである。

朝鮮時代、植民地時代を経て韓国の政府が立てられた後にも「一枝梅」話は幅広く流行っていた。戦後「一枝梅」の話は小説、漫画、映画、テレビドラマなど、色々なコンテンツになった。数多くの作家の創作の中で盗賊の形だけで存在してきた「一枝梅」は、一九七〇年代、ある漫画家によって忍者の形に変わるようになる。興味深いのは、この作品の影響は莫大で、その後の数多くのコンテンツがこの漫画の影響を受けて「一枝梅」を忍者として描いているということである。

同じ源流で始まって朝鮮と日本で別の形で定着されてきた二人のヒーローが、一九七〇年代以後また同じように成り行くことは興味深いものである。同時に、「一枝梅」は韓国版忍者に成り行く。本研究ではこの事実を明らかにする。

本論

(一)「一枝梅」話の淵源と伝播

徐信恵《ソシンヘ》氏によると、朝鮮時代の「一枝梅」に関した記録は完山李《ワンサンイ》氏の『中國小説繪模本』、趙秀三《チョウスサン》の『秋齋紀異』、洪吉周《ホンキルチュウ》の『睡餘演筆』、成海應《ソンヘウン》の『研經齋全集』巻之九、「記盜」の「墨梅盜」などがある。(4)『中國小説繪模本』にはただ一つの挿絵に「梅枝書壁」というタイトルがついているだけであるが、書名から中国の小説に関する内容であることがわかる。従って「一枝梅」話の淵源は中国であるということもわかる。洪吉周は『睡餘演筆』で「最初はわが国の話であると知っていたが後で調べてみたら中国の話であった。」と「一枝梅」話について語っているが、このような内容を通して「一枝梅」話は伝播されてすぐその淵源に関する記録はなくなって朝鮮の人物として伝播されたのがわかる。また洪吉周は「「一枝梅」は李浣《イワン》隊長の時代の盗賊あるいは張鵬翼《チャンブンイク》隊長の時代の盗賊という話が民間にひろまっている。」と記録しているが、李浣と張鵬翼は有名な隊長と共に実存人物であり、朝鮮後期の代表的な武官である。当時の人々が「一枝梅」を実存人物だと認識していたのである。(5)また当代の有名な隊長と「一枝梅」との対決の話によって「一枝梅」の人気が高かったのであろう。序論でのべたように「一枝梅」が実存人物だったか「一枝梅」を詐称した人物があった可能性を排除できない。しかし、朝鮮時代の「一枝梅」話はかなり短くて、彼に関する話の多くは記録されていなかった。そのため、以降の「一枝梅」に関したコンテンツは多様な創作物で溢れるようになった。

要するに朝鮮時代の「一枝梅」話は、まず中国の小説を通して伝播されたが、すぐその淵源は忘れられた。また身分に関係なく老若男女に幅広く伝播されたが、彼の具体的な姿や履歴はあまり知られていなかった。(6)

(二) 朝鮮時代以降の「一枝梅」コンテンツ

しかし「一枝梅」話の流行はただ朝鮮時代で終わったのではない。彼の話は植民地時代にも続いた。徐氏によると、植民地期の「一枝梅」に関する資料はいくつかある。(7)

徐氏は植民地期の「一枝梅」資料の際立った特徴は朝鮮時代と比べて内容が長編化したことであると指摘している。(8)このような長編化は新聞または雑誌など新しい媒体の登場と関係あると考えられ、このような新しい媒体の登場は必然的に文に対する高い需要につながり、「一枝梅」話も以前とは異なる長いストーリになったということである。しかしながら、資料が極めて少なく、短編であったため一貫性の持つ話でまとめられず、いくつかの短編を集めて一つの完成作を作ったのである。それによって一つの作品の中で同じ「一枝梅」が全然違う身分、性格で登場する矛盾ができたと指摘している。このために作家たちは想像力を尽くして自分なりの「一枝梅」を創作し、「一枝梅」は多様な姿で活躍するようになった。

戦後「一枝梅」は小説だけでなく映画、漫画、テレビドラマなど色々な分野で再び作り上げられた。映画で八回、テレビドラマで四回製作されるほど「一枝梅」は韓国人にとって親しく、人気のあるコンテンツであった。一九七〇年代になって以降多くの「一枝梅」コンテンツの原著になる二つの作品が登場する。一つは崔正柱氏の小説『一枝梅』であり、もう一つは高羽榮の漫画『一枝梅』であった。

前者の場合これを原著として一九九三年テレビドラマを製作し、この影響で一九九四〜一九九五年に出た多くの「一枝梅」関係の本は崔正柱氏の小説『一枝梅』の内容に従ったものが多い。だが、崔正柱氏の小説の影響はテレビドラマの放映後の一〜二年に留まる。後者の高羽榮の漫画『一枝梅』はその影響が広範囲に及んだ。この漫画は一九七五年十二月十七日から一九七七年十二月三十一日まで新聞に連載されたもので、当時この漫画を読むために新聞を買う人さえいたといわれるほど大人気であった[9]。

注目すべきは、高羽榮は「一枝梅」の原形は維持するが「一枝梅」に新しい能力を付与しているということである。それは中国のカンフーと日本の忍術である。高羽榮は「一枝梅」が幼い頃中国で育って自然にカンフーを、少年時代には洋上を漂って日本に着き、忍術を習ったという話を展開する。日本で忍者の子の病気を自分が持っていた朝鮮人参で治し、彼（忍者）から忍術を習ったというストーリで、「一枝梅」は彼から十手、手裏剣の使い方、身を隠す方、水の上を歩く方などを習う。「一枝梅」は漫画の多様な場面で当時習った忍術を使って難関を越しているが、特に手裏剣を投げる場面は頻繁に出てくる[10]。

このように忍術を使って活躍する「一枝梅」の姿は多くの韓国人に強い印象を残したと言っても言い過ぎではない。特にストーリの中盤部に「一枝梅」は次のように語り、韓国における忍者のイメージを肯定的に築いている。

「（忍者は）ちょっとやそっとの苦労ではない訓練を受けなければできません。彼らは不意に刀で突き刺されても悲鳴を上げません[11]。」

（三）高羽榮の漫画『一枝梅』の後の「一枝梅」コンテンツ

このような彼の漫画は爆発的な人気を呼び、以降出てくる多様な「一枝梅」のコンテンツは多かれ少なかれ高羽榮の「一枝梅」の影響を受けた。特に「一枝梅」の忍者としての姿はテレビドラマによく出てくる。一九九三年テレビで上映されたドラマ『一枝梅』は高羽榮の『一枝梅』ではなく、ほかの小説を原作としているので「一枝梅」が忍術を使ったという設定は出てこない。しかし、主人公の人気俳優の張東健《チャンドンゴン》の姿は黒い頭巾と覆面をして登場するが、これは典型的な忍者の姿である（図1）。二〇〇八年のテレビドラマ『一枝梅』では、主人公の李準基《イジュンギ》が忍者を連想させる鎧を着て登場する。担当PDは韓国の武術を使う固有の「一枝梅」を創ろうとしたと言うが、どうにも忍者に見える。

最近放映された二〇〇九年の『帰って来た一枝梅』は二十四編の中で、二編を除いた残りの二十二編は高羽榮の『一枝梅』を充実させて再現した。『帰って来た一枝梅』では、「一枝梅」が日本で忍術の授業を受ける場面と一枝梅が沢庵と宮本武蔵に会う場面も出てくる。この場面の撮影のため、出演者やスタッフは対馬まで行ったようである。もちろんドラマの中での一枝梅の姿は完璧な忍者で、さらに一枝梅は忍術の手印を結ぶ場面も出てくる。同じ年のテレビアニメである『一枝梅』にも「一枝梅」が忍術の手印を結ぶ場面が出てくる。

結論

日本の「自来也」と韓国の「一枝梅」は類似している。二人とも中国の盗賊が原形で、犯行の後自分を示す文字ま

図1 「一枝梅」のコンテンツ

1993年のテレビドラマ『一枝梅』

2008年のテレビドラマ『一枝梅』

2009年のテレビドラマ『帰って来た一枝梅』

2009年のテレビアニメ『一枝梅』

たは物を残して犯行現場を去る。だが、近世以降、日本の「自来也」は忍者の形で、韓国の「一枝梅」は義賊として創られていき、今は相当異なる姿で完全に自国を代表するヒーローになった。しかし一九七〇年代の漫画の『一枝梅』とその影響を受けたテレビドラマ、アニメなど、多様なコンテンツの製作は、変わってしまった二人のヒーローを再び似たような形にしていきながら、日本の忍者を韓国に紹介することに寄与している思う。その影響か、最近韓国のアイドル歌手のグループが日本の忍者を連想させる舞台を見せたが、これが論難の的となって（韓国人の一部にはまだ日本の伝統文化に対する違和感が残っている）自分たちの舞台は忍者ではなく、「一枝梅」を表したものであると説明した。しかしその舞台は一般的な忍者の姿と相当似ていた。アイドル歌手のグループが忍者と似た舞台（図2）を「一枝梅」であると説明した事件で、現代の韓国人には「一枝梅」と忍者のイメージが同じようになっていると判断しても無理ではないと思う。このように、日本の忍者は韓国で伝統的なヒーロとして徐々に伝播されていくのである。今後これについて研究を進めることは興味深く、意味がある作業であると思う。

図2　2012年韓国のアイドル歌手のグループ「MBLAQ」の「RUN」

注

（1）安大会『朝鮮を奪ったクン達』（ハンギョレ出版、二〇一〇年）二九六頁。
（2）崔溶徹「義賊一枝梅故事の淵源と伝播」（中國語文研究編『中國語文研究』三十輯、二〇〇五年）二七九―三〇八頁。
（3）前掲注1安書、二九五頁。
（4）徐信恵「一枝梅コンテンツの生産傾向とその方向性」（ウリ漢文學會編『漢文學報』二十四輯、二〇一一年）一〇〇頁。
（5）前掲注1安書、二九四頁。
（6）徐信恵「一枝梅話の淵源と伝承様相」（韓國語文教育研究會編『語文研究』一二三、二〇〇四年）二三九―二六〇頁。
（7）張志淵「逸士遺事の「一枝梅」」（『毎日新報』一九六五年五月二十一日）など。
（8）前掲注4徐論文、一〇二頁。
（9）前掲注4徐論文、一一五頁。
（10）高羽榮『一枝梅』（アニブックス、二〇〇四年）。
（11）前掲10高書、一二七頁。

参考文献

『中國小説繪模本』（国立中央図書館蔵、一七六二年版、出版部江原大影印、一九九三年）
趙秀三著、安大会訳『秋齋紀異』（ハンギョレ出版、二〇一〇年）
洪吉周著、チョンミン訳『一九世紀、朝鮮知識人の考えの倉庫』（ドルベゲ、二〇〇六年）
成海應『研經齋全集』（韓国古典総合DataBase、一八四〇年）
高羽榮『一枝梅』（애니북스、二〇〇四年）
安大会『朝鮮を奪ったクン達』（ハンギョレ出版、二〇一〇年）
崔溶徹「義賊一枝梅故事の淵源と伝播」（中國語文研究編『中國語分研究』三十輯、二〇〇五年）
徐信恵「一枝梅話の淵源と伝承様相」（韓國語文教育研究会編『語文研究』一二三、二〇〇四年）
徐信恵「一枝梅コンテンツの生産傾向とその方向性」（ウリ漢文學會編『漢文學報』二十四輯、二〇一一年）

「『義盛百首』の裏に和歌の歴史あり!?」

❖本廣陽子

大風や　大雨のふる　時をこそ
しのび夜討の　たよりとはすれ

窃盗《しのび》には　時を知るこそ　大事なれ
敵の疲れと　油断する時

これは『義盛百首《よしもりひゃくしゅ》』と呼ばれる百首歌の中にある歌です。「大風や大雨が降る時をこそ、忍びに入ったり夜討ちをかけたりする時の好機にするのだ」、「忍びに入る時は、好機を知ることが大事である。それは、敵が疲れた時と油断した時だ」、というように、「しのび」において気をつけなければならないことが、五・七・五・七・七と、和歌の形で詠まれています。『義盛百首』はこのような忍術に関する歌が百首並び、忍術の心得を表したものですが、言葉は平易でわかりやすく、みなさんが知っている王朝風の雅びな和歌とは随分違いがあるように思うかもしれません。

しかし、もとをたどれば、『義盛百首』も和歌の歴史をその背後に背負っていると言えるのです。和歌史、特に百首歌の歴史の中に『義盛百首』を位置づけてみましょう。

『義盛百首』のように、一〇〇首をひとまとまりとする和歌形式を百首歌と言います。その歴史は古く、初めての百首歌は平安時代、曾禰好忠《そねのよしただ》が詠《よ》んだものです。家集『曾《そ》丹集《たんしゅう》』に収められています。好忠が一人で、四季や恋、物名歌《ぶつめいか》などをテーマに詠みました。

これは画期的な試みでした。その影響を受けた百首歌が次々に作られます。源順《みなもとのしたごう》、恵慶《えぎょう》法師、源重之《みなもとのしげゆき》等が競って百首歌を詠み、以後多くの人が詠むようになっていきました。

これらから分かるように、百首歌とはもともと一人の人が一〇〇首詠んだところから出発しています。人名を冠して、好忠百首、恵慶百首などと呼ばれています。『義盛百首』と形は同じですね。

平安時代も末期になると、百首歌が新しい展開を見せます。個人で一〇〇首詠むだけではなく、みんなで一〇〇首ずつ詠むようになるのです。有名なものに『堀河院《ほりかわいんの》御時《おんとき》百首和歌《ひゃくしゅわか》』があります。平安末期の百首歌で、堀河天皇の時、当時の代表的歌人十四人（後に二人加わって十六人）が詠んだ一〇〇題による百首歌です。つまり、題を一〇〇題作って、最大十六人がそれぞれ題に従って一〇〇首詠むという大がかりなものでした。

この形式は人気を博し、以後、この多人数による百首歌が好んで詠まれるようになります。さらには、みなさんもご存じの『小倉百人一首』のような、一〇〇人の歌人の秀歌を一首ずつ集めたものも生まれてきます。もちろん、これまでの個人の百首歌も引き続き詠まれます。

これらの歌のテーマは、いずれも、四季や恋など、勅《ちょく》撰集《せんしゅう》と共通するものが多く、優美な世界を表したものでした。

しかし、その一方で、室町時代以降、百首歌の歌題は広がりを見せて行きます。例えば、『蹴鞠百首和歌《しゅうきくひゃくしゅわか》』、『世《よの》中百首《なかひゃくしゅ》』、『詠百寮和歌《えいひゃくりょうわか》』、『龍山公鷹百首《りゅうざんこうたかひゃくしゅ》』、『紹鴎茶《じょうおうちゃの》湯百首《ゆひゃくしゅ》』などがあり、蹴鞠道、世の中、官職、鷹道、茶の湯が歌に詠まれていくのです。

このような百首歌が出来てきた背景には、道歌《どうか》が作られるようになったことがあります。道歌とは、教訓を詠んだ和歌です。室町時代以降、多くの道歌が詠まれるようになり、『蹴鞠百首和歌』、『龍山公鷹百首』、『紹鴎茶湯百首』のように、諸道や技芸に関する教訓歌が作られ、その百首歌が出現しました。

たとえば『蹴鞠百首和歌』。これは永正三年（一五〇六）、飛鳥井雅康《あすかいまさやす》によって作られたものですが、次のような歌があります。

身を近く　足をば低《ひき》く　上るとも
先あたらぬは　下手のうちなり

青柳《あおやぎ》は　辰巳《たつみ》の角の　物なれば
さくらの花は　丑寅《うしとら》ぞかし

一首目のように、鞠を蹴る時の心得を詠んだものもあれば、二首目のように、蹴鞠を行う場所のあり方について説明した歌もあります。蹴鞠は四隅に柳、桜、松、楓を植え、砂を敷き詰めた場所で行いました。二首目は、柳を辰巳、つまり南東に、桜を丑寅、つまり北東に植えることを意味しています。

『龍山公鷹百首』は、龍山公と呼ばれた近衛《このえ》前久《さきひさ》が鷹狩りの鷹について詠んだもので、安土桃山時代に成立したものと思われます。雅びな歌もありますが、

　朝ごとに　外架《とぼこ》の鷹に　水ふけば
　　手ふるひをして　尾そそりをする

と、鷹の飼い方を詠んだものや、

　たてば鷹　落つれば犬に　たへかねて
　　あがる木鳥ぞ　あはれなりける

と、鷹狩りについて詠んだものもあります。

さらには、『義経軍歌《よしつねぐんか》』『持長軍歌《もちながぐんか》百首《ひゃくしゅ》』などの兵法道歌の百首歌も作られます。『義盛百首』はこのような百首歌の流れの中で生まれてきたものなのです。

さて、『義盛百首』ですが、前述のように、忍術の心得を一〇〇首の和歌形式で表したものです。「伊勢三郎義盛忍百首」「義盛歌」「忍歌」「義盛の軍歌」とも言います。承応二年（一六五三）に刊行された小笠原《おがさわら》昨雲《さくうん》の軍法書『軍法侍用集《ぐんぽうじようしゅう》』に見え、延宝四年（一六七六）に藤林《ふじばやし》保武《やすたけ》によって記された、伊賀・甲賀の忍術秘伝書『萬川集《まんせんしゅう》海《かい》』にも引用されています。

『義盛百首』は、義盛が作った一〇〇首と、その名称ではなっていますが、残念ながら義盛が作ったものではなさそうです。義盛は伊勢三郎義盛、平安時代末期の武士で、源義経腹心の家来でした。『平家物語』『義経記』などに見られ、例えば、『平家物語』を読めば、屋島・壇ノ浦の戦いで活躍したことが分かります。しかし、この『義盛百首』は義盛が生きていた時代に作られたものではないようです。『義盛百首』の中には、「退口《のきくち》」「番所」「高咄《たかばなし》」「二階座敷」のように確認できる初出が一五〇〇年代以降のものがいくつも出てきます。また、「ゆきぬけ」のような江戸時

代にならないと用例の見えない語が用いられている点や、非常に平易な言葉を使っている点、そして、百首歌の歴史を考えても、これまで推定されてきたように成立年代としては江戸時代になってからと考えてよいだろうと思われます。

伊勢三郎義盛は『万川集海』「忍術問答」でも特によく忍術を用いた者の筆頭にあげられる人物です。作者をその義盛に仮託し、忍術の心得を詠んだ百首歌として生まれてきたのが『義盛百首』だったのです。

『義盛百首』を見ていくと、そこには「しのび」にまつわる様々なことが詠まれていることが分かります。まずは、次の歌を見てみましょう。

しのびには　ゆくことよりも　退口《のきくち》を
　大事にするぞ　習ひなりける

ただ人を　連れてしのびに　行くときは
　まづ退口を　しるし教へよ

これらは、忍びに行く時に、退却を重視しなければならないことを伝えています。次の歌のように、忍びに行く際の持ち物に関する歌もあります。

しのびには　道具さまざま　多くとも
　まづ食物は　腰を離すな

火と水は　離さぬものぞ　しのびには
　野山に寝《ぬ》るを　役とおもひて

墨筆は　万事の用に　立つぞかし
　しのびゆかば　矢立《やたて》離すな

食物、火と水、墨筆など、必需品の説明です。また、忍びに行く時は、しばしば吉凶を気にしていたようです。それらを伝える歌もあります。

門出《かどいで》に　すわりし食《めし》に　籾《もみ》あらば
　夜討しのびの　吉事なりけり

門出に　からすの声の　聞《き》こゆるは
　半《はん》なるぞよき　丁《ちやう》はつつしめ

しのび行く　道にけだもの　伏す事は
　仕合せのよき　瑞相《ずいさう》と知れ

このような忍びに行く時の具体的な注意点を詠んだものの他に、忍びの者としての精神を説いたものもあります。

いつはりを　恥とおもはじ　しのびには
　敵出しぬくぞ　習ひなりける

いつはりも　なにかくるしき　武士《もののふ》は
　忠ある道を　せんとおもひて

しのびとて　道に背《そむ》きし　ぬすみせば
　神や仏の　いかで守《まほ》らん

しのびにも　ほそりをするな　武士《もののふ》の
　まことのなきは　一類のひけ

武士《もののふ》は　常にしんじん　いたすべし
　天に背かば　いかでよからん

これらの歌からは、忍びの者が単なる忍者ではなく、武士の一人として位置づけられていること、そして、忠ある道に従い、誇りを持って任務を遂行するように考えていたことが分かります。

さらに、将たる者が忍びの者を使うことの重要性を述べた歌もあります。

夜討には　しのびのものを　先立てて
　敵の案内　知りて下知《げぢ》せよ

軍《いくさ》には　窃盗《しのび》物見を　つかはして
　敵の作法を　知りてはからへ

窃盗者《しのびしゃ》に　敵をとひつつ　下知をせよ

ただあやうきは　推量のさた
はかりごとも　敵の心に　よるぞかし
しのびを入れて　物音をきけ

これらの歌はいずれも、忍びの者に向けた歌ではなく、将たる者に向けた歌です。戦いにおいて忍びの者を使うことがいかに重要かが説かれているのです。

『義盛百首』は、和歌から道歌への歴史の中で、百首歌の形態を保ちながら、忍者の姿を伝えるものとして人々に愛好されてきました。『義盛百首』の裏に隠された百首歌の歴史に思いを馳せながら口ずさんでみるのも、また一つ、新たなる楽しみと言えるのではないでしょうか。

引用テキスト

『義盛百首』…古川哲史監修『戦国武士の心得――『軍法侍用集』の研究』（ぺりかん社、二〇〇一年）

『蹴鞠百首和歌』、『龍山公鷹百首』…『続群書類従』十九輯中（続群書類従完成会、一九二五年）

ただし、読みやすいように適宜漢字を当てるなど、表記を改めたところがある。

参考文献

土井大介「忍術道歌――校本「伊勢三郎義盛忍百首」」（『三田国文』三一、二〇〇〇年三月）

土井大介「忍歌の来歴――道歌集「伊勢三郎義盛忍百首」と忍術伝書『万川集海』を中心に」（『三田国文』三四、二〇〇一年九月）

井上宗雄「和歌の実用性と文芸性」（『和歌文学講座第一巻　和歌の本質と表現』勉誠社、一九九三年）

今村嘉雄『武道歌撰集』上下巻（第一書房、一九八八九年）

＊『義盛百首』の内容や成立については右の土井氏の論考に、「道歌」「教訓和歌」については右の井上氏の論考に詳しい。今回の内容を考えるにあたり、大いに学ばせていただきました。ここに感謝します。なお、同じく井上氏の「付録　室町後期歌書伝本書目稿」（『中世歌壇史の研究　室町後期（改訂新版）』明治書院、一九八七年）には、「付」として「狂歌・教訓歌書目稿」が載せられています。

付記　このコラムは二〇一三年七月二十日にハイトピア伊賀で行われた「三重大学伊賀連携フィールド　忍者・忍術学講座（第四回）」で行った講演「義盛百首の世界」をまとめたものです。

［望月千代女伝の虚妄］

❖吉丸雄哉

世間では、戦国時代に望月千代女という巫女かつ女忍者がいたことになっているらしい。武田信玄の命により「歩き巫女」を養成して情報収集につとめた、という話が流布している。本稿はこれが虚妄の伝であることを述べるものである。

二〇一五年三月五日の時点でグーグルで「望月千代女」を検索にかけると一五六〇〇〇件がヒットする。GungHo Online Enter-taimentが制作したパズル&ドラゴンズというスマートフォン用ゲームに登場するのが理由のようだ。画像をみるところ、巫女のスタイルが基本で、鎖帷子をまとっているのが女忍者を意味するのだろう。

Wikipediaに立項されており、最終更新日時二〇一四年九月三十日（アクセス日二〇一五年三月五日）で次の通り。

望月 千代女（もちづき ちよめ、生没年不詳）、別名・望月 千代は、戦国時代の女忍者（くノ一）。信濃国望月城主望月盛時の妻。

概要 甲賀流忍者を構成する甲賀五十三家の筆頭である上忍の家柄「甲賀望月氏」の出身で、甲賀望月氏の本家に当たる信濃豪族の望月氏当主であり、武田信玄の甥に当たる望月盛時（望月信頼の間違いと思われる）に嫁入りした。

第4次川中島の戦いで夫が討死し、若くして未亡人となったが、くノ一としての腕を買われ、武田信玄の命にて甲斐・信濃の巫女の統帥「甲斐信濃二国巫女頭領」を任され、「歩き巫女」の養成を行うため、信州小県郡祢津村（現長野県東御市祢津）の古御館に「甲斐信濃巫女道」の修練道場を開いた。

戦乱の世で、孤児や捨て子となった少女達数百人（二〇〇〜三〇〇人）を集め、呪術や祈祷から忍術、護身術の他、相手が男性だった時の為に色香（性技等）で男を惑わし情報収集する方法などを教え、諸国を往来

> できるよう巫女としての修行も積ませた。
> 一人前となった巫女達は全国各地に送りこまれ、彼女達から知り得た情報を集め武田信玄に伝えたと言われており、武田家の情報収集に大きな役割を果した。
> 修行を積んだ歩き巫女達は、「ののう」と呼ばれ、禰津村には巫女の家が並んだののう小路や墓が残る。

ページ冒頭に「この記事は検証可能な参考文献や出典が全く示されていないか不十分です」とあるように、典拠がまったく示されておらず、結論からいえば、最後の一文を除いて、事実と認められる部分がない。

　巫女と女忍者をないまぜにした望月千代女に言及する最古の資料は、現在のところ、稲垣史生『考証日本史』（新人物往来社、一九七一年）だと思われる。稲垣史生は江戸時代考証家で『時代考証事典』『戦国武家事典』『江戸編年事典』などを執筆しており、考証の厳密さに定評があるようだが、『考証日本史』は随筆調であって筆致もゆるやかである。全十三章のうち「武田信玄と巫女村」が望月千代女にふれた部分である。

　望月千代女の夫である望月盛時の最期が次のように記されるのだが、

> （川中島合戦で）望月六十騎も武田方の第一線で戦っていたが、かねて謙信にこの騎馬隊をまず斬りくずさねばとねらわれていたので、開戦とともに鉄砲玉が集中して来た。騎馬隊にとって鉄砲はにが手だ。ばたばたと撃ち落とされた。隊長の望月盛時も、一弾を胸にうけて落馬した。家来がかけつけたときにはすでに息がなかった。

第四次川中島合戦の局所戦をここまで細緻に残した史料はない。むしろ、これはこの部分は虚説であることの稲垣からのメッセージだと解釈すべきかもしれない。

　稲垣の「武田信玄と巫女村」は歴史の真偽に少しでも心ある人なら一読して、言っているほうも本気にしているとは思えない文体である。長野県の祢津村の訪問記（本当に行ったのかも疑わしい）とともにその由来を述べるのだが、推論でほぼ構成されている。

長野県東御市祢津、かつての小県郡祢津村に「ののう」と呼ばれる歩き巫女の村が江戸時代まであったことは事実である。その開設の由来を、稲垣は次のように記す。

望月家は武田家とは古くから姻戚関係があり、盛時は信玄の甥にあたる。信玄はその討死をひどく惜しんだ。そしてあとに残った千代女に甲斐、信濃二国の巫女頭を命ずることで盛時の働きに報いた。そのとき信玄が千代女に与えた朱印状は次のようなものであった「今度、自身聞きつけた信託によってこの職を命じる。今後は徘徊する輩を取り締って忠勤にはげめよ」という趣旨を書き、末尾に。

丸亀朱印　永禄十二年巳五月

甲信両国神子頭

千代女房へ

と捺印した。丸亀の朱印は信玄のものである。千代女はこの朱印状を持って、禰津村に住みつくことになった。

このあとに

男のミコ。すなわち男覡が軍事探偵だったことは『日本巫女史』で指摘されている。戦国の世では巫女もまた同じ任務にしたがったと考えられる。

と、巫女が情報収集を行ったと述べる。ここにある、中山太郎『日本巫女史』（大岡山書店、一九三〇年）が稲垣の種本である。『日本巫女史』の次の箇所、

武田信玄は巫女を公許し、巫女頭と称する取締人を認め、これに左の如き免許状を与えている。

今度自身聞附の神託無誹謗真法顕然之至令感人畢依而分国之内職分ニテ徘徊之輩対当家江守護長久可抽之旨依而如件

今福民部　奉

丸龍朱印　永禄十二年巳五月

甲信両国神子頭

千代女房へ

（註一）此の古文書は、（中略）町田良一氏の発見保管せるものにて、同氏の好意で茲に掲ぐることが出来たのである。（六一〇頁）

を稲垣は引用したのである。望月千代女の来歴も『日本巫女史』が次の文章がもとである。

永禄四年に信玄の甥なる望月盛時（入道して印月斉と称す）が川中嶋の戦いに討死したので、信玄はその後室千代女に対し、甲信二国の巫女頭たるべき朱印状を与え、千代女は旧縁を頼って禰津村に土着し、ここに禰津村が我国随一の巫女村となるべき基礎が置かれたのである。（七〇七・七〇八頁）

ここで中山太郎が川中島の戦いで討死にしたのが望月盛時とした誤りが、この後の引用にも引き継がれていく。実際に、川中島で戦死したのは信玄の弟信繁の子で、望月信雅の養子に入った信頼である。『甲陽軍鑑』には「望月氏」としか記していないため、中山太郎が望月盛時だと勘違いしたのであろう。望月信雅が「印月斉」を名乗っており、盛時自身は信雅の父とも言われるが詳細不明の人物である。

永禄十二年（一五六九）に武田信玄から「甲信両国神子頭　千代女房」に巫女の取り締まりを許可したという町田良一所蔵の免許状だが、現在は所在不明である。免許状、由緒書といった史料は偽文書が多く、当該の免許状も実物の再検証が必要であろう。

さらに重要なことだが、中山太郎は望月千代女が女忍者だったとは一言も書いていないのである。あくまで巫女頭であって、「忍び」の活動をしたとは一言も述べておらず、稲垣の「戦国の世では巫女もまた同じ任務にしたがったと考えられる」という見解は憶測にすぎない。

稲垣史生の「武田信玄と巫女村」は、

（千代女が巫女頭に命じられた三年半後には信玄は病没している）したがって千代女は割合い甲州勢に動きのない三年半しか信玄に尽くす期間がなかった。そのために女忍者として、はなばなしい話は伝わっていないが。たとえまたあったとしても表面は巫女の取締り

> が役目だから、伝わらぬのがあたりまえである。

という人を喰った一文で終わっていることもあってか、望月千代女という女忍者がいたという説はこの時点では広まらなかった。また、祢津村でWikipediaにあるような忍術や「相手が男性だった時の為に色香（性技等）で男を惑わし情報収集する方法」などが教えられたとは稲垣史生は書いていない。

稲垣史生の一文だけでは、望月千代女の虚説がここまで広まることはなかったはずである。広まるきっかけは、これも時代考証家の名和弓雄が歴史読本臨時増刊『決定版「忍者」のすべて』（新人物往来社、一九九一年十二月）に「望月千代女――信玄が養成した女諜者〝くノ一〟の頭領の出自」と二頁でその伝記をまとめたことであろう。なお同号の淡野史良も「望月千代女」の存在を認めている。

名和が作成した伝記の底本は中山太郎『日本巫女史』である。稲垣史生の文章も知っていたのかもしれないが、

> （歩き巫女が）万一怪しまれて捕縛され取り調べられても、くノ一養成道場で、拷問にたえて屈服しない訓練ずみである。

あるいは、

> 彼女たちは、野放しにされ、自由奔放に行動していたか？　というと、甲州軍団の諜報網という鉄の監視の中に、常におかれ、闇の中から物陰から、ひそかに四六時中、監視（見張られること）されていたのである。
>
> これらの巫女諜報員たちのうえに君臨した上忍が巫女頭領の望月千代女であった。

といった脚色が加わった。余談だが、史実の「忍び（の者）」に「上忍・中忍・下忍」という名称の階層があると見る文章はそれだけで信頼性に欠けると考えてよい。忍者関係の出版で、事実確認を怠った引き写しが行われたため、これ以降、望月千代女伝が忍者列伝の仲間入りをすることになった。

名和も千代女が第四次川中島合戦で死亡した望月盛時の

妻としているため、桐野作人「くの一の術・女諜者の実相」(『忍者と忍術』学研、二〇〇三年)や清水昇『戦国忍者は歴史をどう動かしたのか』(ベスト新書、二〇〇九年)も説に疑義をなげかけているが、虚説と断定してはいない。

稲垣史生は割合皮肉なスタンスをとっていることもあって、次のように自問自答している。

ここで当然一つの疑問がわく。千代女は武田方の勇将望月盛時の妻である。名門信濃源氏の一族ではないか。いかに落ちぶれても、いやしい漂泊の巫女の仲間入りをすることはあるまい。そこである。実は信玄は特別な任務を千代女に与えていた。すなわち諸国を遍歴する巫女たちから、いつも敵国の情報を提供させてきた。(中略)どうしても刻々に敵情を知らせて来るスパイ網の必要があったのである。

なぜ千代女が巫女頭(を表稼業とする忍び)になったか、名和は次のように説明する。

信玄が、千代女に何故、このような大役と重責を与えたか? 理解できないかもしれない。

が、望月家は、天慶三年(九四〇)平将門の乱後、近江国甲賀郡で、甲賀を姓字とした忍法の流祖、望月三郎兼家を始祖とする、甲賀流忍法の名家の血筋の人である。千代女は生れながら忍法名家の出自なのである。

甲賀望月氏と信濃望月氏との分派は平安時代におきている。関連づけはこじつけとしか思えない。

中山太郎は千代女が社会感情からあまり尊敬を払われなかった巫女頭になったことについて、

同じ滋野氏の一族であった滋田氏が、望月町の月輪山郷東寺と称する当山派の修験者であって、佐久郡の触頭を勤めていた関係から、叔父にあたる信玄に請うて巫女頭となり、その収入によって、安気に世に処し、兼ねては亡夫の後世を弔う意味の含まれたものと解すべきである。

と述べる。穏当な説だが、「忍び」と関係ないため、稲垣、名和からはあえて無視されたようである。

あらためていうなら稲垣・名和らの望月千代女伝は次の点が疑わしい。

甲賀望月氏と関係があるとした。
↓分派は平安時代の望月兼家ごろに起きている。
望月盛時なる人物の妻である。
↓盛時自身が未詳。
武田信玄のために情報収集を行った。
↓確証がない。透破・乱破と混同か。
巫女ではなく「忍び」の活動を行ったことや色香を用いて情報収集したとする部分。
↓まったく史料がなく、想像によるもの。

望月千代女に関して、具体的な史料をお持ちの方は是非公開していただきたい。それが出揃うまでは、望月千代女が女忍者であったとするのは、稲垣史生や名和弓雄により創作された事実の裏付けのない虚説であり、望月千代女は猿飛佐助や霧隠才蔵のような架空の忍者であるという態度をとるべきであろう。裏付けのない説を再生産して、虚説を広めるのは、やめるべきである。

前近代に関していえば女忍者は別章で述べた通り実在しなかった。にもかかわらず、ここまで望月千代女伝が広まったのは、女忍者に実在して欲しいと願望を多くの人が持っているからであろう。望月千代女を信じる人はくのいちの忍法にかかっているといえるのかもしれない。

「明鏡止水――『機動武闘伝Gガンダム』からみた忍者倫理思想」

❖周　雲

◉はじめに

忍者は日本の戦国時代では情報収集や暗殺の裏工作員として歴史の裏に活躍していた。忍者の神秘的なイメージと強大な忍術はこの少数集団の文化に独特の一面を現させ、日本の文化立国時期の新しい文化のシンボルになった。近年、忍者文化は段々盛んになるにつれて、忍者は映画、ドラマ、アニメを通して演劇の舞台に活躍している。その中での忍者達は過去の忍者の隠密と異なる輝かしいイメージを現し、新世紀の流行文化の象徴となった。そして、アニメは新興文化として忍者の活躍を表現するに相応しい器になった。アニメの中の忍者像についての研究は盛んになる一方、忍者の思想における研究は未だに乏しい。だから、小論は倫理思想の方法を用い、『機動武闘伝Gガンダム』の中の忍者を考察対象として、思想的側面から忍者修行の過程を分析した。その分析と考察を通してガンダム作品の忍者倫理思想を掲示するのが小論の目的である。忍者の倫理思想を究明することで忍者文化のブームを引き起こす要因につながるだけでなく、また忍者の神秘的なイメージを形作る心理も見られる。その上、忍者のアニメ文化の隆盛への貢献が明確になり、中日アニメ文化の交流を深めることも出来よう。

◉序論　忍者の倫理思想

倫理思想とは、人として守る道であり、人が自分と他者の関係を処理する行動規範や価値基準でもある。人間の各集団はそれぞれの倫理思想に基づいて行動する。忍者は例外ではない。武士と違って、表で堂々と行動する事ができない点からみると、闇は忍者の影として存在する。忍者は闇の中で偽装を用い、環境に溶ける能力を得、闇を最大の武器として目標に達成する。そして、闇も忍者の忍耐力と心身の鍛錬に役立つ。忍者は集団行動を取る場合が少ないので、ほとんどの場合、処理する関係は自分と任務の関係にあると思う。つまり、いかにして任務を認識するか、任務のためにどのような心構えで対処するかは忍者の倫理思想において重要な問題である。忍者は自分自身であらゆる状況を判断した上で、最適の行動を取る場合が多い。してみると、心身鍛錬の厳しさは忍者の生存に関わる重要事である。だから、忍者の倫理思想を探る前に、まずは忍者と任務の関係を解明しなければならない。

現代の忍者は主君がないので、主君への忠義は任務への忠実に変わった。というのは、任務を完成すること自体はひとつの道徳となり、それを媒介に目的と手段をひとつにする。ここで任務は忍者の生きる目的であり、またそれを成し遂げるための手段でもある。任務の為に生き、任務のために身を投げ出すのは現代の忍者を突き動かす最大の動力と言えよう。それは主従道徳から主君の主体的要素を取り除き、もっと純粋化したものと見える。それゆえ、純粋は忍者の貫く生き方であり、また忍者のたどり着く道徳の極みでもある。純粋の道徳は一切の雑念を排除し、目的と手段の合一を要求する。以下は『機動武闘伝Gガンダム』を例として忍者の倫理思想を分析しようとする。

◉一、『機動武闘伝Gガンダム』からみた忍者倫理思想

『機動武闘伝Gガンダム』は「平成三部曲」[1]の一番目の作品として、ガンダム作品の正史と異なる特別な作品である。この作品はガンダムファイトを主題とし、様々なガンダムが描かれた。中では忍者ガンダムの操縦者であるシュバルツ・ブルーダーは脇役として、主役であるドモンを第十三回ガンダムファイトのチャンピオンへ導くのに掛け替えのない役割を果たした。作品の中の忍者思想も他のガンダム作品に影響を及ぼし、宇宙世紀系の新型人類の思想と違う特色を展示した。それはシュバルツがドモンを鍛える修行の中ではっきり見られる。

ドモンの師匠である東方不敗がドモンに戦いの技の訓練をするのに対し、シュバルツはドモンに忍者の純粋の心境を教えた[2]。その修行の中核は「明鏡止水」という四つの徳目に含まれている。明鏡止水とは一切の雑念を切り捨てる純粋の心であり、雫の一滴が落ちる音も聞き取る静かな心境でもある。四つの徳目は総合して純粋の心境を象徴でき

るが、それぞれの徳目に具体的な内容もある。

（一）明

明は清明心であり、日本の神道の倫理思想に由来した。最初の清明心は権威に「絶対的な服従[3]」を指していたが、至誠心になった後、物事を処理する原則になった。それはことに当たる真心と誠を意味している。シュバルツはドモンに伝えようとしているのはまさにその真心である。忍者修行の第一歩は真心を持って、功利主義の態度を捨て、勝つためではなく、修行のためにがむしゃらにやる所にある。修行の目的と手段を同一化したことはドモンの修行への第一歩である。

（二）鏡

鏡は心に一物を持たない明鏡心[4]であり、至誠心の延長でもある。明鏡心に到達するには、焦りや、怒り、憎しみなどの負の感情を捨て、冷静に相手に立ち向かう必要がある。ドモンは修行中、かつての師匠である東方不敗率いるデスアーミーの襲撃に遭った。東方不敗はドモンを怒らせるために、わざとキョウジが乗るデビルガンダムをドモンの目の前に置いた。ドモンは家族の悲劇を引き起こした仇はキョウジだと思い込んだから、怒りの感情を禁じ得なかった。怒りを力に変換し、シャイニングガンダムのスーパーモードを稼働する。しかし、怒りに支配されたドモンはスーパーモードを使っても、ひたすらエネルギーを消耗しているに過ぎない。そんなシステムの弱点はシュバルツによって見破られた。彼は怒りではなく、明鏡心で稼働するスーパーモードこそが真の強さだと指摘した。そしてドモンの後の機体であるGガンダムもハイパーモードという類似したシステムが存在している。異なるのはハイパーモードを稼働するのは明鏡心であり、怒りではなくなった。そうして怒りのシステムは明鏡心のシステムに否定され、取って代わられた。してみると、シュバルツがドモンに伝えたがっているのは明鏡心によって忍者の心の強さにつながることといえる。

（三）止

止は終止、停止という意味で、主に負の感情を抑え、止めることで真の力を表現されるという境地を指している。そのためには、自身の感情を度外視し、強くなることという目標を捨てることで目の前のことだけに集中する注意力が必要不可欠となる。だから、ドモンの注意力を鍛えるために、シュバルツは彼を連れて他の選手の試合を見る。サイサイシーとアルゴの試合を見たドモンは両選手が勝敗を度外視し、目の前のライバルだけに集中していることに感心し、うっすら注意力を感じた。しかし、傍観者としては感情を自由に制御することを実感できずにいた。シャイニングガンダムのスーパーモードはそういった高い注意力を発揮できるとはいえ、彼はまだ完全にシステムを使いこなしていない。ゆえに、シュバルツはドモンに負の感情を制御させるために、死の訓練という直接の方法を取った。それでこそあのギアナ高地での襲撃は可能である。死に直面した瞬間、怒りや憎しみなどの負の感情は自然に消え、生きるという自然欲求は人の意識を目の前の死に集中させる。ドモンはガンダムシュピーゲルの振り下ろした剣を前に、怒りや悲しみの感情は消え、眼前の死だけは迫ってくるのを感じた。それで無意識に明鏡心を覚醒させ、錆びた刀で攻撃を止めた。してみると、死に直面した瞬間に覚醒した一切の感情を切り捨てる境地はスーパーモードを稼働させる要であり、真の強さを獲得する鍵でもある。

（四）水

水は色も味もないので、「無我の境地[5]」を表現するのにもっとも相応しい徳目である。この思考と行動の間に隔たりのない境地は忍者修行を完成する証であり、純粋の思想に繋ぐ最終段階である。つまり、至誠心、明鏡心と自由に負の感情を制御することによってたどり着くのは雫の一滴も聞き取る純粋の心境である。ここで修行の目的は無となり、修行を日常としてやり抜く態度となる。つまり、目的は手段と合一し、純粋化した。ドモンはやがて純粋の心境にたどり着き、平常心で敵に立ち向かう。事件の真相を知ったドモンは家族の仇であるウルベに対し怒りを示さず、明鏡心でハイパーモードを稼働させ、ウルベに勝った。その勝利は修行の成果であることは明白であろう。してみれば、明鏡止水の四つの要素は互いに補い合い、それぞれ忍者修行の始まり、過程、山場と終わりに当たる。そして、純粋の境地に到達したことで忍者の心境を無我の境地へと導いた。

◉結び　忍者倫理思想の影響

上述通り、忍者思想は任務においての役割がはっきり見られるだろう。明、鏡、止、水に代表される純粋思想は表裏一体で、互いに補い合い、忍者の光と闇に満ちている精神的世界を構築していた。そして、「無我の境地」を媒介に互いに結びついている。だから、忍者は自由に忍術を駆使して戦うのは心の修行を完成した結果と見えよう。忍者の心の強さをわかる糸口も見られるだろう。

以上の忍者思想を掲示したことによって、忍者のイメージはガンダム作品の民衆思想を促す。『Gガンダム』は宇宙世紀系のガンダム作品との違いも新型人類を代表とするエースパイロットの思想と忍者を代表とする民衆思想によって表現された。それは後の民間ガンダムを主題とする作品にきっかけを作った。それに、作品の忍者像は後のアニメに引き継がれたことにつれ、忍者という歴史の裏側に埋められた少数グループはアニメの隆盛によって光を得た。ある意味で言えば、忍者文化の隆盛はアニメの隆盛からもたらされた光によるものであるとも言える。というと、忍者文化はガンダム作品だけでなく、アニメ全体の発展にも重要な推進力である。それを掲示したことで、忍者文化を促進する思想的要因も窺われる。中日関係が緊張した現状では、忍者文化は中日アニメ文化の交流と民間の学術交流を深めるのに大いに役立つと思われる。

注

（1）「平成三部曲」とは一九九〇年代に入って冨野監督のガンダム作品とは違う三つの作品の総称である。それは『機動武闘伝Gガンダム』『新機動戦記ガンダムW』と『機動新世紀ガンダムX』である。

（2）ドモンの修練は『機動武闘伝Gガンダム』第二十一話から第二十三話までである。

（3）清明心については、和辻哲郎『日本倫理思想史』上巻八五頁を参照。

（4）明鏡心の詳細は和辻哲郎『日本倫理思想史』中巻五二頁を参照。

（5）R・ベネディクト『菊と刀』十一章では無我の境地とは行動と思考の間に支障がない状態だと定義している。ここでこの定義を基づいて、忍者が到達できる最終の境地とした。

参考文献

和辻哲郎『日本倫理思想史』（岩波書店、一九五四年）
劉金才『町人倫理思想研究――日本近代化動因新論』（北京大学出版社、二〇〇一年）
R・ベネディクト『菊と刀』（呂万和翻訳、浙江人民出版社、一九八七年）
周峰「忍者現象から見た日本文化の独得性」（『韶関学院新聞学院紀要』二〇〇七年）
島村輝「忍者という立場――忍者における民族と大衆」（『日本語学習と研究』二〇〇九年）

「武侠」文化と「忍者」文化❖劉　淑霞

◉はじめに

「武侠」文化は中華圏流行文化の前線に立つ文化であり、常に高人気を博している。「忍者」文化は日本国内にとどまらず、世界中を魅力して日本文化の新たなシンボルになった。現在、「武侠」と「忍者」はそれぞれブームになり、中国と日本の流行文化の旗手として西洋の騎士文化と肩を並べると言えよう。中国と日本は同じ東亜文化圏に属しながらも、違った「武侠」文化と「忍者」文化を形成した。

◉一、「武侠」文化形成の歴史及び原因

中国における侠客の歴史は二〇〇〇年ほど前の春秋戦国時代に遡られる。戦国時代は諸侯国の混戦が多い所謂群雄争覇の時代であり、乱世を生き抜くためには侠客のような人材が必要だった。春秋戦国時代の侠客は非常に自由な身分を持っていて、必ずしも終始同じ諸侯や貴族に傅くとは限らない。侠客が一番重視するのは主人の品格なので、主人の品格が悪かったり、自分の価値観と違ったりする場合には随時に離れてもかまわない。当時の侠客美学は「士は己を知る者の為に死す」といっているように自分の真価を認めてくれる人のためには、命を投げ出してでも応えるものである。しかし、漢代になると、中央集権を強化させるにつれて、貴族侠の勢いが衰微して平民遊侠は台頭した。平民遊侠は朝廷の専制に思い切って反抗し、常に道義のために体を惜しまずに暴れ者を除き良民を安んずる役目を担った。結局、彼らの行動は朝廷の施政方針と相容れないため、朝廷の鎮圧と分化で歴史の舞台を退いた。その後、侠客は作品の中の存在となり、それをモデルとした武侠が生まれたのである。武侠が活躍する舞台は皇族社会を随分離れて「江湖」と呼ばれる民間である。そして、抜群の武術を持ち、弱者を助けて不正と戦う。また、漢武帝の儒教重視以来、儒教の国教化は確立され、儒家思想はだんだん国

の主流観念になったので、その侠客像にはまた儒教の要素が加えられた。儒教の「仁義」、「誠実」、「有為」などの思想は武侠文学に吸収された上に、『水滸伝』が描かれているように「忠君報国」の思想も武侠小説に現われてきた。民間のヒーローである侠客は、朝廷のために働くこともできた。泰平時代には汚職官吏や極悪地主をやっつけて危険や困難に直面している人を助ける一方、国の存亡に関わる時期には、「忠君報国」というスローガンを掲げて外敵と頑強に戦う。こうして、近世になって中国独特な侠文化が生まれたのである。現代になると、武侠文化は中華文化圏のシンボルになり、特に若者に好かれて人気がある。小説をはじめ、映画、ドラマ、アニメ、ゲームなどすべてのジャンルには武侠を主題とするものがある。

なぜ中国は武侠文化を形成したのか。それは中国の自然風土と社会文化に深く関わる問題であろう。まず、自然において、中国は悠久で広々とした大地を持つ自然環境に恵まれ、末節に拘らなくて朗らかな国民性格を形成した。文学叙事は常にスケールが広い。それで、豪放な気概を持ち、広いスケールで活躍する「侠客」像を創出したのである。

それから、社会面から見ると、中国は二〇〇〇年あまりの封建社会の歴史を有する農耕社会であった。朝廷が次々と替わっても、その社会構造はあまり変わっていなかった。朝廷は寄生地主の利益を保障するために二〇〇〇年ほど農民を圧迫し続けた。そこで、ずっと朝廷に抑圧された農民が心の中には朝廷に抵抗できる英雄を希望している。まさに武侠はその願いに応えて作られたイメージである。神技とも言える武術も人々の想像を満足させ、農閑期の娯楽にもなるだろう。したがって、武侠を育む土壌は民間にある。武侠文化は民間によって発足した文化で貴族文化ではない。最後に、中国民間宗教の発展は武侠文化の形成を促した重要な原因である。インドに興った仏教は中国化されて本土の道教と共に中国の民間宗教として発達した。道教の「道」、「気」、「太極」、「陰陽八卦」などは武侠の武術理論の基礎を築いた。そして、名山にある寺院や道観は武術宗派の発祥地となり、武術を修練する場所にも当たる。総じて言えば、仏教の「悟」、道教の「斉物」、それに儒教の「仁」、それらの思想が融合されて武侠文化の思想基礎になった。これらの要素がなければ中華独自の武侠文化が生まれないといえる。

◉二、「忍者」文化形成の歴史及び原因

忍者や忍術は幕府時代に日本で発祥したと一般的に考えられている。戦国時代は忍者の活躍が活発で、特に伊賀忍者と甲賀忍者は最も有名だった。侠客と同じく乱世にひときわ異彩を放った忍者は確かに歴史の中に実在したが、その隠蔽性が高いため、その実態を如実に把握することが難しい。要するに、忍者は有利な地理条件に依拠して自ら組織を作り、忍術の修練を通してさまざまな流派を形成し、乱世の中に家を守って生計を図った。忍者は常人以上の忍耐力を持ち、火薬と奇襲に長じるだけにとどまらず、人を惑わして情報収集のために化粧術にも堪能であった。混乱の時代では、忍者の活躍が活発になり、とうとう戦国時代に頂点に達した。大名間の争いには忍者が必要だった。然るに天下がどんどん収まるに伴って、天下統一を図る織田信長はますます忍者の存在を容赦できなくなり、忍者を無惨に虐げた。さらに徳川二六〇年の平和な時代の到来に相まって、忍者が活躍する舞台がなくなり、姿を消してしまった。すでに江戸時代に形成された忍者文化だが、最初は浄瑠璃や歌舞伎の演題として取り上げられ、のちに出版文化の発展と相まって一般人に知られた。特に読本文学で作られた忍者のイメージが読者の好みにあったので、忍者像は世間に広がったという。この時代に児雷也や石川五右衛門のような忍者のキャラクターが創出され、忍者イメージの形成に大きな影響を及ぼした。黒装束に覆面、背に刀を負い、懐中には数々の道具を忍ばせて闇の中に不意を突いて暗殺を企てる忍者のイメージは江戸時代にほぼ完成したという。この時期の忍者を義賊と扱う傾向が強かったが、現代になると、忍者の役目は多様化し、その忍術も想像を絶する忍法と変わったこともある。現在、漫画やアニメに登場する忍者のキャラクターはアメリカをはじめとする西洋文化の影響もみられる。

忍者文化は日本の自然風土と社会文化に根ざして形成された文化である。青々とした森、清らかな河川、四季折々の風景の日本は理想の居住地といえよう。美しい自然に恵まれて綺麗好きできちんとしている国民性格を形成した。一方で、地震、火災、台風などの自然災害も多い。生きる

ために、強靭な意志が求められている。忍者にはそういう気質が見られる。日本は海に囲まれ、海に守られる一方、海によって外との交流を妨げられることにもなった。それゆえ、日本は閉鎖的な自然となる。桃太郎は海から流されてきたように外の世界に憧れることで好奇心の高い国民性格を形成した。島の中に山地が多いため、古代の日本人の移動はそれほど便利ではなかったろう。閉じた自然の中で各地にはそれぞれのサブカルチャーが生まれた。忍者、或いは、隠者はそのひとつに当たる。常に姿を隠して不意に行動する忍者だが、隠せば隠すほど、面白みに惹かれ、異常な好奇心をもつ国民性格はこういう神秘に包まれる忍者像を創出したのであろう。また、忍術の生成には中国から伝わってきた兵法や宗教思想による影響は強いものの、日本固有の山岳信仰の修験道などとも深く関わるだろう。

◉三、「武侠」文化と「忍者」文化の比較

歴史の中の侠客と忍者は共通点が多い。第一に、両者はともに乱世で活躍して泰平時代に消えた古い存在である。第二に、両者はいずれも国をリードしたことはないにもかかわらず、後世に重要な影響を与えた。第三に、両者はともに歴史に洗練されて元の姿と違う侠客像と忍者像を形成した。最後に、両者は文学の素材として武侠文化と忍者文化を促した。その違うところもはっきりしている。侠客は任侠的なものが多いのに対し、忍者は間諜の色が濃い。侠客は個人的に活動することが多いが、忍者は集団的に行動することが多い。侠客は貴族から平民への発展プロセスだが、忍者はそうではない。

武侠文化と忍者文化を比較すれば、両者は共通点がある。文化の性質からみると、両者は共に近世に形成された民間文化である。文学表現の面では、両者は共に「武士」を主題にして史実と大分違うイメージを形成した。特に武侠における「武功」と忍者における「忍法」の描写はいずれも誇張することが多い。しかし、両者はその文化の深層が違う。「武侠」は常に道義のために暴れ者を除き良民を安んずる役目を担う。誰かに縛られず、自由自在に行動することで、心が広い。自由且つ理想主義に満ちた侠義精神は大事で時には個人が犠牲にされてしまう。武術は単なる生きる技とは限らなく道義がゆえに使う。武術の修練は重要で

あるが、最も重要視されるのは「武徳」である。そのため、武術はあるものの、実現できないものが多くて実用性が足りない。一方の「忍者」は契約に即して忠義を果たすゆえに、契約に縛られて自由な個人精神が抹殺されがちではないか。武術も生きるための技、或いは、主人に忠義を果たす手段に過ぎない。心身を苦しめてこつこつと忍耐力を鍛える。個人の感情を耐え忍んで命令に服従するしかないが、その任務を完成した瞬間で達成感を感じる。我慢強い腕を磨く忍術は見かけだけのものではなくて実用性に富む。

武侠精神と忍者精神を比較して両者の中核にあるものははっきりと違うと思う。武侠精神の中核は「義」である。「義」には多くの内容が含まれて、場合や人によって意味が違うが、その基本的なものは「正義」である。「重義軽利」といわれて実利よりも義理を追求する国民文化を形成した。正義を重視することで、義理に左右され、実利と理性を基準としない。いわば、合理的で正しい意義をもつ行動が求められる。義に背くことをしたら、良心が問われる。節操は何よりのもので命を懸けてもそれを守る。また、武侠文化は集団主義を重んずる文化ではなくて個人の英雄崇拝を煽ぐところは目立つ。それで、秩序を守らないで放任且つ散漫な文化性も見られる。一方、忍者精神の中核は「忍」にあると思う。ドラえもんの名言の「いっておくが忍術をかるくかんがてはこまる。忍術とは「しのぶ術」のことなのだ。どんなにつらいこと苦しいこともたえしのぶ、強い心とからだをつくる。それがまことの忍術修行なのだ。」がまさに忍者の精神を説いている。忍者文化によって強靭な国民精神を形成した。目標を達成するまで、辛抱強く働く。我慢強い性格でどんな困難や挫折にあってもすぐに立て直す。心だけでなく、体の訓練も大事にすることは実務に励む傾向が強い。

本論文は中国の武侠と日本の忍者の歴史や文化形成や国民文化への影響などを簡単に述べたが、「武侠」文化と「忍者」文化の交流、即ち、お互いに影響しあうことについて触れていないため、これからの研究として続けていきたい。

引用文献

陳山『中国武侠史』（上海三連出版社、一九九二年一版）

章培恒「从游侠到武侠——中国侠文化的歴史考察」(『復旦学報』社会科学版、一九九四年三期)

黄永林「中国的武侠小説与西方的騎士文学之比較」(『外国文学研究』一九九九年二期)

謝恵栄「武侠文化興盛的歴史原因」(『北京体育大学学報』二〇〇五年六期)

陳洋編著(『忍者』バルビン出版社、二〇〇六年一版)

王立「武侠文学的文化史意義及外来参照」(『東北師大学報』哲学社会科学版、二〇〇六年二期)

張从容「武侠之〝侠〟的文化精髄与人格品位」(『学術交流』二〇〇七年十期)

島村輝「「忍者」という立場《スタンス》——『忍びの者』における「民族」と「大衆」」(『日語学習与研究』二〇〇九年一期)

叶宗翰『生于黒暗的軍団——忍者』(中国友誼出版公司、二〇一〇年一版)

章新「忍者精神対日本国民性的影响」(『广西職業技術学院学報』二〇一〇年四期)

儲信哲哉『忍者』(新世界出版社、二〇一三年一版)

「忍者」及びその関連項目(フリー百科事典ウィキペディア、二〇一四年)

おわりに

この論集は二〇一四年九月に北京の中国社会科学院日本研究所で行われた国際シンポジウム「『忍者』からみた中国と日本と韓国――その交流の歴史と未来――」をもとにしている。

シンポジウムの実施にあたってちょっとしたアクシデントがあった。韓国の海軍士官学校に所属する金俊倍先生が査証の関係で来られなかったのである。「金俊倍先生の忍者研究は韓国の軍事機密。簡単に持ち出せないのでしょう」などと日本側は冗談を言っていた。実際は一般旅券で申請したものの、身分の関係で公用旅券に相当するので審査に日数がかかって出国が間に合わなかったらしい。

忍者研究が軍事機密というのは金俊倍先生の発表内容からしてもありえないことだったが、心の奥底ではややひっかかる点があった。歴史をひもとけば、豊臣秀吉の朝鮮出兵でも忍びの活躍は認められる。軍事技術としての忍術が中韓に発揮された例といえよう。

より近くでは、大正から昭和にかけて甲賀流十四代を名乗って名を馳せた忍術研究家藤田西湖は陸軍中野学校で教鞭をとっていた。藤田西湖の自伝『どろんろん』（日本週報社、昭和三十三年）を信じるなら、昭和六年に中国の実地調査を行い、昭和十二年には現地の特務機関の訓練を行い、昭和十四年には参謀本部本多少々の命で蒋介石暗殺に出発したり（現地の土肥原中将の反対で中止）しているのである。忍術は先の大戦でも牙をむいた。韓国の研究者から「韓国にとって間諜の問題は決して過去のことではありません。きわめて現代的な問題なのです」と言われたことも忘れられない。

私自身、日頃は文学という虚構を扱うのだが、忍者・忍術には文学とは異なる得体の知れないものをときおり感じる。忍びや忍術がそういう危険な面を含むことや過去のいきさつを意識するからこそ、私としては北京において、日中韓の研究者が揃って忍者について議論する機会が得られたのは嬉しかった。川上仁一先生が説く「何事にも堪え忍び、人や自然を慈しみながら調和して生きる」という「和」と「忍耐」の忍者精神。これが日本の忍者文化から各国に伝わり、そして各国が独自の忍者文化をはぐくんでいることがわかり、平和とは何か、実感したのである。

本書の出版にあたっては様々な人から恩を蒙った。北京での国際シンポジウムの主催となった中国社会科学院日本研究所と後援いただいた日本国際交流基金へ感謝は語り尽くせない。李薇所長をはじめ、日本研究所の方々のご芳情は忘れられないものとなった。国際交流基金北京日本文化センター吉川竹二所長からは暖かい挨拶をいただいた。シンポジウムに出席くださった三重大学内田淳正学長からは、学長在任中に手厚い支援をいただいた。伊賀市での荒山徹先生・金時徳先生とのトークセッションもよい思い出である。岡本栄伊賀市長、木津龍平上野商工会議所会頭にも出席いただき、それぞれ質問を頂戴した。

列記すれば数えきれないので、名前は控えさせていただくが、本書に関係した方々に衷心より感謝申し上げる。「忍者」がこれほど多くの人とつながりをもつきっかけとなったことに驚く。また本書を読む人たちが「忍者」をきっかけにより多くの人たちとつながりを持つことを願っている。最後に、いろいろな難条件・難注文にもかかわらず、編集技量を発揮して本書を刊行に導いてくれた勉誠出版武内可夏子氏に御礼申し上げる。

執筆者一覧（掲載順）

【編　者】

吉丸雄哉（よしまる・かつや）

三重大学人文学部准教授。専門は日本近世文学。主な著書に『武器で読む八犬伝』（新典社、二〇〇八年）、『式亭三馬とその周辺』（新典社、二〇一一年）、編著に『忍者文芸研究読本』（笠間書院、二〇一四年）などがある。

山田雄司（やまだ・ゆうじ）

三重大学人文学部教授。専門は日本中世史。主な著書、論文に『怨霊・怪異・伊勢神宮』（思文閣出版、二〇一四年）、『怨霊とは何か――菅原道真・平将門・崇徳院』（中央公論新社、二〇一四年）、『忍者の歴史』（KADOKAWA、二〇一六年）などがある。

片倉　望（かたくら・のぞみ）

三重大学人文学部教授。専門は中国思想史。主な著書、論文に『自然の探究』（三重大学出版会、二〇〇九年）、「中国古代の宇宙論――蓋天説の解釈をめぐって」（三重大学人文学部『人文論叢』十四、一九九七年）、『荀子・韓非子』（鑑賞中国の古典5、角川書店、一九八八年）などがある。

遠山　敦（とおやま・あつし）

三重大学人文学部教授。専門は倫理学・日本倫理思想史。主な著書、論文に「景清伝説の一様態――「景清」シテの〝名〟をめぐって」（『季刊日本思想史』No.28、一九八七年）、『丸山眞男――理念への信』（講談社、二〇一〇年）、「伊藤仁斎における「天命」」（三重大学人文学部哲学・思想学系　教育学部哲学・倫理学教室編『論集』No.15、二〇一二年）などがある。

金　時徳（きむ・しどく）

ソウル大学奎章閣韓国学研究院教授。専門は江戸文学、戦争史。主な著書に『異国征伐戦記の世界』（笠間書院、二〇一〇年）、『壬辰戦争関連日本文献解題――近世編』（moon、二〇一〇年、共著、韓国語）、『校勘解説懲毖録』（acanet、二〇一三年、韓国語）などがある。

川上仁一（かわかみ・じんいち）

武術家・忍術研究家。甲賀流伴党二十一代宗師家、伊賀流忍者博物館名誉館長、三重大学社会連携研究センター特任教授、田本忍者協議会顧問。主な著書に『イラスト図解　忍者』（監修、日東書院本社、二〇一二年）などがある。

髙村武幸（たかむら・たけゆき）

明治大学文学部准教授。専門は中国古代史。主な著書、論文に『漢代の地方官吏と地域社会』（汲古書院、二〇〇八年）、『秦漢簡牘史料研究』（汲古書院、二〇一五年）、「秦代遷陵県の覚書」（『名古屋大学東洋史研究報告』39、二〇一五年）などがある。

趙　剛（ちょう・ごう）

中国社会科学院助教授。専門は日本文学。主な著書、論文に『林羅山と日本の儒学』（世界知識出版社、二〇〇六年）、「町内会と日本の伝統祭り」（『中日関係史研究』二〇一二年一月号）、「二十一世紀における東アジア新秩序をめぐって――わだかまりを解け、真の協力を求める」（『ワールドトレンド』二〇一五年十二月号、アジア経済研究所）などがある。

尾西康充（おにし・やすみつ）

三重大学人文学部教授。専門は日本近代文学。主な著書、論文に『『或る女』とアメリカ体験』（岩波書店、二〇一二年）、『小林多喜二の思想と文学』（大月書店、二〇一三年）、『戦争を描くリアリズム』（大月書店、二〇一四年）などがある。

佐藤至子（さとう・ゆきこ）

日本大学教授。専門は日本近世文学。主な著書に『山東京伝』（ミネルヴァ書房、二〇〇九年）、『妖術使いの物語』（国書刊行会、二〇〇九年）、『円朝全集』十三巻（校注、岩波書店、二〇一五年）などがある。

関　立丹（かん・りったん）
奈良市埋蔵文化財調査センター所長・奈良県立橿原考古学研究所共同研究員。専門は日本考古学（歴史時代）。論文に「平城京宅地の建物遺構」（『橿原考古学研究所論集』一五、八木書店、二〇〇八年）、「平城京における大安寺の造営計画」（『都城制研究』八、奈良女子大学古代学学術研究センター、二〇一四年）などがある。

王　志松（おう・ししょう）
北京師範大学外国言語文学学院教授。専門は日本近現代文学と中日比較文学。主な著書、論文に『小説翻訳と文化の構築――中日比較文学研究を視点として』（清華大学出版社、二〇一一年）、『二〇世紀日本マルクス主義文芸理論に関する研究』（北京大学出版社、二〇一二年）などがある。

唐　永亮（とう・えいりょう）
中国社会科学院日本研究所文化研究室副教授、副室長、中華日本哲学会副書記長。専門は日本文化、日本思想史。主な著書、論文に『中江兆民の国際政治思想――近代日本における小国外交思想の源流』（社会科学文献出版社、二〇一〇年）、『日本現代化における文化変容と文化建設の研究』（共著、河北人民出版社、二〇一〇年）、『中江兆民』（雲南教育出版社、二〇一二年）などがある。

金　俊倍（きむ・じゅんべい）
海軍士官学校日文学助教授。専門は近世軍記文学（文禄慶長の役）。主な論文に「朝鮮軍記物に描かれた李舜臣像――近世初期作品を中心に」（『日本言語文化』日本言語文化編、二〇一四年）などがある。

本廣陽子（もとひろ・ようこ）
上智大学文学部国文学科准教授。専門は源氏物語の文章表現の研究、源氏物語の古注釈の研究。主な著書、論文に「源氏物語の文体の一特質――形容詞の語幹＋接尾語「さ」」『文学』五巻四、二〇〇四年）、「「もの」形容詞の意味と用法の発展――源氏物語の果たした役割」（『国語国文』七十七巻六、二〇〇八年）、「『長珊聞書』に見られる公条説――葵巻を中心に」（『中古文学』九〇、二〇一二年）などがある。

周　雲（しゅう・うん）

北京大学外国語学院博士課程二年生。専門は日本ロボットアニメ、主にロボットアニメの思想的軸。主な論文に「『新機動戦記ガンダムW』から見た文明の衝突」（『大衆文芸』九、二〇一二年）、「『機動戦士ガンダムSeed』に現れたイデオロギーの衝突」（『青年文学家』二十九、二〇一二年）などがある。

劉　淑霞（りゅう・しゅくか）

天津外国語大学コミュニケーション学部講師。専門は日本文化と社会思潮。主な論文に「鈴木清順映画「狸御殿」について」（『電影文学』二〇一一年二三期）、「日本の歴史ドラマ叙事研究――大河ドラマを中心に」（『石家荘学院学報』二〇一四年二期）、「日本人の色彩観」（『北京社会科学』二〇一五年五期）などがある。

日本奇談逸話伝説大事典

桃太郎やかぐや姫を始め、文人、武将、忍者や立川文庫の世界、怨霊、神々や妖怪、動植物や器物に至るまで幅広く取り上げ、詳しくわかり易く解説する読み物事典。

志村有弘・松本寧至 編・本体各一五〇〇〇円（＋税）

真田幸村歴史伝説文学事典

数々の伝説と謎につつまれた幸村の生涯を、関連人物、関連地や寺社、合戦など、あらゆる方向から追究する。年譜・史跡案内・関係参考文献目録等付録資料も充実。

志村有弘 編・本体三二〇〇円（＋税）

武士道基本用語事典

江戸期を中心とした約七〇冊の武士道書から、最重要の武士道用語を紹介！　今日を生き抜き、明日を切り開く強力な心の糧としての武士道を知る事典。

北影雄幸 著・本体三二〇〇円（＋税）

日本武術・武道大事典

世界に類のない武士道精神の根幹を、武術・武道の歴史に訪ね、日本人についてあらためて考える。全武道家・武道教育者・日本史／精神史研究者必備の大著。

加来耕三 編・本体九八〇〇円（＋税）

世界神話伝説大事典

全世界五十におよぶ地域を網羅した画期的大事典。「神名・固有名詞篇」では一五〇〇超もの項目を立項。現代にも影響を及ぼす話題の宝庫。

篠田知和基・丸山顯德 編・本体二五〇〇〇円（＋税）

日本の神話・伝説を歩く

日本各地には神話・伝説・伝承を伝える史跡や遺物が数多く残されている。日本文化の根源を知るためのガイドブック。四〇〇箇所にわたる伝承地をカラー写真で紹介！

吉元昭治 著・本体四八〇〇円（＋税）

日本全国神話・伝説の旅

日本のあけぼの飛鳥・宇陀から渡来人の足跡まで、日本人のルーツを今に伝える八〇〇以上の伝承地を、一二〇〇超の豊富な写真資料とともにフルカラーで紹介。

吉元昭治 著・本体九八〇〇円（＋税）

日本ミステリアス 妖怪・怪奇・妖人事典

ときにユーモラスで楽しく、ときに恐ろしく、哀しく寂しい…妖怪・鬼・悪霊から神仙・超人まで、日本に息づく異界のものたちを網羅した、不可思議総合事典！

志村有弘 編・本体四五〇〇円（＋税）

古典化するキャラクター

「キャラクター」というポップカルチャーの権化のようなタームと、「古典研究」の概念をすりあわせ、古典学にダイナミックな視野の転換を試みる。

相田満 編・本体二〇〇〇円（＋税）

古典キャラクターの展開

従来の人物論を中心とした文学研究からの脱却を目指し、「キャラクター」性に注目して日中の古典文学をひもとく。

編集部 編・本体二〇〇〇円（＋税）

図像学入門
疑問符で読む日本美術

なぜ絵巻は右から左へみるのか？　絵画や仏像などのさまざまな疑問・謎を図像解釈学（イコノロジー）から探り、日本美術の新しい楽しみ方を提案する。

山本陽子 著・本体一八〇〇円（＋税）

鍬形蕙斎画　近世職人尽絵詞
江戸の職人と風俗を読み解く

松平定信旧蔵にかかる名品全篇をフルカラーで掲載し、文学・歴史・美術史・民俗学など諸分野の協力による詳細な絵解・注釈・論考を収載。近世文化研究における基礎資料。

大高洋司・大久保純一・小島道裕 編・本体一五〇〇〇円（＋税）

浸透する教養
江戸の出版文化という回路

従来、権威とされてきた「教養」は、近世に如何にして庶民層へと「浸透」していったのか。「図像化」「リストアップ」「解説」の三つの軸より、近世文学と文化の価値を捉え直す。

鈴木健一 編・本体七〇〇〇円（＋税）

形成される教養
十七世紀日本の〈知〉

〈知〉が社会の紐帯となり、教養が形成されていく歴史的展開を、室町期からの連続性、学問の復権、メディアの展開、文芸性の胎動という多角的視点から捉える画期的論集。

鈴木健一 編・本体七〇〇〇円（＋税）

怪異を媒介するもの

「怪異」の表象には、神霊と人、人と人を媒介する知と技が重要な役割を果たしてきた。その諸相を検討し、怪異を巡る社会や人々の心性のダイナミズムを明らかにする。

東アジア恠異学会 編・本体二八〇〇円（＋税）

怪異・妖怪の世界
モノと図像から探る

考古学・民俗学という二つの分野の研究を駆使し、それぞれが研究対象とする遺物や遺跡、儀礼や祭礼の世界から怪異・妖怪現象を探る。

天理大学考古学・民俗学研究室 編・本体一六〇〇円（＋税）

書物学 1〜10巻（以下続刊）

これまでに蓄積されてきた書物をめぐる精緻な書誌学、文献学の富を人間の学に呼び戻し、愛書家とともに、古今東西にわたる書物論議を展開する。

編集部 編・本体各一五〇〇円（＋税）

海を渡る史書
東アジアの「通鑑」

二〇一四年に韓国で再発見された『新刊東国通鑑』の板木を起点に、東アジア世界の歴史叙述に大きな影響を与えた「通鑑」の思想と展開を探る。

金時徳・濱野靖一郎 編・本体二〇〇〇円（＋税）

夢と表象
眠りとこころの比較文化史

「夢」に関することばや解釈の歴史を包括的に分析、文学や美術さらには脳科学等の多角的な視点から、夢をめぐる豊饒な文化体系を明らかにする。

荒木浩 編・本体八〇〇〇円（＋税）

復興する八犬伝

複合重層的な物語を描く方法、出典、受容等について、気鋭の執筆陣が多方面から解読。近代小説を超える、二十一世紀文芸復興の方向を示す珠玉の論文集。

諏訪春雄・高田衛 編著・本体八〇〇〇円（＋税）

編者紹介

吉丸雄哉（よしまる・かつや）
三重大学人文学部准教授。専門は日本近世文学。主な著書に『武器で読む八犬伝』（新典社、2008年）、『式亭三馬とその周辺』（新典社、2011年）、編著に『忍者文芸研究読本』（笠間書院、2014年）などがある。

山田雄司（やまだ・ゆうじ）
三重大学人文学部教授。専門は日本中世史。主な著書、論文に『怨霊・怪異・伊勢神宮』（思文閣出版、2014年）、『怨霊とは何か―菅原道真・平将門・崇徳院』（中央公論新社、2014年）、『忍者の歴史』（KADOKAWA、2016年）などがある。

忍者《にんじゃ》の誕生《たんじょう》

2017年3月27日　初版発行
2017年7月5日　初版第2刷発行

編　者　吉丸雄哉《よしまるかつや》・山田雄司《やまだゆうじ》
発行者　池嶋洋次
発行所　勉誠出版株式会社
〒101-0051　東京都千代田区神田神保町3-10-2
TEL：(03)5215-9021(代)　FAX：(03)5215-9025
〈出版詳細情報〉http://bensei.jp/

印刷・製本　㈱太平印刷社
装　　丁　萩原睦（志岐デザイン事務所）
組　　版　一企画

ISBN978-4-585-22151-7　C1020

索　引

・韓国の人名、地名、現代のドラマ・映画は韓国語の読みに従った。
・書名は韓国の書籍でも日本語の読みで配列した。
・書名は角書は省いて、本題のみに基づき配列している。
・書名や作品は『　』か「　」をつけてある。

【あ】

【か】

【さ】

【た】

【な】

【は】

【ま】

【や】

【ら】

【わ】